JN301416

新しい
事業承継と
企業再生の
法務

── 事業承継の円滑化・事業再生ADR ──

新谷　勝　著
税務経理協会

は じ め に

　近時，中小企業の事業承継（経営承継）の円滑化と，事業再生の必要性がいわれている。両者は現在の中小企業問題の大きな課題であるが，論議の進化にともない問題点が顕在化している。また，両者は別個の問題ではあるが，相互に密接に関係している。とくに，事業承継のためには事業再生が不可欠である。

　事業承継に関しては，中小企業庁の事業承継協議会（事業承継ガイドライン検討委員会）により，平成18年6月，「事業承継ガイドライン（中小企業の円滑な事業承継のための手引き）」（以下，事業承継ガイドライン）が公表され，平成20年5月，「中小企業における経営承継の円滑化に関する法律」（以下，経営承継法）が制定された。

　他方，事業再生については，平成13年9月，私的整理に関するガイドライン研究会による「私的整理に関するガイドライン」が，平成15年2月，経済産業省から「早期事業再生ガイドライン」がそれぞれ公表され，そして，産業活力再生特別措置法により法整備がなされた（最終改正　平成21年6月）。

　事業承継については，後継者不足の現状から後継者確保の必要性，事業承継には相当な資金を必要とすること，民法の遺留分が円滑な事業承継の障害になること，自社株式等の相続に関する相続税問題が重要課題であるが，経営承継法と事業承継税制は，これらに対処したものである。

　事業承継の円滑化は，後継者（事業承継人）に円滑に事業を承継させることであるが，そのための手段として，会社法の種類株式，会社分割などの組織再編行為を用いることになるのでこれについて解説した。

　事業承継の中心は親族内事業承継であるものの，企業内承継（社内承継）や第三者に対する企業の売却が増加傾向にあることから，ＭＢＯ，ＥＢＯ，Ｍ＆Ａに対する法的検討をすることが必要である。

また，新信託法が事業信託を認めたことから，事業承継目的の信託に関心が高まっている。そこで，事業承継と信託利用について検討した。

　他方，多くの中小企業は過剰債務を抱え経営不振の状態にある。そこで，過剰債務を解消するために事業再生の必要がいわれている。事業承継のためにも事業再生は不可欠である。事業再生（企業再生）のための方法として，法的整理手続（民事再生手続・会社更生手続）が考えられるが，これは取引先債権者を巻き込むことから，かえって事業再生の妨げになることが懸念されている。

　そこで，私的整理手続によることに関心が集まっている。私的整理手続とは，銀行等の債権者を相手に行う私的手続であるが，かなり法的整理手続に近い面がある。私的整理手続としては，私的整理に関するガイドライン方式，事業再生ＡＤＲ，第二会社方式など多くの手法がある。現在，いずれも関心が高まっているが，とくに事業再生ＡＤＲと企業再生支援機構に対する関心が高い。

　事業再生ＡＤＲなどの私的整理は，取引先債権者（商取引債権者）を巻き込まないから，事業価値を損なうことなく事業再生を行うことを可能とする。しかし，全債権者（金融機関等）の合意を必要とすることから，それが不可能な場合は法的整理手続によらざるを得ない。

　本書は，事業承継と事業再生の手続と問題点について，主として法律的観点から検討するものである。事業承継については，事業承継の円滑化のために必要な株式集中と経営権確保の手法（法的手段）として，会社法上の制度の利用，新信託法による事業信託を中心に検討し，併せて経営承継法について解説する。

　そして，事業再生に関しては，過剰債務により経営不振にある会社について，事業再生ＡＤＲを中心とする私的整理手続を，関係法令およびガイドライン（私的ルール）に基づき解説するものである。

　本書の発刊にあたり，税務経理協会の山本俊さんに大変お世話になったので，厚くお礼を申し上げる。

平成21年11月30日

新　谷　　　勝

目　次

はじめに

第1章　現在の事業承継問題

1　**中小企業と事業承継の現状** ………………………………………… 1
　(1)　事業承継と後継者問題 ……………………………………………… 1
　(2)　事業承継と事業再生の必要性 ……………………………………… 4
2　**事業承継の特色と問題点** …………………………………………… 5
　(1)　中小企業の事業承継の特色 ………………………………………… 5
　(2)　事業承継の時期と方法の選択 ……………………………………… 7
　(3)　事業承継人の確保と事業承継計画 ………………………………… 8
3　**事業承継の円滑化に向けた方向付け** …………………………… 10
4　**親族内事業承継の現状と問題点** ………………………………… 12
　(1)　親族内事業承継の現状 ……………………………………………… 12
　(2)　親族内承継にともなう問題点 ……………………………………… 13
　(3)　親族内承継の留意事項 ……………………………………………… 15

第2章　事業承継方法の選択と準備

1　事業承継に向けての判断 …………………………………… 19
- (1)　事業承継をするか否かの判断 ………………………………… 19
- (2)　事業承継方法の選択 …………………………………………… 20
- (3)　親族内の事業承継のための工夫 ……………………………… 21

2　事業承継のための準備の必要性 …………………………… 22
- (1)　事業承継判断と承継方法 ……………………………………… 22
- (2)　事業承継のための調査と検討事項 …………………………… 22
- (3)　事業承継計画と実行 …………………………………………… 24
- (4)　事業承継と生命保険契約 ……………………………………… 26

第3章　親族内承継と民法上の問題点

1　自社株式等の相続と共有関係 ……………………………… 29
- (1)　共同相続人による遺産の相続 ………………………………… 29
- (2)　自社株式の共有と問題点 ……………………………………… 31

2　株式の共有と権利行使者の定め …………………………… 33
- (1)　権利行使者の定めと会社に対する通知 ……………………… 33
- (2)　権利行使者の定め方 …………………………………………… 35

3　事業承継と遺産の分割 ……………………………………… 37
- (1)　遺産分割の請求と手続 ………………………………………… 37
- (2)　相続財産の分割と事業承継の困難 …………………………… 37
- (3)　相続財産の分割制限 …………………………………………… 39
- (4)　分割のための相続財産の評価 ………………………………… 40

目　次

- 4　寄与分と特別受益者 ………………………………………… 40
  - (1)　事業承継と寄与分 ……………………………………… 40
  - (2)　特別受益者の相続分 …………………………………… 42
- 5　事業承継と遺留分の関係 …………………………………… 43
  - (1)　遺留分の意義とその割合 ……………………………… 43
  - (2)　遺留分の計算 …………………………………………… 44
  - (3)　遺留分の放棄 …………………………………………… 45
  - (4)　遺留分の減殺 …………………………………………… 46
- 6　事業承継と遺言書作成の検討 ……………………………… 47
  - (1)　遺言書の作成 …………………………………………… 47
  - (2)　事業承継と遺言書による相続または遺贈 …………… 50

第4章　親族内承継円滑化のための措置

- 1　親族内承継の円滑化 ………………………………………… 53
- 2　事業承継と相続による株式分散の防止 …………………… 55
- 3　親族内承継と自社株式の取得 ……………………………… 56
- 4　事業承継に際して解決すべき問題 ………………………… 58
  - (1)　個人保証・担保提供の処理 …………………………… 58
  - (2)　貸金等根保証契約についての特別規律 ……………… 62
  - (3)　相続人による債務承継 ………………………………… 65
  - (4)　経営者の会社に対する貸付金等の取扱い …………… 66
- 5　事業承継の円滑化と少数株主の排除 ……………………… 66

第5章　親族外事業承継と問題点

1　企業内承継による事業承継 …………………………………………… 69
(1)　企業内承継の選択 ………………………………………………………… 69
(2)　企業内承継のメリット …………………………………………………… 71
2　役員や従業員による事業承継 ………………………………………… 72
(1)　後継者の不在と一定期間の経営承継 …………………………………… 72
(2)　役員・従業員による企業内承継 ………………………………………… 73
3　企業内承継の手法と資金の調達 ……………………………………… 75
(1)　企業内承継の手法 ………………………………………………………… 75
(2)　企業内承継と資金の調達 ………………………………………………… 76
(3)　企業内承継の留意事項 …………………………………………………… 78
4　従業員持株会に対する株式の譲渡 …………………………………… 80
(1)　事業承継と従業員持株制度 ……………………………………………… 80
(2)　従業員持株会による自社株式の取得と管理 …………………………… 81
(3)　非上場会社の持株制度と株式の売渡強制 ……………………………… 82
5　第三者に対する企業譲渡 ……………………………………………… 83
(1)　中小企業におけるM&A取引 …………………………………………… 83
(2)　M&A取引による事業承継手続 ………………………………………… 84

第6章　事業承継と会社法上の制度の利用

1　事業承継と企業経営権の確保 ………………………………………… 87
(1)　後継者による経営支配権確保の必要性 ………………………………… 87
(2)　残存少数株主に認められた会社法上の権利 …………………………… 89

(3) 事業承継と利用可能な会社法上の制度 …………………… 90
2 **自己株式を用いた事業承継** …………………………………… 92
　　(1) 事業承継と自己株式の取得 …………………………………… 92
　　(2) 事業承継と自己株式の処分 …………………………………… 93
　　(3) 事業承継目的の自社株式取得と問題点 ……………………… 94
3 **新株発行と新株予約権の発行** ………………………………… 97
　　(1) 事業承継と新株の発行 ………………………………………… 97
　　(2) 事業承継と新株予約権の発行 ………………………………… 98
4 **事業譲渡と経営の委任** ………………………………………… 99
　　(1) 事業譲渡による事業の承継 …………………………………… 99
　　(2) 事業の全部についての経営の委任 …………………………… 100
5 **株式の上場と事業承継** ………………………………………… 102

第7章　種類株式を利用した事業承継

1 **事業承継と種類株式の利用** …………………………………… 105
　　(1) 事業承継と種類株式 …………………………………………… 106
　　(2) 種類株式の発行とその手続 …………………………………… 109
2 **譲渡制限株式の利用** …………………………………………… 110
　　(1) 譲渡制限株式の概要 …………………………………………… 111
　　(2) 譲渡制限株式の評価 …………………………………………… 112
　　(3) 事業承継と譲渡制限株式の機能 ……………………………… 116
　　(4) 相続人等に対する譲渡制限株式の売渡請求 ………………… 117
　　(5) 譲渡制限株式と売渡請求手続 ………………………………… 121
3 **議決権制限株式の利用** ………………………………………… 122
　　(1) 議決権制限株式の概要 ………………………………………… 122

- (2) 議決権制限株式と事業承継の円滑化 ……………………… 125
- **4 全部取得条項付株式の利用** ……………………………………… 127
  - (1) 全部取得条項付株式の意味 ………………………………… 127
  - (2) 全部取得条項付株式の発行と取得手続 …………………… 128
  - (3) 事業承継と全部取得条項付株式の利用 …………………… 130
- **5 取得条項付株式と取得請求権付株式の利用** ………………… 132
  - (1) 取得条項付株式の利用 ……………………………………… 132
  - (2) 取得請求権付株式の利用 …………………………………… 134
- **6 その他の種類株式の利用** ………………………………………… 136
  - (1) 拒否権付株式の利用 ………………………………………… 136
  - (2) 配当優先株式等の利用 ……………………………………… 140
  - (3) 種類株主総会により役員を選任できる株式の利用 ……… 142
  - (4) 人的に異なる取扱いが可能な種類株式の利用 …………… 144
  - (5) 複数議決権株式の利用 ……………………………………… 145
- **7 事業承継と種類株式等利用の留意点** ………………………… 147
  - (1) 種類株式等の利用上の留意点 ……………………………… 147
  - (2) 単元株式・株式併合の利用と留意点 ……………………… 148

第8章　会社の組織再編を用いた事業承継

- **1 会社分割による事業承継** ………………………………………… 151
  - (1) 会社分割の意味と必要性 …………………………………… 151
  - (2) 会社分割による事業承継 …………………………………… 153
- **2 合併方式による事業承継** ………………………………………… 156
- **3 完全子会社化による事業承継** …………………………………… 159

第9章　事業承継と信託の利用

1 **信託を用いた事業承継** ………………………………………… 163
  (1) 信託と信託法の概要 ………………………………………… 163
  (2) 事業承継と信託スキーム …………………………………… 166
2 **事業承継と事業信託** …………………………………………… 167
  (1) 事業信託の概念 ……………………………………………… 167
  (2) 信託法と事業信託の許容性 ………………………………… 169
3 **事業承継目的の事業信託の利用** ……………………………… 171
4 **自社株式等を信託する事業承継** ……………………………… 173
  (1) 親族内承継と自社株式の信託 ……………………………… 173
  (2) 遺言信託の利用 ……………………………………………… 174
  (3) 遺言代用信託の利用 ………………………………………… 176
  (4) 自己信託または他益信託の利用 …………………………… 179
  (5) 後継ぎ遺贈型受益者信託の利用 …………………………… 180

第10章　ＥＳＯＰを利用した事業承継

1 **企業内事業承継の新しいスキーム** …………………………… 183
  (1) ＭＢＯとＥＢＯによる事業承継 …………………………… 183
  (2) ＭＢＯとＥＢＯの実行スキーム …………………………… 184
2 **企業内事業承継とＥＳＯＰの利用** …………………………… 185
3 **アメリカにおけるＥＳＯＰ** ………………………………… 186
  (1) ＥＳＯＰの概要 ……………………………………………… 186
  (2) ＥＳＯＰと株式取得資金 …………………………………… 187

⑶ 非上場会社のＥＳＯＰ	187
⑷ ＥＳＯＰと事業承継	189
⑸ ＥＳＯＰと税制上の優遇措置	189
⑹ ＥＳＯＰ向け融資の特徴	190

4 日本型ＥＳＯＰ（従業員持株プラン）の導入 … 191
　⑴ 従業員持株プランの導入の必要性 … 191
　⑵ 新プランのスキームと事業承継 … 192
　⑶ 事業承継目的の新プランの利用 … 192
　⑷ 新プランを用いた事業承継 … 193
　⑸ 事業承継に新プランを用いるスキーム … 194
　⑹ 資金の借入れと会社の金融支援 … 198

第11章　経営承継円滑化法

1 経営承継円滑化のための法制化 … 201
2 民法の遺留分に関する特例 … 202
　⑴ 民法の遺留分に関する特例の適用 … 202
　⑵ 遺留分に対する特例の内容 … 203
　⑶ 遺留分に関する特例を受けるための手続 … 205
3 金融支援のための措置 … 207
　⑴ 金融支援のための措置の趣旨 … 207
　⑵ 金融支援措置を受けるための要件 … 208
　⑶ 中小企業信用保険法の特例 … 209
　⑷ 日本政策金融公庫法等の特例 … 209
　⑸ その他の金融支援策 … 210

4　事業承継税制の創設 ·········· 211
(1) 事業承継税制の概要 ·········· 211
(2) 事業承継と相続税問題の発生 ·········· 212
(3) 非上場株式等に係る相続税の納税猶予制度 ·········· 213
(4) 相続税納税方式の変更 ·········· 214
(5) 非上場株式等に係る贈与税の納税猶予制度 ·········· 215

第12章　事業承継と企業再生

1　財務状況のよくない会社の事業承継 ·········· 217
(1) 事業承継に適する企業の要件 ·········· 217
(2) 廃業を選択した場合の問題点 ·········· 219
(3) 廃業による保証責任の現実化 ·········· 219
(4) 事業再生と事業承継 ·········· 220
(5) 過剰債務の解消と事業再生 ·········· 221

2　企業再生による事業承継 ·········· 222
(1) 企業再生の必要性 ·········· 222
(2) 事業譲渡方式と会社分割 ·········· 224
(3) 信託を用いた方式による再生 ·········· 225
(4) 特定調停法の利用 ·········· 226

3　民事再生法による企業再生 ·········· 228
(1) 民事再生法の概要 ·········· 228
(2) 再生手続と他の手続との関係 ·········· 231
(3) 民事再生法を用いた企業の再生 ·········· 233
(4) プレパッケージ型の企業再生と民事再生手続 ·········· 236

4　私的整理による企業再生 ……………………………………… 237
- (1)　私的整理とその概要 …………………………………………… 237
- (2)　私的整理の特色とその選択 …………………………………… 239
- (3)　企業再生方法の選択 …………………………………………… 240
- (4)　ファンドによる企業再生と事業承継 ………………………… 243
- (5)　私的整理に関するガイドライン ……………………………… 245
- (6)　ガイドラインに沿った私的整理の検討 ……………………… 251

5　DESを用いた企業再生 ……………………………………… 253
- (1)　DES（デット・エクイティ・スワップ）の意味 ………… 253
- (2)　DESによることのメリット ………………………………… 254
- (3)　DESの手法 …………………………………………………… 255
- (4)　DESの問題点 ………………………………………………… 257
- (5)　DDSを用いた債務処理 ……………………………………… 258

第13章　事業再生ADRの利用

1　事業再生ADRの概要 ………………………………………… 261
- (1)　事業再生ADRの意義 ………………………………………… 261
- (2)　事業再生ADRの性質 ………………………………………… 262
- (3)　事業再生ADR利用のメリット ……………………………… 264

2　事業再生ADRによる企業再生 ……………………………… 267
- (1)　事業再生ADRの運営主体 …………………………………… 267
- (2)　事業再生ADRの利用 ………………………………………… 268
- (3)　事業再生ADRの実行手続 …………………………………… 271
- (4)　事業再生ADRと「一時停止」の通知 ……………………… 273

3　債権者会議の開催と再建計画案の決議 …………………… 275

4　事業再生ＡＤＲ手続の効用 ………………………………………… 277
　(1)　事業再生ＡＤＲ手続利用の効用 ……………………………… 277
　(2)　事業再生ＡＤＲの利用と金融支援 …………………………… 279
　(3)　債権放棄・債務免除と税務処理 ……………………………… 280
　(4)　事業再生ＡＤＲと経営者や株主の責任 ……………………… 280

第14章　その他の企業再生の方法

1　中小企業再生支援協議会方式 …………………………………… 283
　(1)　中小企業再生支援協議会の設置 ……………………………… 283
　(2)　協議会スキームの内容 ………………………………………… 284
2　中小企業承継事業再生計画の制度 ……………………………… 287
　(1)　中小企業承継事業再生計画の概要 …………………………… 287
　(2)　第二会社方式による事業再生 ………………………………… 288
　(3)　中小企業承継事業再生計画の申請 …………………………… 289
　(4)　再生計画の申請と主務大臣による認定 ……………………… 291
　(5)　認定を受けた場合の優遇措置 ………………………………… 293
3　企業再生支援機構による企業再建 ……………………………… 293
　(1)　企業再生支援機構の概略 ……………………………………… 293
　(2)　企業再生支援機構の支援と企業再生計画の実行 …………… 294
　(3)　法的整理手続と企業再生支援機構の併用 …………………… 297

第1章
現在の事業承継問題

1　中小企業と事業承継の現状

(1)　事業承継と後継者問題

　わが国の企業数の90％以上を占め，経済の基盤を支える中心的役割を果たしているのは中小企業であるが，現在，経営者の高齢化等による事業承継（経営承継）問題は，避けて通れない重要課題であり，現に，かかる重大な問題に直面している企業が少なくない。

　中小企業というのは抽象的な表現であるが，それは中小企業基本法の定める基準により決せられるべきである。同法によれば，中小企業とは，資本金・出資の総額が3億円以下の会社ならびに常時使用する従業員の数が300人以下の会社および個人企業をいうが，小売業・サービス業の場合は，資本金・出資の総額が5千万円以下の会社ならびに常時使用する従業員の数が，サービス業で100人以下，小売業で50人以下の会社および個人企業である。卸売業の場合は，資本金・出資の総額が1億円以下の会社ならびに常時使用する従業員の数が50人以下の会社および個人企業をいう（中基法2条）。

　事業承継問題の背景にあるのは，主として，経営者（オーナー）の高齢化と後継者不足にあると考えられる。中小企業経営の平均年齢も60歳に近づくなか，67～68歳を平均引退年齢と想定すると，高度経済成長期の創業者の多くは，引退年齢に近づいていることから，経営者の引退と事業承継，後継者不足という深刻な問題が現実化していることが指摘されている。

経営者が突然に死亡した場合は，相続人等が急ぎ事業を承継せざるを得ないが，それ以外の場合は67～68歳を引退年齢として，後継者に事業を承継させることが望ましい。経営者の高齢化は，例外があるとしても企業活力を低下させることは否定できないであろう。

　相続により事業承継するのではなく，元気なうちに事業承継を行い，財産面でも相続人間で争いが生じないようにすべきである。そこで，相続税よりも贈与税の方が高額であるとの税金問題があるが，できれば自社株式や事業用資産は生前に贈与しておくことが望ましい。少なくとも，財産の一部は生前贈与し，残余については遺言により相続または遺贈すべきであろう。

　中小企業における，事業承継の大半を占める親族内承継は，減少傾向にあるが，依然として今後も事業承継の多くは親族内承継であると考えられる。

　中小企業の多くは，経営者の経営能力や手腕に支えられ，経営が維持されているだけではなく，カリスマ的な経営者の存在も少なくない。そこで，かかる経営者に代わる後継者の選択と育成が容易でないのは事実である。

　近年では，廃業する企業が年間30万社近くに達するとされているが，そのうち後継者の確保が困難であることに原因するものが7万件以上もあるといわれているように，事業承継問題や後継者不足などを理由に廃業する企業数が少なくない。

　廃業は，雇用の喪失となり従業員の雇用問題にも大きく関係し，重大な社会問題となるだけでなく，取引関係者に与える影響も大きい。さらに，昨今の経営環境の厳しさという事情から，今後さらに廃業の可能性が増えることが予測される。それ故，中小企業に対する金融支援と税制上の優遇措置を実施し，廃業を最小限度に食い止め措置を講ずるとともに，後継者の確保と承継の円滑化は喫緊の課題であるといえる。

　中小企業の大部分は，創業者一族による同族会社（3人以下の株主で，会社の発行済株式総数または出資金額の50%以上を所有している会社）による経営であり，所有と経営が一致し，支配株式はオーナーが所有し，全株を所有している一人会社も見受けられる。そして，その結果，会社であっても所有と経営の分離が

進んでいない（会社であっても，実体が個人企業と異ならない）。また，個人の資産が事業のために使用されていることが多く，個人資産と会社資産が混然としているのが特徴である。その最大の原因は個人企業の法人成りであるといえよう。大株主が経営者であることから，事業承継も親族内承継とくに実子による承継であると理解することができる。

　中小企業の経営形態として会社組織と個人経営とがあるが，一般的にいって，極めて零細な場合を除けば会社組織であるが，ほとんどは株式会社か特例有限会社である。「特例有限会社」というのは，会社法により有限会社は廃止され，株式会社に一本化されたが，会社法の施行の際に存在した有限会社は，会社法の施行後は株式会社として存続するが，商号中に有限会社の文字を用いるとともに，有限会社法当時の規定が実質的には維持されている会社である（会社法整備法2条1項，3条）。なお，特例有限会社は，定款の変更により株式会社に商号を変更し，登記すれば通常の株式会社となり，特例有限会社でなくなる（会社法整備法45条）。

　なお，中小企業と最低資本金との関係であるが，会社法は最低資本金制度を廃止したが（旧商法当時は，株式会社については1,000万円，有限会社については300万円），株式会社の純資産が300万円を下回る場合は，剰余金の配当など財産の分配をすることができないという制限を受ける（会社法458条，会社計算186条6号）。そこで，事業承継にともなう借入金の返済資金に配当金を予定していても，資産から負債を差し引いた純資産が300万円以下の場合は，配当をすることができないから，業績不振の会社の場合は弁済計画がうまくいかない場合が生ずる。

　中小企業経営者の高齢化が進んでいることから，事業承継に対する論議が深まっているが，経営者の高齢化の要因として，事業承継への対応の遅れがあることから，事業承継に対する対応が早急に必要とされる。

　中小企業の場合，経営者の実子，とくに長男が事業承継人（後継者）となる親族内承継が一般的であるが，近年，経営者に事業を承継するに適した実子がいない，あるいは実子が後を継がないケースが増加傾向にある。後者については，中小企業の経営をめぐる深刻な問題が原因している。親族内に承継者をも

たない経営者にとって，廃業を回避するために，従業員への承継，外部からの経営者の招聘，Ｍ＆Ａ取引により第三者に売却するなどの承継方法の選択肢を前向きに検討する必要がある。

　中小企業の現状を踏まえたうえで，事業承継を行うための留意点，自社株式などの承継方法，そして，事業承継関連税制の動向を踏まえたうえで，事業承継の方法の選択と実行が必要である。

　事業承継を円滑に行うための中心的課題は，できる限り多数の自社株式を事業承継人に集中させることであるが，そのためには，民法や会社法上の制度を利用する必要がある。

(2)　事業承継と事業再生の必要性

　事業承継問題を考えるに当たり，企業業績のよい会社ばかりを考えるのではなく，業績不振で多額の債務を抱えている中小企業の事業承継も考えなければならない。ほとんどの中小企業はこのような状況にあるということを忘れてはならない。

　中小企業の後継者不足の問題の原因も，経営状況の厳しさにあることを看過してはならない。そのために，主として，経営不振の中小企業を対象とした「私的整理に関するガイドライン」が平成13年9月に公表されている。

　事業承継の円滑化は，特定の事業承継人（後継者）による事業承継を円滑に行うための方策を主眼とするものであり，後継者不足は，中小企業の多くが厳しい経営環境の下で多額の負債を抱えていることから，後継者に予定されている実子などが，後継者になりたがらないという傾向が大きく関係している。

　事業承継の円滑化や，自社株式に関し相続税対策を問題にする必要性が高いのは，比較的企業業績のよい少数の企業に限られ，多くの中小企業では後継者の確保すら難しいのが現状である。そこで，これらの会社を全て一括して事業承継の円滑化の問題として取り扱い，そのための方法を論じることは現実的ではない。

　多くの中小企業は，多額の負債（過剰債務）を抱え経営不振の状態にあること

から，事業承継の円滑化というのは，企業の再建と併せて事業承継を進めるという意味に理解すべきであろう。

このように，事業承継問題は，優良企業においては後継者による事業承継の円滑化と相続税対策を考える必要がある。もとより，優良企業にあっても，後継者に適任者を得なければ，企業は衰退し倒産に至る可能性も否定しえない。

他方，経営不振企業の場合は事業承継と事業再生と合わせて考えなければならない。経営不振企業の場合，企業を再生してから承継を問題にすべきであるが，それを同時並行的にリンクさせて行うことが必要である。そして，事業再建（過剰債務の解消）は，経営が行き詰まってから着手するのではなく，できるだけ早く計画し実行すべきである。後継者の確保のために事業再生は避けて通れない問題であるが，早めに事業承継を行い，後継者により事業再建をするという選択肢もある。

多くの中小企業において，事業再建（過剰債務の解消）は喫緊の課題であり，いかに早く着手するかが重要であり，現状分析と原因解明から始めるのであるが，外部からのチェックも必要であることはいうまでもない。

事業再生は計画的に行うのであるが，まず，第一に，自力による再生に努めるべきことはいうまでもない。自力再生が難しい場合は，早めに私的整理手続によることになるが，裁判外の事業再生手続（ADR）などを用いるべきである。そして，私的整理では無理な場合は，企業の再生は民事再生法などの法的整理によることになるが，この場合は倒産との印象を与え取引に支障が生じかねない。

2　事業承継の特色と問題点

(1)　中小企業の事業承継の特色

多くの場合，中小企業の特色は所有と経営の未分離であるが，事業承継（自社株式や事業用資産の移転をともなう経営権の移転であるから，企業承継と同一の意味

に用いる)をめぐる問題点の発生原因の多くはここにあると考えられる。経営者(多くは,創業者であるオーナー)が自社株式の大半や事業用資産を所有し,事業承継によりこれらの資産が後継者に移転することから,事業承継ないし経営承継といえば,経営者所有資産の移転と理解されがちである。

しかも,これらの資産を受け継ぎ後継者となるのは,親族内承継とくに長男の場合が多い。そうすれば,事業承継は相続税問題と関連し,多額の相続税が発生することも少なくない。そこで,事業承継といえば相続税対策に結びつくのは無理からぬことであるとともに,相続人の間で遺産をめぐる争いが生ずることを否定しえない。

そこで,事業承継に内在する問題点を分析するとともに,円滑に事業承継を進めるために,どのような形で行うかという選択の問題を含め,計画的に事業承継を行う必要がある。

中小企業の事業承継は,親族内承継,親族外承継(M&A取引を含む)を問わず,後継者(事業承継人)の選択と指名は経営者(以下,「経営者」とは,オーナー経営者の意味に用いる)に委ねられ,後継者は経営者の事業と経営権を引き継ぐのである。現在の事業承継は親族内承継が主流である。それは,主として,実子に経営権を譲渡し,事業と資産を承継させるという方法であるが,所有と経営が未分離な中小企業の実情ではやむを得ないものといえよう。

しかし,現実には,親族内に適任者である後継者(企業承継人)がいない場合が多いことに加え,適任者がいても後継者になりたがらない場合も少なくない。そこで,親族外承継への動きも加速している。

事業承継は経営承継ともいわれるが,前経営者の有する自社株式,持分会社の場合は持分(以下,自社株式等)や事業用資産の移転であるとともに,会社経営権の承継(経営権の移転=経営主体の変更)という二面性を有する。しかし,所有と経営が未分離という中小企業の特色から,支配株式等の移転により企業経営権と財産権の移転がなされる。支配株式等の取得は経営権の取得であるから,経営権の承継と会社財産の承継(移転)が一体としてなされる。そこで,経営権の承継と財産権の取得を併せて事業承継とよばれると理解することができる。

しかも，通常，支配株式（会社を支配するに足りる株式数の株式）の移転により，経営承継がなされるのであるから，事業承継と経営承継を区別して用いる必要はないであろう。中小企業の事業承継は，経営者から事業承継人（事業承継人と後継者は同じ意味にも解されるが，厳密には，親族内承継人を後継者，親族外承継人を承継人という）に対し経営権と財産権（自社株式・事業用資産）が承継されるので一体としてなされるのであるが，その中心は自社株式の移転である。

(2) 事業承継の時期と方法の選択

　経営者が，事業承継計画に消極的であり，事業承継は経営者の引退間際とか，経営者（オーナー）の死亡により急遽なされることが少なくない。事業承継が遅れる理由として，現時の経営問題に関心が向き，将来の事業承継問題に対する関心が低いことにあげられるが，それに加え，多くが同族経営であることから，早くから事業承継計画を立て承継人を指定すれば，経営の実権を失うとともに，親族内ので地位が低下することを懸念して先送りすると一般に考えられる。これは，経営者が事業承継問題は避けて通れないことを適正に理解するとともに，経営者の意識改革の問題として取り組まざるを得ない問題である。事業承継を早期計画的に行わなかった場合，相続人間で事業承継者をめぐって，あるいは遺産をめぐって争いが生じ，円滑な事業承継に支障が生じかねない。

　事業承継はできるだけ早い段階から計画し，事業や経営の状況，事業承継人に適任者がいるかなどの現状認識の上で，事業を承継させるかどうか，その時期，親族内承継によるか，親族外承継によるかを決めるのであるが，それは，一般的に経営者の引退予定時期に合わせて実行しうるようプログラムを組むべきである。

　親族外承継による場合はもとより，依然，事業承継の主流である親族内承継による場合でも，財産権の移転がともなうことから，親族内の意思統一を図るとともに，取引先や従業員などのステーク・ホルダー（利害関係人）の理解と協力を得ることが，事業承継を成功させるためには不可欠である。

　事業承継の円滑化というのは，事業承継人が共同相続人を排して容易に事業

を承継することを意味するが，具体的にいえば，先代経営者から自社株式の多くと事業用資産を取得することである。そして，それは，事業承継人の立場から事業承継を見た場合である。

　事業承継人は事業承継を円滑に行うためには，現経営者（オーナー）から，贈与または相続により支配株式を取得することに加え，個人資産（多くは，土地・建物）を取得する必要があり，また，現経営者が会社に貸し付けている現金その他の個人資産についても，それを的確に承継する必要があるから，債権譲渡や債務引受を的確に行う必要がある。

　中小企業の特色として，会社形態（会社組織）をとっていても，経営者の個人資産（多くは，土地・建物）が会社の事業用に用いられ，経営者の個人資産と会社資産が明確に区別されていないという特徴が見受けられる。経営者の個人資産を会社が借り受けるなどの方法により使用しているが，個人資産を会社が使用しなければ，事業を継続することが困難な場合が多い。

　事業承継に際し，看過することができない現実的な問題として，経営者による会社債務に対する個人保証と担保提供の問題がある。これは，中小企業の場合は，所有と経営の未分離，会社債務と個人債務が事実上明確に区分されていないこと，会社による個人資産の利用という現象に加え，銀行などの金融機関の債権担保の必要性から生み出されたものといえよう。

　しかし，事業承継に際し解決すべき重要問題であり，これが解決されなければ，事業承継の円滑化の障害となる。徐々に改善の傾向はみられるが現状では容易に解決できない問題である。事業承継の円滑化のためにこれに代わる措置をすみやかに検討すべきである。

(3) 事業承継人の確保と事業承継計画

　後継者難の原因は多くあるが，それを解決する根本的対策は，抽象的ではあるが，いかにして中小企業経営を魅力的なものとするかに集約される。そして，他の相続人等の関係で事業承継の阻害要因を排除するための措置を講じて，事業承継を円滑に行う必要があるが，事業承継の形態を問わず事業承継には多額

の資金を必要とすることから，その調達をどうするかという問題を解決する必要がある。親族内の事業承継であっても，事業承継のためには多額の資金を必要とする場合が少なくないことを忘れてはならない。

親族内承継の場合は，自社株式・事業用資産などの財産権の移転方法は，一般に贈与または相続としてなされ，売買によることは，現実にはほとんど考えられない。このことから，相続争いや経営支配をめぐる争いが生ずるという懸念があり，また自社株式の評価いかんによっては，多額の贈与税または相続税の発生が見込まれることがある。

親族外承継というのは，オーナー経営者の実子など親族内に事業承継人がいない場合，あるいは親族内に適任者とされる人物がいない場合などについて，親族外に事業承継人を求める場合をいうのである。これには，企業内（社内）の役員とか従業員を承継人とする場合と，企業外の第三者に譲渡する場合（M＆A取引）とがあるが，いずれも，企業の売却（企業買収）という方法によりなされる。

親族内承継または親族外承継を行うに際し，一番考えなければならないのは，事業譲渡が企業価値を毀損することなく，向上させるものであることが要求される。

事業承継を円滑に行うためには，事業承継の重要性を十分に認識したうえで，当該企業の問題点，現時の企業の経営状態を正確に把握し，将来を見通して綿密な計画を立てなければならない。そして，事業承継を円滑に進めるためのサポートシステムの確立と，資金的支援のための措置，会社法上の制度とM＆Aの手法の活用などが考えられるが，親族内承継については民法上の制度を理解することが必要である。

優良企業においては，事業承継にともなう財産権の移転により多額の相続税が発生することから，相続税や譲渡税対策に関心が向くのは当然であるが，経営者の死亡にともなう遺産相続に関する争いが発生することが懸念されるから，かかる紛争の防止策が重要である。これがなされていない場合は，経営者の死後に遺産争いと，会社権経営をめぐる紛争が生じ，親族間で熾烈な経営権の争

奪戦が繰り広げられることにもなりかねない。

　事業承継を円滑に行うためには，後継者に自社株式や事業用の資産などを集中すべきであるが，多くの場合，これ以外にさしたる財産がないのが現実である。そこで，非後継者たる他の相続人との利害対立が生じ，経営者の死亡にともない親族内で遺産争いが生ずることも少なくない。

　とくに，経営者が自社株式や事業用の資産以外に，多くの資産を有していない場合に問題は深刻化する。それは，法律的には遺留分として問題にされるが，遺留分の制度は円滑な事業承継の妨げとなることは否定しがたい。

　事業承継計画の実行において，紛争を予防し円滑な事業承継を行うための法律的措置を講じなければならない。この点，経営承継法により遺留分の問題の解決はかなり前進するとともに，非後継者の相続分や遺留分の買取資金の調達のための金融支援の措置も講じられている。

3　事業承継の円滑化に向けた方向付け

　事業承継を円滑に行うための方向付けとして，中小企業白書と事業承継ガイドラインが重要な指針である。事業承継計画の策定と実行は，現時点では事業承継ガイドラインに沿って行うのが無難であろう。

　2006年（平成18年）版中小企業白書は，「少子高齢化・人口減少社会における中小企業」として，事業承継を分析し問題点を指摘している。それによれば，経営者の高齢化，承継人問題が現実化している。とくに，高度成長期の創業者がまもなく引退年齢の65歳過ぎに達するが，後継者（承継人）不足が深刻な問題として指摘されている。

　このように，中小企業白書は事業承継の重要性と，事業承継人が円滑な事業承継を行うための必要性を指摘している。このような観点から，平成18年6月，「事業承継ガイドライン」が公表されたのである。

　事業承継ガイドラインの要旨は，中小企業の経営者の高齢化と，親族内での

後継者確保が困難であるとの認識の下に，わが国経済にとって，中小企業の事業承継の円滑化は喫緊の課題としている。具体的な方策として，後継者への株式や事業用資産の集中と後継者以外の相続人への配慮，遺言の活用，会社法による譲渡制限株式，議決権制限株式，拒否権付株式の活用，従業員などへの親族外承継，ＭＢＯ，個人保証・担保の処理として債務の圧縮，後継者の負担に見合った報酬の確保などの重要事項を網羅している。そこで，事業承継問題は，ガイドラインに沿って検討と策定をしていくことになろう。

　事業承継は，短時間で成功させることが可能ではない。時間をかけた検討と，着実な準備を必要とする。そのためには，事業承継の時期，承継の方法，後継者の選択と決定，承継後の事業計画などの企画を内容とする事業承継計画を立て，それに基づいて事業承継を実行していく必要がある。

　承継人（後継者）を早期に指定し，養成して，事業を引き継ぐための時間を考えれば，事業承継計画を立てるのはできるだけ早い方がよく，引継予定時の10年位前から取りかかるべきである。

　経営者と後継者が，できるだけ長く一緒に働ける場をつくり，方向性の共有を図るとともに，経営者と後継者，幹部役員などの事業承継計画などを通じて，社内の意思疎通を円滑化し，一体感を醸成することが必要である（「事業承継ガイドライン」19頁）。

　事業承継ガイドラインは，事業承継問題の現状分析，事業承継にともない発生すると想定される重要な問題点を指摘したうえで，具体的な解決方法を網羅しているものであり，事業承継の指針として極めて意義のあるものである。そして，その趣旨の多くが経営承継円滑化法で生かされていると考えられる。

4 親族内事業承継の現状と問題点

(1) 親族内事業承継の現状

　オーナー経営者の多くは親族内承継、とくに実子による事業承継を望んでいるが、20年前に9割以上を占めていた親族内承継が年々低下する傾向にある。

　現在では、20年前に比べれば実子による事業承継は約半分となり、全体でいえば約4割の企業であり、親族が承継する企業についても全体の約6割となっている。これに対し、親族外承継が増加傾向にあり全体の4割程度に達している（「事業承継ガイドライン」3頁、15頁参照）。このように、事業承継といえば、実子による承継であるという図式は崩れつつあるが、依然、親族内承継が事業承継の主流をなしていることには変わりがない。

　親族内承継の場合は、相続や遺留分の問題が避けられない。経営者の有していた財産の大半が、自社株式または事業用資産である場合は、分割や換金が難しいばかりか、これを行えば事業承継そのものが行えないことになるから、どう処理するかという難しい問題がある。

　親族内承継の場合、オーナー保有の自社株式や事業用資産の贈与や相続によることから、贈与税や相続税対策をどうするか、とくに相続税問題が最大の関心事であるといえよう。そこで、税金対策が重要であることは事実である。しかし、実子等の承継人が企業承継を円滑に行い、経営の安定化を図るためには、税制面だけでなく法律的にも多くの問題点が存在することから、単に、贈与税や相続税の処理だけを考えてればよいというのではない。

　親族間の事業承継は世代交代の意味をもつのであるが、後継者には現経営者と相当の年齢差と経験が要求されることから、基本的には経営者と長年行動をともにしてきた実子（とくに長男）を後継人に指定するのが自然であろう。そこで、若年あるいは経験不足の実子を後継人に指定して、直ちに、事業承継というのには問題があり、ある程度の準備期間を必要とする。そして、これは経営

者の突然の病気あるいは死亡による事業承継の場合に顕著な問題となる。

　親族内承継の場合は，経営者の生前の事業承継にせよ，死亡による場合にせよ，多くの場合，自社株式や事業用財産の承継は相続としてなされることから，他の相続人との間で共同相続と遺産分割の問題が生じることになる。また，生前贈与による場合は遺留分減殺の問題が生ずる。いずれにせよ，株式が分散するおそれがあるだけでなく，相続争いが生ずる可能性がかなり高い。これに対し，親族外承継（企業内承継，第三者とのM＆A取引）の場合は，取引行為としてなされるから，共同相続や遺産分割の問題が生じない。

　しかし，親族内承継にせよ，親族外承継にせよ，事業承継は単に承継の当事者だけでなく，従業員・取引先・銀行などのステーク・ホルダーにも重大な影響を与えることも少なくない。そこで，どのような方法で事業承継を行うか，承継人をどのようにして選択するかは，総合的に検討し決定しなければならない重要な課題である。

(2) 親族内承継にともなう問題点

　親族内承継の特徴は，所有と経営の一致を維持し，株式の分散を防止して，会社の同族性と閉鎖性を維持できるということである。そのメリットは，従来型の事業承継方式であることから，経営者の親族，従業員，取引先などから違和感のないものとして受け入れやすく，また承継人を早く決定して経営者となるための教育期間と準備期間を確保することができるといえる。

　反対に，デメリットとしては，親族内に経営者に適する能力と意欲をもった承継人の候補者がいるとは限らないこと，世襲であること，親族内で遺産や会社経営権をめぐる争いが生ずるおそれがあること，さらには，経営者にとって，引退後の生活資金を確保できないという大きな問題がある。

　親族内承継にともなう法律問題は，まず相続に関する問題として現れ，次いで，企業経営権の確保とくに自社株式の集中の必要性とその方法として問題になる。前者は民法（相続法）の問題であり，後者は会社法の問題として顕在化する。

親族内承継のスキーム（Scheme）は，自社株式や会社が事業に使用している経営者の個人資産の贈与または相続としてなされる。経営者が推定相続人である子の1人を後継者に指定して，事業資産や保有自社株式の全部少なくてもその大半を譲渡や遺贈しようとしても，推定相続人との間で利害対立が生じ，後継者以外の遺留分を有する相続人（非後継者）の遺留分の問題があり，遺留分の減殺請求や相当額の金銭の支払請求などにより，事業承継の円滑化の障害が生ずる。

　事業承継人は，本来的には，相続人とくに実子がなることが望ましいから，これを基本とすべきであろう。しかし，後継者の選定は，親族内承継でも対立を生むことがあり，また従業員等による企業内承継は社内の融和と協調を得ることに努めなければならない。

　後継者の選定は，経営者の生前になすべきであり，経営者の死後に相続人間で決めよというやり方は，相続権争いと経営権争いが生ずるおそれがあるから好ましくない。後継者の選定は，後継者とされる者の意思を最大限に尊重するとともに，その能力と適正を見極めることが必要であり，長男だから当然に後継者となるというのは好ましくない。

　後継者に求められるのは，経営能力とくに時代の流れに対応し，将来を見据えて会社経営ができる能力である。これがなければ，いかに老舗企業であったり，先代が大きくした企業であっても，衰退することが避けられない場合が少なくないといえよう。

　事業承継の円滑化のために，後継者が自社株式や事業用資産を取得することが正当化されるのも，後継者が経営能力と経営意欲を備え経営者として相応しい人物であることを当然の前提とするからである。娘婿を後継者に選択することも十分に考えられるが，娘婿には相続権がないから，贈与や遺言により処置せざるを得ないが，他方，相続人に対してもできるだけ多くの資産が残されるよう配慮することが望まれる。

　親族内承継で問題が生ずるのは，経営者が事業承継について別段の措置を講ずることなく死亡したために，事業承継をめぐり親族間に不和と対立が生じ，

事業承継がうまくいかず経営に支障をきたす場合であるが，これは現実にも多く見受けられる。

　推定相続人が経営者の事業から独立して，別の職業に就いている場合は除外するとしても，複数の実子が経営者と一緒に経営や業務に関与している場合，あるいは，従来，事業承継に積極的でなかった実子が，突然に事業承継に関心をもち，またその反対の場合もある。それらが原因で後継者選びが紛争を生むことにもなりかねない。そこで，このような場合には，会社分割などの手法により，それぞれを独立させた事業承継を考える必要もあろう。

　引退に備え，後継者を選び準備期間と経営者教育を行うことは，経営承継のために必要である。これは，通常の引退の場合だけでなく，経営者の健康問題，死亡などに備えても重要な課題である。

　事業承継に際し，経営者保有の自社株式の譲渡・移転が問題となるが，事業承継の中心となるのは，経営者保有の支配株式（企業を支配するに足りる株式数の株式）の後継者・承継人への移転であるが，一般には，ある程度株式が分散している。そこで，株式の多数を承継人に集中させることが必要である。

　支配株式の後継者・承継人への移転は，相続，贈与または遺贈という方法によってなされるが，遺留分を有する共同相続人との関係で問題が生ずる。

　事業承継の円滑化を，後継者にスムーズに事業と経営権が移転するとの意味に解すれば，経営の自由度がある程度低下することになるが，中小企業においても安定株主を確保し，銀行や取引先などの第三者に株式を保有させるという方法もある。こうすれば，後継者の選択に第三者の意向が反映されることにはなるが，後継者は第三者の支援と協力の下に事業承継を行うことが可能となる。

(3) 親族内承継の留意事項

　事業承継の円滑化のためには，株式の集中が必要であるとしても，そのためには非後継者など少数株主の排除を必要とする。そこで，事業承継目的で少数株主の排除をするための合理的なルールを作ることが必要である。

　親族内承継は，私有財産制と相続法制の下で行われるものである。そこで，

基本的に考えなければならないのは，円滑な事業承継と相続人など他の株主の利益確保のバランスである。後継者による事業承継のためならば，理由なく他の株主を排除できるというわけではない。それは，究極的には，遺留分と株式集中をどう調整するかの問題に集約することができる。

　後継者の選択は，経営能力と経営意欲を基準としてなされるべきであり，そうでなければ親族内承継は成功しないであろう。親族間で不満が高まるだけでなく，外部からも単なる世襲に過ぎないといわれかねない。

　中小企業の株主は，経営者が多数株主であるが，全株（100％）を保有している場合を除き，他の株主は，共同創業者，親族，従業員などであり，株主構成の特殊性を無視することはできない。また，親族，従業員や取引先顧客との結び付きもつよい。

　これら株主と企業をとりまくステーク・ホルダーとの信頼と協調により，事業承継が成功するのであり，これらを事業承継（経営者の交代）により損なうようなことがあってはならない。

　事業承継が行われても，経営と株主構成は基本的には維持されるべきである。そこで，後継者は事業承継の円滑化のために，株式の分散を防止し，分散した株式を集中させるために，安易に非後継者等の少数株主の排除をすべきではない。少数株主の排除は必要やむを得ない場合に限るべきである。そして，十分な話し合いと同意を得たうえで，公正な対価を支払うという方法によることを基本とすべきである。

　非後継者等の株主を排除することは，やり方によっては親族関係の絶縁状態に至ることも考えられるが，このような不幸な状態が生ずることは極力避けるべきである。この点，少数株主の排除の方法であるが，会社法上，使用が可能な制度を全て使うというのではない。株主総会の特別決議を経ても，このようなことをすれば，多数決の濫用，特別利害関係人の決議参加の問題が生じ，訴訟リスクと親族間の不和を覚悟しなければならない。そこで，株式の分散防止，分散した株式の集中のための法的手段は，種類株式の利用と自己株式の取得を中心に検討すべきである。

多くの中小企業では，経営者の個人資産を会社が事業用に借り受けて使用している。そこで，これらの個人資産を事業承継にあたり後継者が贈与または相続により取得することになり，これをめぐり相続争いが発生することも懸念され，遺留分の減殺請求に発展することが考えられる。

　そこで，事業用資産（個人資産）を会社に帰属させることも検討すべきであろう。差し当たり事業承継の必要がないのに，事業用資産を売買により移転させることは，登記関係費用や不動産取得税，譲渡所得税の問題が生ずるが，会社により事業を営む場合，事業用資産を会社に帰属させるのが自然である。経営者も売買代金を受領して自由に使用することが可能となる。

　経営者が事業用資産を会社に売却することは，取締役と会社の利益相反行為となるから，株主総会決議または取締役会決議（取締役会設置会社の場合）を必要とする（会社法356条1項2号，365条1項）。

　いずれは事業承継を行うのであるから，登記関係費用や不動産取得税，贈与税，相続税という税金問題に直面することは不可避である。しかも，親族外承継（企業内承継，M＆A取引）による場合は，有償譲渡であるから譲渡所得税が発生する可能性が大である。

　事業用資産を会社に帰属させるもう一つの方法として現物出資がある。経営者を引受人とする第三者割当ての新株発行を行い，事業用資産を現物出資をするのである（会社法207条以下）。

　そして，経営者の住居部分など生活に必要な部分は，経営者が会社から借り受ける（賃貸借）という方法を選択すべきであろう。また，いずれの方法によるも，事業用資産を会社に帰属させる場合，経営者は経営権を奪取されることのないように，会社支配権のための議決権を確保する措置を講ずることを忘れてはならない。

　次に，事業承継を予定した会社経営として，企業利益を可能な限り株主に分配すべきであり，過剰な内部留保金をつくらないことが重要である。これにより，事業承継に際し他の相続人の理解と協力を得やすくなるだけでなく，株式の評価額をある程度は低めに誘導することが可能となろう。

第2章
事業承継方法の選択と準備

1 事業承継に向けての判断

(1) 事業承継をするか否かの判断

　事業承継に際し，当該企業が後継者に承継させるに適する企業なのかどうか，それだけの企業価値が認められるかについて，客観的に見極め判断することが必要である。その判断の基準は，企業の属する業種の将来性とくに斜陽業種ではないか，企業収益の将来に対する見込み，資産と負債状況，企業のもつ技術力と営業能力，優秀な従業員や良い取引先が存在するか銀行等の金融機関との関係が良好なのかなどにより，企業の現状を正確に把握して，事業承継か廃業かを判断しなければならない。

　廃業の判断をした場合，従業員の解雇，会社の債務について保証した経営者の責任が現実化する。しかし，かかる懸念のために将来性のない企業を存続させることは，ますます債務を増大させるばかりか後継者にも酷である。そこで，廃業するとの決断が必要な場合もある。

　そして，事業承継を行うと判断した場合に，承継の方法と承継時期を決定する。この場合，後継者に相応しい人材がいるか，親族内承継によるか，企業内承継を選ぶか，それとも企業売却による（M＆A）かを考えることになるが，まず，親族内承継を中心に検討することになろう。もとより，事業承継の方法の選択は，事業承継を行うか否かの判断と密接に関係している。

　業績不振，過剰債務を抱える企業にあっては，債務の縮小が最大の課題であ

るから，事業承継は企業再生と一体として検討し，できるだけ早期に着手する必要があることはいうまでもない。

(2) 事業承継方法の選択

所有と経営の未分離から，事業承継は，経営権と経営者の資産（自社株式・事業用資産）が一体として後継者（承継人）移転するのが特徴である。従来，経営者の実子などによる親族内承継が一般的であったが，現在では，親族内承継は6割程度とされている。それに代わり，親族外承継が増加傾向にあり，今後，一層親族外承継が増加するものと思われる。

親族内承継，企業内承継，企業売却（M&A）のいずれを選択するか，後継者（承継者）の指名は経営者に委ねられる。選択の基準は，具体的事情によるが，最も重要な要素は，企業価値の毀損の防止に対する配慮と，適正かつ経営能力のある後継者の選定である。

親族内に経営能力と識見を備えた人物がいれば，後継者に指名することは最良の選択であろう。しかし，親族内に適任者がいない場合は，必ずしも親族内承継にこだわる必要はないであろう。後継者の選定は，企業価値を高める経営が期待できるか否かを第一に考えるべきである。

そこで，親族内に適任者が見当たらない場合は，親族外承継も十分に視野に入れて事業承継人を選択する必要がある。親族外承継によれば，相続人間の事業承継や相続をめぐる争いを回避することができ，また世襲による弊害を回避できることになろう。また，親族外承継により，経営者の引退後の生活費の確保が可能となる（ハッピー・リタイア）。家族主義が崩壊している現状では，老後の生活の面倒を親族に頼ることには限界がある。

もっとも，親族内に承継を希望する親族がいる場合に，親族外承継により事業を売却するためには，承継を希望する親族に対し十分な説明を行い，理解を得るよう努力することが必要である。事業承継をめぐり，親子・親族間で亀裂が生ずるようなことは極力避けるべきである。

事業承継は，従業員，取引先，銀行等のステーク・ホルダー（利害関係を有す

る関係者）に多大の影響を与えることから，親族外承継（企業内承継・第三者に売却）の場合，譲渡先は，単に，売却代金だけにより決めるべきではない。

(3) 親族内の事業承継のための工夫

親族内承継は，実子などの親族を承継人に指定して事業を承継する方法であるが，日本的な承継方法として一般に受け入れられやすい。現在でも，一番多く利用されている承継方法であり，事業承継の円滑化のための施策も親族内承継を中心に組み立てられている。

親族内承継のメリットとして，後継者を早期に決定し，後継者教育等のための長期の準備期間を確保することも可能である。所有と経営の一体化を維持し，内外の関係者から受け入れやすい。後継者の育成のために，社内教育だけでなく，社外の経営者養成セミナーなどへの参加も考えられる。

デメリットとしては，承継人の範囲が限定されることから，親族内に経営の資質と意欲を併せもつ後継者候補がいるとは限らない。また，経営権や遺産をめぐり紛争が生ずる場合も少なくない。

そこで，後継者と非後継者のバランスを考え，会社を分割して事業の一部を非後継者に承継させることを検討することが必要な場合がある。また，場合によっては複数人を共同後継者に指名して，共同経営を目指すという方向も検討すべきである。

これに対し，親族外承継による場合，その理由と必要性を明確にする必要がある。とくに，親族内に後継者となるべき者がいる場合は，その理解を得る必要がある。しかし，ある程度はドライに割り切ることが必要である。

2 事業承継のための準備の必要性

(1) 事業承継判断と承継方法

　経営者が，事業承継を行うと判断した場合に，その時期と方法を決定し，後継者の選定へと進むことになるが，多くの場合，事業承継の時期と方法，後継者の選定は一体として決定されることになろう。事業承継のための基本方針が決まれば，事業承継を円滑に行うために，事業承継の時期，事業承継の形態と後継者の選定方法を決定するが，それは早いほどよいから，早期に計画を策定し，時間をかけ慎重に実行すべきである。

　事業承継は，親族，従業員，取引関係者など多くの関係者に影響を及ぼすことから，後継者の指定と承継の時期の決定は非常に重要である。できるだけ早い時期に，承継の方法と後継者（承継人）を決定すべきであるが，そのために親族間での対立，企業内承継の場合は親族との間で対立が生じないようにすることが必要である。そのためには，できるだけ客観的な基準により，適正な後継者指定する必要がある。

　事業承継を成功させるか否かは，従業員の動向と雇用に大きく関係する。事業承継にとって重要なことは，経営者の交代により技術力や販売力の低下を招くことなく，企業価値の維持存続が要求される。そのためには，優秀な従業員の離散の防止に努めるべきであるが，併せて，共同経営者，創業時からまたは古参従業員（苦楽をともにした仲間）に対する最大限の配慮をすることが必要である。また，事業承継に先立ち，会社資産と経営者の個人資産を分別し，会社負債の確認などの調査をしなければならない。

(2) 事業承継のための調査と検討事項

　事業承継を円滑に行うためには，綿密な事業承継計画を立てることが必要であるが，それに先立ち企業をとりまく現状を正確に認識し，将来に対する予測

を立てることが必要である。そこで，「事業承継ガイドライン」は，必要な調査・検討事項として，次のような事項をあげている。

　ⅰ）　**会社の現状把握と企業の将来性**

　これは，会社の経営資源の状況であるが，従業員の数・年齢構成・能力と技術力が備わっているか，経営状況と保有資産と負債状況，会社の競争力の現状と発展性，将来に対する見込みの程度などである。キャッシュ・フローの現状と将来に対する見込みも重要である。恒久的な資金不足が続くかどうかは，重要な要素となる。

　ⅱ）　**経営者（オーナー）の状況**

　経営者が保有している自社株式の種類と保有数，それ以外の資産の有無と内容，事業のために用いている資産，個人資産に対する担保権の設定の状況，会社債務についての個人保証の有無と程度，個人債務の有無と保証額，経営者の年齢，健康状態および事業承継を予定している時期（引退を予定する時期）など。

　ⅲ）　**後継者の状況について**

　親族内に適任者がいるか，事業承継人（後継者）の年齢・経歴・能力・経営に対する意欲の程度，従業員など企業内に適任者がいるか，企業内承継による場合の必要資金の調達方法，親族内の後継者が幼年または経験不足などの場合は，円滑に一定期間取引先などから適任者を迎え入れることが可能かなど。

　ⅳ）　**相続開始時に発生が予想される問題点と解決方法**

　相続と事業承継をめぐり，トラブルや紛争が発生しないか，推定相続人との人間関係，自社株式の保有状況，会社が種類株式の発行会社か，非公開会社（全ての株式が譲渡制限株式となっている会社）であるか否かなど。

　ⅴ）　**相続税や贈与税との関係**

　事業承継人が，事業承継にともない発生する相続税の納付をどうするのか，税額試算と納税資金の調達など。この場合は，自社株式の評価を適正に行っているかが重要となる。

　これらの事情を総合して，事業承継を行うか否かを判断し，事業承継を行うと決定した場合に，承継人の選定方法，事業承継の形態，承継の時期などにつ

いて，具体的に計画するのである。もとより，計画は固定的なものではなく，適時，変更することを予定した内容となる。

(3) 事業承継計画と実行

　事業承継は，長期の予測と計画の下にかなりの余裕をもって進め，十分な準備期間を必要とする。そこで，10年位前から事業承継計画を策定し，事業承継の方向性を示すのが好ましいとされている。

　そして，前記事項に関する，必要な調査と十分な検討に基づき，親族内承継によるか，企業内承継または企業を第三者に売却するかを決する。次いで，承継の時期の決定，親族内承継については後継者の決定，企業内承継については役員または従業員との協議，第三者に対して売却する場合は売却先の選定方法など，を中心に事業承継のための基本方針を決定する。

　承継者の決定，承継の時期などを中心に事業承継の基本方針が決まれば，これに基づき基本計画（プログラム）を作成する。そして，以後，基本計画に従って，事業承継を進めていくことになる。基本計画は，明確で実現可能なものでなければならないが，変更が不可能なものであってはならない。ある程度の弾力性を持たせ，事情の変化に応じ変更が可能な内容でなければならない。

　親族内承継の基本計画は，自社株式その他の資産の移転方法（生前贈与によるか遺言によるか），税金対策として，暦年課税制度と相続時精算課税制度のいずれを選択するのか，あるいは経営承継法に基づく納税猶予制度を利用するのか，などを内容とする。

　そして，経営者は，計画的に後継者に自社株式や事業用財産を集中させるのである。これにより，経営者の死後に遺産分割協議が難航することなどを回避し，スムーズな事業承継が行われることになる。その際，相続人間で相続争いが生じ，あるいは遺留分の減殺請求がなされたのでは，円滑な事業承継の妨げとなるから，後継者に株式と事業用資産を相続させ，他の相続人には，経営者の個人資産を承継させるなどして，後に，争いが生じないよう措置する必要がある。遺留分の減殺請求に備えて，経営承継法が定める民法の遺留分の特例に

よることも検討すべきであろう。

　経営者の高齢化が進んでいることなどから，経営者が健在のうちに事業承継人をできるだけ早く決定すべきである。これは，事業承継に備えて経験を積ませるとともに，経営承継のための教育をする必要，さらには事業承継に備えた社内体制の整備のための準備期間が必要であるなどを理由とする。

　できるだけ早い時期に後継者を指定し，社内に周知するのはもとより，関係取引先や顧客にも後継者の指定を伝達し，後継予定者と関係取引先等の信頼関係を築き，事業承継後においても従来どおりの良好な取引関係が維持されるよう努める必要がある。そのために，従業員や取引先・顧客に受け入れられることが，後継者選びの重要な基準となる。

　自社株式や事業用資産を，後継者に移転するために贈与による場合は，一括贈与するのではなく，長期計画的に分割して贈与することはいうまでもないが，多額の贈与税や相続税が発生する場合は，税金対策として，自社株式の評価を下げるための工夫の必要性は否定できないであろう。

　株価（株式の評価）の下方修正のために用いる方法として，借入れを行い会社債務の増大を図る，経営者に事前に（在任中に）多額の退職慰労金を支払うなどして会社の資産を減少させるという方法がいわれている。

　かかる方法が相続税対策目的で株式の評価を下げるための工夫として是認されるとしても，それは相当な範囲にとどめるべきである。必ずしも必要としない借入れを行い，会社債務の増大を図るとか，事前に多額の退職慰労金を支払うというのも，金額にもよるが，必ずしも適正な方法とはいえない。

　意図的に会社債務を増やし，あるいは会社資産を逸出させることは，相続税対策になりえても，後継者が相続する株式の価値を下落させることになるばかりか，企業価値を低下させることにもなりかねない。そこで，相続税対策として意図的に株式の価値の下落を図るのではなく，経営承継の円滑化のための措置の一環として，平成21年税制改正が認めた，取引所の相場のない株式について80％の相続税納税猶予制度を利用するなどによるべきであろう。

　事業承継を円滑に行うためには，分散している株式の所在と株主を的確に把

握して，必要に応じ株集めをする必要がある。取引先や従業員が株式を保有している場合が少なくない。これは，親族内承継の場合だけでなく，親族外承継についてもいえることである。

中小企業の場合，株券が発行されていないだけでなく，株主名簿の記載が正確ではなく，株主名簿上の株主が，実質的株主でない場合が少なくない。株主名簿上の株主に過ぎない者から，持株を買い取っても問題の最終解決にならない。そこで，株式が分散している会社においては，株主の調査と確認をできるだけ正確な資料に基づいて行うことが必要である。

(4) 事業承継と生命保険契約

親族内承継については事業承継時に，後継者が多額の資金を用意しなければならない場合がある。そのために，事業承継計画の一環として生命保険の利用がいわれている。生命保険は，元来，被保険者の死亡による妻子等の生活保障のためであるが，これを事業承継を円滑に行うために利用するというのである。

一般の生命保険については，受取生命保険金の使途が限定されないから，事業承継目的に利用することは可能である。そこで，経営者が自己を被保険者とし，死亡保険金の受取人を後継者に指定し，または相続人とする保険契約を締結し，死亡保険金を使って事業承継を円滑に行うのである。

生命保険を用いた事業承継計画は，かなり長期的に計画する必要がある。そこで，経営者はすでに入っている生命保険の受取人を，後継者に指定した者に変更することなどが必要である。後継者に指定した者を保険金受取人とした場合，経営者より先に後継者の予定者が死亡した場合は，保険金受取人の相続人が保険金受取人となるが，これでは，後継者の予定者でない者が保険金を受け取ることになるので，経営者はすみやかに生命保険の受取人の変更手続をする必要がある。

経営者の個人資産（相続財産）の大半が，分割や換金が難しい自社株式や事業用資産であることが少なくない。これを遺産分割として現物分割した場合は，事業承継そのものが成り立たないから，これらを後継者に帰属させるが，その

代償として他の相続人に金銭を交付することが必要な場合がある。また，後継者が遺留分の減殺請求を受けた場合（民法1031条），事業承継を円滑に行うためには，価額弁済として現金による弁償によらなければならない（民法1041条）。その他，事業承継の円滑化のために，他の相続人や他の株主の持株を買い取る必要がある場合も少なくない。また，相続税や贈与税（相続時精算課税）の納税資金を調達する必要がある。

　このように，後継人は事業承継に際し多額の資金を必要とするが，その資金を確保するために生命保険を利用する方法を検討すべきである。死亡保険金の非課税枠（500万円×法定相続人の数）があることから，財産の大半が自社株式や不動産であり，分割が難しい場合は，生命保険を利用するのが有益である。また，死亡保険金は基本的には遺産分割協議が不要であり，また，死亡保険金の受取人は一人でも複数でも可能であるから，非後継者を保険金の受取人とすることにより，バランスをとることができる（「事業承継ガイドライン」32頁）。

　保険金の受取人を，相続人とする場合と，後継者に指定された者とする場合とがある。受取人を相続人とする場合は，相続人間の協議で，事業承継に必要な自社株式その他の財産は後継者に帰属させ，相続税や贈与税は受取保険金から支払い，受取保険金の残金は他の相続人が取得するなどを決めることになる。相続税や贈与税が多額となる場合に備え，保険金額もかなり大きく設定する必要があろう。

　受取人が後継者に指定された者である場合は，受取保険金により現物分割に代わる代償金の支払い，価額弁済として現金の交付，相続税や贈与税の支払いを行い，他の相続人など株主の持株を買取り資金に充てることになる。

第3章
親族内承継と民法上の問題点

1 自社株式等の相続と共有関係

(1) 共同相続人による遺産の相続

　前経営者（被相続人）から後継者（事業承継人）に指名され，事業経営を行ってきた場合であっても，後継者に対し自社株式や事業用財産などについて贈与がなく，遺言もない場合は，これらの財産は共同相続財産（遺産）となる。そこで，共同相続人による遺産分割の対象となるが，この場合，後継者は法定相続分しか相続できないから，遺産分割の協議において他の共同相続人の理解と譲歩がなければ，被相続人が他に多くの財産（遺産）を残している場合でなければ，到底，後継者による円滑な事業承継は望めない。

　これは，民法（相続法）の原則からすれば是認せざるを得ないが，円滑な事業承継にとって重大な支障をきたすことになる。そこで，生前贈与，遺言による相続または遺贈により対処せざるを得ない。生前贈与がなされている場合は，登記その他の対抗要件を備えなくても，他の共同相続人に対抗することができるから，他の共同相続人は遺留分として処理するしかない。

　被相続人が残した財産（相続財産）は，相続人が数人あるときは，その共有に属するが（民法898条），相続財産の共有は民法249条以下の共有と同じであるとするのが判例である（最判昭和30・5・31民集9巻6号793頁）。

　もとより，相続人は被相続人の積極的財産だけでなく，債務についても承継する。後継者は相続放棄をすることができるが（民法915条1項），この場合は自

社株式や事業用財産などを相続することはできない。したがって，後継者は相続人の債務や保証債務を承継せざるを得ない。これが，業績が優れない中小企業の事業承継を困難にする一因であると考えることができる。

なお，事業承継目的の後継者に対する生前贈与であっても，債権者との関係では詐害行為となり，詐害行為の取消しが問題とされる可能性は否定できない。

被相続人の子は相続人となるが，被相続人の子が，相続開始前に死亡したとき等の場合は，その者の子が相続人となる（民法887条2項）。これを代襲相続というが，親族内事業承継にとって思わぬ障害となることがある。

子が第1順位の相続人であるが，相続人（代襲相続人を含む）となる子がいないときは，被相続人の直系尊属が第2順位の相続人となり，直系尊属がいない場合は，被相続人の兄弟姉妹は第3順位の相続人となる（民法889条1項）。これとは別に，被相続人の配偶者は常に相続人となる（民法890条）。

法定相続分は，子と配偶者が相続人である場合は各2分の1，直系尊属と配偶者が相続人である場合は3分の1，3分の2，兄弟姉妹と配偶が者相続人である場合は4分の1，4分の3である（民法900条）。

娘婿が事業承継人に指定される場合があるが，娘婿を養子にしない限り娘婿には相続権がない。そこで，他に事業承継人がなく，親族内で争いがない場合であれば，円満な事業承継が期待できるが，そうでない場合については，経営者の死亡により争いが表面化する。このような場合に備えて，娘婿に支配株式や事業用資産を贈与または遺贈するという方法によらざるを得ないが贈与税が問題になる。そこで，相続人である娘に，相続させるという内容の遺言によるなどの工夫が考えられる。

第 3 章　親族内承継と民法上の問題点

〔ポイント〕

相続人とその順序	法　定　相　続　分
被相続人の子（第1順位）	子と配偶者が相続人である場合は各2分の1 配偶者（一般には実母）がいない場合は全部
被相続人の直系尊属（第2順位）	直系尊属と配偶者が相続人である場合は，3分の1，3分の2
被相続人の兄弟姉妹（第3順位）	兄弟姉妹と配偶者が相続人である場合は，4分の1，4分の3
配偶者（常に相続人となる）	他に相続人がいない場合は全部

（注）※　被相続人の子が，相続開始前に死亡したとき等の場合は，その子が代襲相続人となる（民法887条2項）。
　　　※　胎児は，相続については，既に生まれたものとみなされる（民法886条1項）。そこで，相続の開始後に生まれてきた場合，事業承継に多大な影響を与える場合がある。また，経営承継法による遺留分に関する特例に係る合意との関係でも，検討課題がある。

　被相続人は，法定相続分によることなく，遺留分に関する規定に違反しない範囲で，遺言により共同相続人の相続分を定めることができる（民法902条1項）。そこで，被相続人（前経営者）は，自社株式や事業資産を生前贈与により後継者に承継させなくても，遺言を用いることにより自分の死後に承継させることができる。いずれの方法によるかは，贈与税と相続税についての税額を比較するなどにより選択すべきであろう。

　相続分の定めが遺留分に関する規定に違反するときは（遺留分侵害），それは無効というのではなく，遺留分の減殺請求を受けるという意味である。

(2)　自社株式の共有と問題点

　生前贈与も遺言もなく，数人の相続人が自社株式を共同相続した場合，それは相続人の法定相続分に応じた共有となる。相続財産は分割されるまでの間，共同相続人の共有に属し（民法898条），遺産に属する個々の相続財産ごとに共有（共同所有）関係が成立する。そして，共同相続人は，全体としての遺産のうえに，ひいては遺産に属する個々の財産について持分を持つ。株式については準

共有の関係が生じるが同様に取り扱われる。

　複数の株式を分割するとしても，一個あるいは数個の株式を共同所有するという関係は，換価しない限り依然として残存するのであり，金銭債権とは異なり常に数量的に可分ではないから，複数の株式であっても可分性を有する財産権とすることはできない（東京高判昭和48・9・17高裁民集26巻3号288頁）。

　株式は不可分債権の性質を有する。そこで，生前贈与または遺言がないままに，複数の株式を有する被相続人につき相続が開始して，相続人が数人ある場合，右株式が当然に分割されると解すべきではない。

　1株を複数人で共有することを株式の共有（準共有）というが，会社法は株式の共有を認めている（会社法106条）。株式を複数の共同相続人で相続した場合，分割前の株式所有状態は準共有である。株式の共有は，株主権の共有であるから準共有であり，共有の規定が準用されることになる（民法264条）。株式の共有は，多くの場合，株式の共同相続の場合に生ずる。株主が死亡し複数の相続人がその持株を承継した場合，遺産分割の前は通常の財産と同様に共同相続人の準共有（民法898条）となる（最判平成2・12・4民集44巻9号1165頁）。

　そこで，後継者が単独取得するためには，その旨の遺産分割をしなければならないから，遺言でもない限り，かなり厄介なことにもなりかねない。

　共同相続により株式が共有される場合，支配株式の共同相続の問題は，閉鎖的中小会社特有の会社支配の取得の問題として現れる。遺産分割協議が整わず，または支配株式の争奪をめぐる争いのため，共有者間で権利行使者を選定することが困難となり[1]，株主総会の開催や議決権行使をめぐる争いが生ずることがあるが，このような場合は，円滑な事業承継にとって重大な支障が生ずることになる。

　自社株式について，経営者が生前に贈与するとか，遺言により相続させるなどの措置をとっていない場合，相続により共有関係（一般に，法定相続分による）が生じて，事業承継を円滑に行うについて障害になりかねない。そこで，贈与

---

(1) 酒巻俊雄ほか編『逐条解説会社法〔第2巻〕』37頁，41頁〔森淳二朗〕。

や遺言書により処理しておくことが必要であるが、この場合でも、他の相続人の遺留分との関係が生ずるから、この点に関する配慮を必要とする。

遺留分との関係は、前経営者が自社株式以外の財産を所有していたので、それにより処理できる場合でなければ、かなり厄介なことになりかねないから、経営承継円滑法による遺留分の特例（平成21年3月1日施行）の利用によらなければならない場合も考えられる。

2 株式の共有と権利行使者の定め

(1) 権利行使者の定めと会社に対する通知

共同相続人間で、遺産をめぐる争いや、後継者（事業承継人）問題あるいは経営権争いが存在するなど遺産分割協議が困難な場合がある。この場合、協議がまとまらない、協議することができないとして、家庭裁判所に対し分割を請求し（民法907条2項）、最終的に審判により遺産分割がなされる（家事審判法26条）。しかし、それには相当の日数を要し、その間株式は共有状態になるから、前経営者の死亡にともない円滑に事業承継（経営承継）を進めることが困難な事態に至ることが予想される。

共同相続により株式が共有される場合、共有者は権利を行使する者1人を定めて、会社に通知しなければならないから、権利行使者を定めなければならない。そして、権利行使者と定められた者は、その判断によって相続株式について権利を行使することができる（最判昭和53・4・14民集32巻3号601頁）。そこで、だれが権利行使者となるかは、会社経営権の帰趨を決することにつながるから重要な意味をもつものといえる。

しかし、遺産分割がなされていない段階では、権利行使者が定まっていない場合については、相続株式の全部について権利行使ができないから、事業承継の円滑化にとって障害となる。とくに、相続争いがある場合とか、事業承継人（後継者）争いが存在する場合はこの問題が顕在化する。

権利行使者を定めて，会社に通知しなければ，共有者は権利行使ができないが，この場合でも，会社から権利行使に同意して，これを認めることは差し支えない（会社法106条但書）。この場合は，会社が特定人を権利行使者と認めて権利行使を認める場合をいうのであろうが，会社が権利行使を認めることを同意することができるとの例外規定を，株主の共同相続にそのまま適用することには疑問がある。同意による権利行使は，会社の便宜のためであるから，会社の支配関係に不当な影響を及ぼす場合は，かかる同意をなしえない[2]。むしろ，権利行使の定めは会社の便宜のためであると考えれば，全相続人に対し持分に応じた権利行使を認めるという方向で検討すべきであろう。

　もとより，会社は共有者のうち，恣意的に特定の共有者に限って権利行使を認めることはできない。相続による共有持分が少ない相続人の1人に，権利行使の同意を与えることは好ましくない。こう解することは，共有者全員が議決権を共同して行使する場合を除き，会社の側から議決権の行使を認めることはできないとする判例（最判平成11・12・14判時1699号156頁）の趣旨にも適するものと考えられる。

　相続株式について，会社が権利行使の同意をすることができるのは，共同相続人間で権利行使をする者について協議は未成立であるが，その者による議決権行使に異議がない場合に限られる。同意による権利行使は，あくまでも会社の危険による権利者を認める趣旨であるから，安易に特定人の議決権行使を認めた場合は，決議取消しの原因になると考えられる。それ故，実際上，同意による権利行使が認められるのは，小規模な会社の場合に限られる。

　共同相続人が株式を共有している場合，議決権の不統一行使（議決権を議案に賛成または反対の方向で，統一して行使しない場合）が可能であるかという問題がある。これは，「当該株主が他人のために株式を有する者ではないとき」（会社法313条3項）の解釈であるが，株式の共有がこれに含まれると解されるが[3]，反対の考え方もある。

---

[2]　酒巻俊雄ほか編・前掲42頁〔森淳二朗〕。
[3]　江頭憲治郎『株式会社法』〔有斐閣　2006年〕311頁。

(2) 権利行使者の定め方

　権利行使者1人を定めて会社に通知しなければ，共有株式について議決権の行使ができないことから，権利行使者を定めなければならない。この場合，共同相続人（準共有者）の全員一致によらなければ，権利行使者を指定することができないとすれば，共同相続人の1人でも反対すれば，相続株式の全部について議決権の行使が不可能となるばかりか，会社の経営に重大な支障をきたすおそれがある。そこで，共有物の管理は各共有者が有する共有持分の価格を基準として，その過半数で決めることになるとの民法の規定（民法252条1項）により，権利行使者を決めて議決権を行使することによらざるを得ない。

　共同相続した相続人間の権利行使者の指定は，協議により定めるのであるが，最終的には，準共有持分の価格に従いその過半数で決めることができることになる（最判平成9・1・28判例時法1599号139頁，有限会社の持分の準共有に関する事案であるが，株式会社における株式の共有の場合も同様に考えられる）。もっとも，保存行為は各共有者が単独ですることができるから（民法252条但書），共有持株の権利を争う者に対しては，単独で株主権の確認訴訟や妨害排除請求権を行使することは可能である。

　しかし，最終的には持分の価格の過半数で決めるとしても，共同相続人の間で権利行使者を定める協議をすることが必要であり，協議をすることなく，いきなり多数決で権利行使者を定めるというやり方は相当でないといえよう。しかし，どの程度の協議が必要であるかは判然としないが，共同相続人の一部が協議をすることを拒否している場合を除き，一般に実質的協議をすることが必要であろう。

　共同相続した株式の権利行使は，最終的には権利行使者は準共有持分の価格に従いその過半数で決めることができるのであるが，共同相続人による株式の準共有は，遺産分割（分割協議・調停・分割審判）がなされるまでの一時的ないし暫定的状態にすぎないから，その間における権利行使者の指定，およびこれに基づく議決権の行使には，会社の事務処理の便宜を考慮して設けられた制度の趣旨を濫用あるいは悪用することは許されない。

そこで，共同相続人間の権利行使者の指定は，最終的には準共有持分の価格に従って過半数で決するにしても，準共有は暫定的状態であること，その間における議決権行使の性質上，共同相続人間で事前に株主総会における重要性に応じて，然るべき協議をすることが必要であり，協議を全く行わずに，あるいは真摯に協議せず，単に形式的に協議をしたとの体裁を整えただけで権利行使者を指定するなど，共同相続人が権利行使の手続の過程で，その権利を濫用した場合は，権利行使者の指定ないし議決権の行使は権利の濫用として許されないとする判決がある（大阪高裁判平成20・11・28判例時報2037号137頁）。

　このように，権利行使者は協議あるいは共有持分の価格を基準として，最終的にはその過半数で決めることになる。そこで，前経営者が，例えば，長男を後継者に指名している場合，後継者に指定されている者が，持分の価格の過半数を確保している場合は，自らを権利行使者に指定し，株主総会の取締役選任決議について権利行使するから経営支配権を確保することができる。

　これに反し，後継者に指定された者が，持分の価格の過半数を確保していない場合は，権利行使者に指定されないことになり，取締役に選任されないという事態の発生も想定される。

　例えば，前経営者が長男を後継者に指名している場合でも，非後継者である次男が，母親（前経営者の妻）の協力を得れば，多数決で自らが権利行使者と指定されることができ，権利行使者として総会において議決権を行使し，取締役に選任され，さらに代表取締役に選定されることにより，会社経営権を取得し，承継人（後継者）の地位を得ることが可能となる。

3 事業承継と遺産の分割

(1) 遺産分割の請求と手続

　分割前の遺産に対する共同相続人の権利関係は共有である。そこで，遺産分割が禁止され，または分割しないとの契約が存在する場合を除き，各相続人は，いつでも他の共同相続人に対し遺産の分割を請求することができる（民法907条1項）。これに対し，他の共同相続人は分割請求に応じなければならない。

　遺産の分割は他の共同相続人との協議によりなされるが，協議が整わないとき，または協議をすることができないときは，各共同相続人は，家庭裁判所に対して分割を請求することができる（民法907条2項）。この場合，家庭裁判所は調停で解決を図るが（家事審判法17条），調停が成立しない場合は，遺産分割の審判（家事審判法9条1項乙10号）がなされ，それの確定をまって分割を実現することになる。この審判の性質は非訟事件である（最高裁決昭和41・3・2民集20巻3号360頁）。

(2) 相続財産の分割と事業承継の困難

　前経営者が後継者に対し，自社株式や事業用資産などを贈与せず，しかも遺言により遺贈または相続させていないとき（あるいは，これらによるも相当の財産が残存するとき）は，前経営者の所有財産は後継者を含めた共同相続人の相続財産（遺産）となる。

　共同相続人の分割前の遺産に対する権利関係は共有であり，それに対し，各相続人は相続分に応じた共有持分を有する。そこで，各相続人はいつでも他の共同相続人に対し遺産の分割を請求することができる。事業承継の場合についても同様に考えることができる。

　遺産の分割は，遺産に属する物または権利の種類および性質，各相続人の年齢，職業等一切の事情を考慮して行わなければならないのであるが（民法906条），

これは現実に遺産に属する個々の財産の帰属を定めるにつき、考慮すべき事項を定めたものであり、法定相続分の変更を認めた規定ではない（東京高裁決昭和42・1・11家月19巻6号55頁）。

そして、遺産の分割はこれを基本として当事者の協議によりなされる。この場合、事業承継の円滑化のためには、後継者が事業承継に必要な自社株式や事業用財産を承継することが必要である。他の共同相続人がそれに沿った遺産分割に同意すれば、法定相続分とは違った内容の分割となっても、後継者が自社株式や事業用資産を相続するという遺産分割も可能となる。

しかし、これによれば、他の共同相続人が相続する財産がなくなるとか、著しく少なくなる場合がある。そこで、他の共同相続人の理解と大幅な譲歩が求められる。この場合、後継者は他の共同相続人に対し金銭による代償の支払いを余議なくされる場合があるが、そのための資金を調達しなければならない。

代償の支払いなどをめぐり対立が生じ、他の共同相続人との協議が整わないなどにより、後継者が自社株式や事業用資産を取得できず、事業承継そのものが暗礁に乗り上げる（デッドロック）ことにもなりかねない。

このような事態を避けるためには遺言により相当な措置を講ずることが不可欠である。遺言によれば、他の共同相続人の請求を遺留分の範囲に止めることが可能となる。

遺言により、被相続人は「遺産の分割方法を定め、もしくは、これを定めることを第三者に委託することができる」ので、事業承継の円滑化のために、前経営者は遺言により事業承継のために必要な財産について、遺産の分割方法を定め、もしくは、これを定めることを第三者に委託すべきである（民法908条）。

被相続人の、相続人某に「相続させ」る旨の遺言は、遺贈と認められる特段の事情がない限り、遺産の分割方法を定めたものであるから（最判平成3・4・19民集45巻4号477頁）、遺留分の関係で問題が生ずるとしても、相続人某は当該財産を相続により取得することになる。そこで、単独で相続登記手続をすることができる（最判平成7・1・24判時1523号81頁）。

事業承継の場合についても、経営者が、「自社株式と事業用資産を特定のう

え，後継者に相続させる」と遺言することにより，後継者はこれらの財産を取得することができるから，円滑な事業承継を期待することができる。

(3) 相続財産の分割制限

自社株式や事業用資産を含んだ遺産が共有財産の場合，自由に分割を認めたのでは，到底，円滑な事業承継を行うことはできない。そこで，自社株式や事業用資産など事業承継に不可欠なものを分割することは，円滑な事業承継の妨げとなるから遺産分割の請求を制限する必要があり，そこで遺産の一部の分割を禁じる措置を講ずる必要がある。

そのために，被相続人は，遺言で相続開始の時（被相続人の死亡時）から5年を超えない期間内で，遺産の全部または一部の分割を禁じることができる（民法907条1項，908条）。また，遺産分割の請求を受けた家庭裁判所は，遺産分割の審判をするのであるが（家事審判法9条1項乙10号），その審判において，特別の事情があるときは，遺産の全部または一部について期間を定めて分割を禁ずることができる（民法907条3項）。この場合，分割禁止期間は5年以内とすべきであろう（民法908条，256条1項参照）。

事業承継との関係で，遺産を分割することが円滑な事業承継の著しい妨げとなるおそれがある場合は，遺産の分割を禁ずる特別の事情に該当すると考えられる。もとより，かかる理由により遺産分割の禁止の対象になるのは，事業承継に必要な自社株式や事業用資産などであり，これ以外の多額の現金や不動産などは分割禁止の対象とはならない。

さらに，遺産を分割することが円滑な事業承継の妨げとなるとの理解の下で，共同相続人は全員の協議で，5年を超えない範囲で分割をしない旨の契約をすることができる（民法256条1項）。そこで，共同相続人は，全員の協力により，自社株式や事業用資産など円滑な事業承継に必要な財産については，不分割の契約により，5年以内の期間で分割しないでおくことができる。

もとより，これは分割の猶予期間であり，期間の経過後は協議により分割しなければならないが，その場合は現物分割に代えて金銭の支払いということが

予定されるから，後継者は借入れなどにより資金を調達する必要がある。

(4) 分割のための相続財産の評価

遺産分割のための相続財産の評価は，分割の時を標準としてなされる（札幌高決昭和39・11・21家月17巻2号38頁）。そこで，経営状態が健全で，多くの資産を有する会社の場合は株式の評価が高くなる。このことは，遺留分の算定のための財産評価についても当てはまる。

しかも，後継者が前経営者の生前に経営を承継し，経営努力により企業価値を高め，株式の評価が高くなった場合に，遺産分割のための相続財産の評価や遺留分の算定のための財産評価にそのまま当てはめるのは妥当でない。もっとも，後継者が自社株式を前経営者から生前に贈与を受けた場合でないから，相続開始時の価額を基準にせざるを得ないであろう。

相続財産の評価は，分割の時を標準とするというのは，相続開始時の価額を一切考慮しないとか，後継者の経営努力を考慮しなくてもよいことを意味するのではない。そこで，分割の時を標準（基準）としながら，各相続人の年齢，職業その他一切の事情として（民法906条），相続開始時の価額や後継者の経営努力を考慮して，相続財産の評価をすべきである。後継者の経営努力により向上した価額相当分は，本来，相続財産に含まれる性質のものではない。

4 寄与分と特別受益者

(1) 事業承継と寄与分

共同相続人中に，被相続人の事業に関する労務の提供または財産上の給付，被相続人の療養看護その他の方法により，被相続人の財産の維持または増加について特別の寄与をした者があるときは，被相続人が相続開始の時において有した財産の価額から，共同相続人の協議により定めたその者の寄与分を控除したものを相続財産とみなし，法定相続分，代襲相続人の相続分，遺言による相

続分の指定により算定した相続分に寄与分を加えた額をもって，その者の相続分とする（民法904条の2第1項）。

前項の協議が整わないとき，または協議することができないときは，家庭裁判所は，同項に規定する寄与をした者の請求により，寄与の時期，方法および程度，相続財産の額，その他一切の事情を考慮して寄与分を定める（民法904条の2第2項）。

後継人は，先代経営者と共に経営と業務を行い，また事業承継後は単独で経営と業務を行うことにより，先代経営者の個人資産および会社資産の増大に寄与している。そこで，後継者の貢献を考慮する必要があるが，この点，民法は「寄与分」の制度を認めている（民法904条の2第1項）。

共同相続人中に，被相続人の事業に関する労務の提供等により，被相続人の財産の維持または増加に特別の寄与をした者があるときは，被相続人が相続開始時に有していた財産財産の価格から，その者の寄与分を控除したものを相続財産とみなされる（民法904条の2）。

例えば，経営者を手伝っていた次男が，事業承継人にならなかった場合，寄与分の問題が生ずる。寄与分は，経営者が会社組織で事業を行っていたときも，同様に考えることができる。

寄与分の要件は，被相続人の事業に関する労務の提供または財産上の給付であるから，被相続人が死亡するまで25年にわたり，ともに家業に従事し，最後まで被相続人と生活をともにして世話をした長男に寄与分を認めた事例があるが（福岡家裁小倉支部審昭和56・6・18家月34巻12号63頁），長男が父親から営業を譲渡された後，店舗部分の拡張や改造をし，父母の死に至るまで同居扶養したとしても，これは営業の譲り受けと深い相関関係にあるから，特別の寄与とはいえないとした事例もある（和歌山家裁審昭和56・9・30家月35巻2号167頁）。

事業承継との関係で寄与分が認められることは少ないと考えられるが，寄与分が問題になるのは小規模の経営の場合に限られ，ある程度の規模の中小企業の場合は難しいであろう。経営承継後（自社株式や事業用資産について贈与を受けていない場合）の経営努力により事業を向上させ，事業用財産を増やし，その結

果，相続財産が増大した場合であり，しかも，被相続人の死亡まで同居扶養したとしても，それは事業承継によるものであるから，寄与分とはいいがたいであろう。このように，相続財産（遺産）が増大した場合でも，事業承継との関係で寄与分を持ち出すことは難しく，これは，遺産分割の際の，「その他一切の事情」として（民法906条）考慮するにとどまることになろう。

事業承継との関係で，寄与分が問題になるのは遺留分の減殺請求がなされた場合であるが，判例は，遺留分減殺請求訴訟において，寄与分を抗弁として主張することができないとしている（最判平成11・12・16民集53巻9号1989頁）。

(2) 特別受益者の相続分

共同相続人中に，被相続人から，遺贈を受け，または婚姻等もしくは生計の資本として贈与を受けた者があるときは，被相続人が相続開始の時において有した財産の価額に，その贈与の価額を加えたものを相続財産とみなし，法定相続分，代襲相続人の相続分，遺言による相続分の指定により算定した相続分の中から，その遺贈または贈与の価額を控除した残額をもって，その者の相続分とする（民法903条1項）。

遺贈または贈与の価額が，相続分の価額に等しく，またはこれを超えるときは，受遺者または受贈者は，その事業承継との関係で，自社株式や事業用資産の遺贈を受けた場合であっても，民法上の特別受益者の相続分となるが，特別受益者は特別受益の額を加えて計算した相続分を受け取ることができないのにとどまる（民法903条2項）。また，被相続人は，遺留分に関する規定に違反しない範囲内で，別段の意思表示をすることができるから（民法903条3項），事業承継との関係で，遺贈が特別受益となることは少ないであろう。

事業承継のために，自社株式や事業用資産の贈与を受けても，婚姻・養子縁組・生計の資本として贈与を受けたものではないから，特別受益の問題は生じない。

5　事業承継と遺留分との関係

〔ポイント〕

> * 事業承継目的で，後継者に自社株式や事業用資産を贈与し，遺言により遺贈または相続させる場合でも遺留分に注意すべきである。
> * 遺留分は，相続開始時の財産の価額に贈与した財産の価額を加えた額から債務を控除して算定されるから，相続開始時の財産の価額が少なければ，遺留分の減殺を受けることになる。
> * 自社株式や事業用資産について，遺留分の減殺請求がなされた場合は，円滑な事業承継の妨げになる。価額の弁済という方法があるが，そのためには資金を調達しなければならない。
> * 遺留分制度は，円滑な事業承継の妨げになることから，経営承継法は遺留分を有する相続人を含めた全員の合意，経済産業大臣の確認，家庭裁判所の許可により，民法の遺留分の特例によることができるとしている。

(1)　遺留分の意義とその割合

　遺留分とは，法定相続人が遺留分権利者として保証されている遺産の一部である。被相続人は自己の財産をどのように処分するかの自由を有するが，遺留分権利者（被相続人の兄弟姉妹は遺留分を有さない）には，被相続人の財産の一部を取得する権利が保証されている。そして，それが侵害された場合に遺留分の減殺請求がなされる。

　被相続人（経営者）が，事業承継のために後継者に自社株式や事業用資産を贈与し，または遺贈した場合でも，相続時を基準として遺留分を侵害している場合は，減殺請求を受けることになる。そのため，遺留分は他に十分な相続財

産（遺産）がある場合を除けば，事業承継人による円滑な事業承継の障害となる場合が少なくない。

遺留分の割合であるが，直系尊属のみが相続人である場合は，被相続人の財産の3分の1，それ以外の相続人の場合は，被相続人の財産の2分の1の遺留分を有する（民法1028条）。そこで，各相続人の有する遺留分（減殺しうる遺留分）は，これに各人の相続分を掛けた（乗した）額ということになる。

〔遺留分の割合〕

相続人と遺留分権利者	相続財産に対する遺留分	各人の遺留分
直系尊属のみ	3分の1	両親がそれぞれ6分の1
配偶者のみ	2分の1	2分の1
配偶者と直系卑属	2分の1	配偶者は4分の1，子供については人数割り（例えば子供2人の場合は，各8分の1）
直系卑属のみ	2分の1	子供について人数割り（子供2人の場合は，各4分の1）
配偶者と直系尊属	2分の1	配偶者は3分の1（2／3×1／2），父母は各12分の1（1／3×1／2×1／2）

（注）兄弟姉妹には被相続遺留分がないから，被相続人が生前贈与や遺贈をしていても，遺留分の減殺請求をすることはできない。そこで，被相続人が後継者に自社株式や事業用資産を遺贈などしても，被相続人の兄弟姉妹から遺留分の減殺請求を受けることはない。

(2) 遺留分の計算

遺留分の算定は，被相続人が相続開始の時において有した財産の価額に，贈与した財産の価額を加えた額から，債務の全額を控除して算定するのであるが（民法1029条1項），遺留分減殺のための評価の時期は，相続の開始時（被相続人の死亡時）とされている（最判昭和51・3・18民集30巻2号111頁）。

そこで，前経営者の生存中に事業承継が行われ，事業承継人の努力により企業業績が向上し，株式の評価が上がった場合も，遺留分算定のための自社株式

の評価は，被相続人の死亡時を基準とするから適正ではないとの見方もできる。しかし，反対に，事業承継人による会社経営により企業業績が悪化し，株式の評価が下がった場合はどうするかという問題もあり，画一的な処理をするためには，原則として被相続人の死亡した時を基準として計算せざるを得ないであろう。

　前経営者が保証し，または物上している場合の債務の評価であるが，確定していない債務の評価，とくに保証や連帯保証の評価は困難であるから，家庭裁判所が選定した鑑定人の評価によるしかないであろう（民法1029条2項参照）。

(3) 遺留分の放棄

　相続開始前の遺留分の放棄は，家庭裁判所の許可を必要とするばかりか，共同相続人の1人がした遺留分の放棄は，他の共同相続人の遺留分に影響しないから（民法1043条1・2項），遺留分の権利者全員の放棄がなければ，遺留分の権利者の全員を排除することはできない。しかも，遺留分権利者が各自家庭裁判所に対して手続をすることが要求される。これに対し，相続開始後の遺留分の放棄には制限がないから，遺留分の権利者は自由に放棄をすることができる。

　いずれにせよ，遺留分の放棄は遺留分権利者の自由意思によるものであり，かつ放棄には合理性が要求される。そして，合理性は対価の支払いにより担保されることがあり，それ故，遺留分の放棄には金銭的保証が求められることが少なくない。事業承継の場合においても，後継者が遺留分の放棄のために，金銭の支払いをすることが必要な場合がある。

　これは，後継者にとって負担となり，円滑な事業承継の障害となるが，遺留分権利者の利益確保という観点からやむを得ないといえよう。この点，経営承継法は，民法の遺留分の特例措置を設けるとともに，事業承継人が遺留分の権利者に支払う資金を調達するなどに備えて金融支援の措置を規定している。

(4) 遺留分の減殺

遺留分の減殺請求が認められるのは，遺留分権利者の受けた財産額が所定の遺留分に達しない場合，または遺留分権利者が何も受け取ることができなかった場合である（遺留分の侵害）。

この場合，遺留分を侵害した贈与または遺贈が無効となるのではなく，遺留分権利者は，自己の有する遺留分を保全するために贈与と遺贈を減殺し，自己の遺留分を確保するのである（民法1031条）。つまり，減殺により遺留分に相当する遺産を取り戻すとの意味に解される。

贈与は，相続開始前の1年間にしたものに限り，遺留分算定のための価額に算入するのであるが，当事者双方が遺留分権利者に損害を加えることを知って贈与したときは，1年以上前にしたものであっても，その価額を算入する（民法1030条）。

遺留分権利者および承継人は，遺留分を保全するために必要な限度で，遺贈および贈与の減殺請求（遺留分の減殺請求）をすることができるが（民法1031条），遺贈を減殺した後に贈与を減殺する（民法1033条）。

受贈者および受遺者は，減殺を受けるべき限度において，贈与または遺贈の目的の価額を遺留分権利者に弁償して（遺留分権利者に対する価額弁済），返還の義務を免れることができる（民法1041条1項）。この価額弁済により，後継者は現物返還義務を免れるが，価額弁済のための資金を調達しなければならないからかなりの負担となる。

受贈者および受遺者は，価額弁償により減殺された贈与または遺贈の目的たる各個の財産について，価額を弁償して，その返還義務を免れるのであるが，価額の弁償を現実に履行するか，その履行の提供をしなければならないのであり，価額弁償の意思表示だけでは足りない（最判昭和54・7・10民集33巻5号562頁）。

価額弁償の，価額算定の基準時は現実に弁償された日であるから，訴訟により価額弁償を請求するときは，口頭弁論の終結時が基準となる（最判昭和51・8・30民集30巻7号768頁）。

6 事業承継と遺言書作成の検討

(1) 遺言書の作成

　遺言は事業承継との関係でも利用可能な場合が多くあり，極めて重要な意味を持つから，これを用いることは非常に有意義である。そこで，経営者は事業承継のために遺言を用いるべきであろう。もとより，遺言事項は法定されていることに加え，遺言は法定の様式に従わなければならないから，何でも，どのような様式によっても，遺言しうるものではない。例えば，「後継者以外の相続人は，後継者に協力して，会社の発展に尽くせ」というような内容の遺言をしても法律上の遺言とはいえない。

　経営者が，事業承継目的で承継人に保有自社株式や事業用資産を移転させることは，経営者が生前行為として財産権を移転する贈与によるのが最も確実であるが，経営者は生前に保有自社株式や事業用資産を移転させることを好まない傾向があるばかりか，贈与によることには多額の贈与税が発生することから，これを躊躇することが少なくない。

　家族構成によっては，計画的な生前贈与によることが得策な場合があるが，生存中に財産の移転を好まない経営者も少なくない。しかし，このような状態で経営者が死亡した場合は共同相続が開始し，遺産分割の協議によることになるが，自社株式や事業用資産を法定相続分に応じて分割すると，到底，円滑な事業承継を期待することはできない。事業承継人において，他の共同相続人が相続により取得する財産権を買い取るにしても多額の資金を必要とする。

　そこで，相続争いを回避し，遺産分割協議をすることなく，後継者に円滑に自社株式や事業用資産を承継させるためには，遺言書の作成によるべきであろう。遺言書により，これらの財産を相続させ，あるいは遺贈することが，円滑に後継者に自社株式や事業用資産を帰属させる最善の策である。もとより，遺言による場合であっても，他の共同相続人の遺留分の問題は残り，遺留分の減

殺請求は避けられない。

　経営者（被相続人）は，自由意思により遺言をすることができるから，後継者と指定した者に自社株式等を相続させ，または遺贈することができるが，遺言は遺言により自由に撤回することができるばかりか，後の遺言で前の遺言を取り消すことができる（民法1022条，1023条１項）。それ故，遺言の無効は遺言者が死亡し，遺言の効力が生じた後に問題にされることになろう。

　詐欺または脅迫による遺言は，遺言者において取り消すことができるだけでなく，相続人においても取り消すことができる。詐欺または脅迫によって，被相続人が相続に関する遺言をし，これを取り消させ，またはこれを変更することを妨げた場合，詐欺または脅迫によって，被相続人に相続に関する遺言をさせ，これを取り消させ，またはこれを変更させた者，相続に関する被相続人の遺言書を偽造・変造・破棄・隠匿した者は相続欠格者となり，相続資格を失うから（民法891条３・４・５号），くれぐれも後継者はこのような行為をしてはならない。

　遺言の方式として，普通方式として自筆証書，公正証書，秘密証書がある（民法967条）。また，特別の方式として死亡の危急に迫った者等の遺言があるが（民法976条－979条），事業承継に用いられるのは，一般に事前の計画と準備に基づいて行われるから普通方式の遺言である。

　ⅰ）　自筆証書遺言は，遺言者が，全文，日付および氏名を自筆し（タイプライターやワープロは不可），押印しなければならない（民法968条）。

　最も基本的な遺言であるが，改ざん，隠匿，破棄される危険性がある。

　自筆証書遺言と秘密証書遺言については，遺言書の保管者または遺言書を発見した相続人は，相続の開始（遺言者の死亡）を知った後，遅滞なく，遺言書を家庭裁判所に提出して検認（遺言の方式に関する一切の事実を調査して，遺言書の状態を確定し，その現状を明確にする手続であって，遺言書の実体上の効果を判断するものではない）を受けなければならない。そして，封印のある遺言書は，家庭裁判所において相続人またはその代理人の立会いがなければ開封することができない（民法1004条１項，３項）。

ⅱ) 公正証書遺言は，証人2名以上の立会のもとで，遺言者が遺言の趣旨を公証人に口授し，公証人がそれを筆記し，証人および遺言者に読み聞かせ，または閲覧させたうえ，各自，署名・押印する。そして，公証人が適式に作成されたことを付記して署名・押印する（民法969条）。

　手数がかかるが最も確実なものである。2通作成し，1通は公証人が保管するから，改ざん，隠匿，破棄される危険性はない。また，家庭裁判所の検認を受ける必要はない（民法1004条2項）。

ⅲ) 秘密証書遺言は，遺言者が，その証書に署名・押印をした後（全文を自書する必要はない），証書を封筒に入れて封をして，証書に用いた印章により封印する。そして，公証人および証人2名以上の前に封書を提出し，自己の遺言書であること，筆者（遺言者）の氏名と住所を申述する。

　公証人が，その証書を提出した日付および遺言者の申述を封紙に記載した後，遺言者および証人とともに，これに署名・押印する（民法970条）。

　遺言内容の秘密を保持するとともに，改ざんを防止しうるが，隠匿，破棄される危険性がある。

　遺言者は，いつでも，遺言の方式に従って，その遺言の全部または一部を撤回することができるが（民法1022条），前の遺言が後の遺言と抵触するときは，抵触する部分は，後の遺言で前の遺言を撤回したものとみなされる。また，遺言者が，遺言後に遺言と抵触する生前処分，その他の法律行為をしたときも同様であるとされている（民法1023条）。

　そこで，事業承継目的の遺言がなされていても，後継者の気付かないままに，前の遺言の効力を否定するような遺言や生前処分などがなされる可能性を否定することはできない。

　遺言により，事業承継人に自社株式や事業用資産を相続させる場合であっても，その他の財産（現金や事業用資産以外の不動産など）についても，遺言で分割方法を指定しておくべきであるが，その際，他の共同相続人の遺留分に配慮して行うことが必要である。全ての相続財産について，分割方法を指定しておけば，遺産分割協議を必要としないから，事業承継人の自社株式や事業用資産の

相続を迅速に処理することができる。

　遺言について遺言信託という制度がある。信託銀行が業務として取り扱うものであるが，信託銀行が遺言の作成，保管，執行に関与するから，コストがかかるが，遺言者や相続人にとって煩雑から解放されるという利点がある。

　なお，特定の遺産を特定の相続人に「相続させる」旨の遺言は，その趣旨が遺贈であることが明らかな場合でなければ，遺産の分割の方法を定めたものであるから（最判平成3・4・19民集45巻4号477頁），自社株式数を特定し，特定の事業用資産を事業承継人に相続させるとの遺言は，遺産の分割の方法を定めたものと解される。

　被相続人は，遺言により遺留分に関する規定に違反しない範囲で，共同相続人の相続分を定め，または定めることを第三者に委託することができ（民法902条1項），また，遺言で遺産の分割方法を定め，もしくはこれを定めることを第三者に委託し，または相続開始から5年を超えない期間を定めて，遺産の分割を禁ずることができるから（民法908条），遺言により事業承継の円滑化のために，遺産に関して，このような方法を用いることが可能である。

　経営者（遺言者）は，遺言で遺産の分割方法を定めるだけでなく，遺言執行者を定めておくことが望ましい。遺言執行者とは，遺言が効力を発生した後（相続が開始した後），遺言の内容を実現させるための諸手続を行うものであるが，遺言執行者を定めることにより，迅速な遺言の執行を期待することができる。

　遺言の執行が迅速かつ公正に行われることを確保するために，遺言執行者は，相続人と利害関係のない弁護士などの職業人を指定すべきであろう。

(2)　事業承継と遺言書による相続または遺贈

　事業承継との関係で，遺言書によることが考えられる主要な場合は，相続分の指定，遺産分割方法の指定および遺産分割の禁止であるが，遺贈も事業承継財産の移転方法として重要である。

　相続分の指定（民法902条）は，法定相続分によらず，遺言で共同相続人の相

続分を定め，またはこれを定めることをいうのである。事業承継との関係では，自社株式など特定財産を後継者に相続させる必要があるから，相続分を定めるというだけでは不十分であり，特定した財産として相続させるべきである。

遺産分割方法の指定および遺産分割の禁止は，遺言により，遺産の分割方法を定め，もしくはこれを定めることを第三者に委託し，または5年間の遺産分割の禁止ができることを定めている（民法908条）。

一般に，遺言書には，相続人某に「××を相続させる」旨の記載がなされるが，それは遺産分割の方法を定めたものであり，事業承継との関係では後継者に事業承継のために必要な財産を相続させる意味に解することができる。

事業承継に必要な自社株式や事業用資産を早期に分割したのでは，円滑な事業承継の妨げとなるので，法定の遺産分割の禁止期間である5年以内の期間内ではあるが，遺言により分割を禁止することには重要な意味が認められる。

遺贈は，遺言による財産の全部または一部の無償譲渡であるが（民法964条），遺言者の単独行為としてなされる。受遺者は相続人に限らず第三者でもよい。この点，遺贈についても，遺言者の死亡時に懐胎されていた胎児は，すでに生まれていたものとみなされるから受遺者となる（民法965条，886条1項）。

遺言は遺言者の死亡の時から効力生ずるから（民法985条1項），遺贈も遺言者の死亡により効力を生ずる。しかし，遺言者の死亡前に受遺者が死亡したとき，または停止条件付き遺贈の場合に，条件成就以前に受遺者が死亡したときは効力を生じない（民法994条）。

事業承継に際し，後継者に自社株式や事業用資産を相続させる必要があるが，そのために，財産の全部または一部を遺言により贈与（遺贈）するという方法がある。とくに，後継者が相続人ではない場合（例えば，娘婿）は，遺贈という方法によることになる。贈与よりも，相続人との摩擦が生ずることを少なくすることができる。もとより，遺贈は相続人の遺留分を害さない範囲でなされるべきである（民法964条但書）。

贈与は遺贈として行うのが好ましい理由として，生前贈与による場合は，贈与の履行後において，贈与者（経営者）より先に事業承継人またはその予定者

が死亡した場合，その相続人が相続することになるから，これでは事業承継の円滑化目的の贈与という趣旨に沿わないことになる。そこで，贈与に解除条件を付けるなどの工夫が必要になってくる。あるいは，贈与の約定だけにとどめ，現実の履行は後日に行うとの方法も考えられる。書面による贈与でなければ，これを取り消せるとの規定（民法550条）を用いることも可能である。

　遺贈に類似するものとして死因贈与がある。これは贈与者の死亡により効力を生ずる贈与であるが（民法554条），遺贈のように遺言者の単独行為ではなく，受贈者との契約によりなされる。死因贈与はその性質に反しない限り，遺贈に関する規定が準用されるから，例えば，受贈者が贈与者より先に死亡したときは死因贈与の効力が失われる。事業承継人（後継者）が受贈者である場合でも，相続人が受贈者の地位を承継するのではない。

　死因贈与には遺贈に関する規定が準用されるが，遺贈に関する方式の規定は準用されない（最判昭和32・5・21民集11巻5号732頁）。そこで，遺言書によることはできないが，後日の相続人との紛争を避けるために公正証書とするか，少なくとも，書面にして公証人による確定日付をとっておくべきである。

　後継者が他の共同相続人の協力が得られないとか，相続人が遺贈の履行義務を履行しない場合に備えて，遺言で遺言執行者を指定し（民法1006条1項），遺言執行者の指定がないときは，後継者は家庭裁判所に請求することにより，遺言執行者を選任してもらい（民法1010条），遺言執行者によりすみやかに遺言執行による財産の移転を受けることができる。

第4章
親族内承継円滑化のための措置

1 親族内承継の円滑化

　事業承継に備えて，生前贈与や遺言による措置が講じられていない場合，他の相続人との関係で深刻な問題の発生が予想される。後継者が事業承継を円滑に行い，経営の安定化を達成するためには，他の相続人の相続した自社株式等を譲り受ける必要があることが少なくないが，これにはかなりの資金を必要とすることから，必要な資金を調達しなければならない。

　経営者が推定相続人である子の1人を後継者に指定して，事業用資産や保有自社株式の全部少なくてもその大半を譲渡や相続させる場合にも，相続人間に利害の対立が生じることが少なくない。それは，遺留分の減殺請求として現実化することから，後継者以外の相続人（非後継者）の遺留分が，後継者による事業承継の障害となることが少なくない。

　遺留分の減殺請求に対処するためには，後継者は他の相続人に一定の金銭を支払うなどの必要がある。そのための資金を調達しなければならないが，資金調達の困難が予想され，これが円滑な事業承継にとって障害となることは避けがたい。このような状況の下で，親族内承継にともない生ずる問題にあらかじめ対処するために，主として，親族内の企業承継の円滑化を図ることを目的として，経営承継法は，遺留分に関する民法の特例，金融に関する支援を規定したので，これを利用することを考えるべきである。

　中小企業の株式保有状況の特色であるが，多くの場合，経営者とその親族が

株式の大半を保有し，残余の株式については，共同経営者，従業員，取引先などが保有している。そして，株主名簿も十分に整備されていないことから，出資関係，株式の保有関係も明確ではなく，単なる株主名簿上の株主（名義株主）が存在する会社があり，株式の帰属をめぐる争いが生ずる例も少なくない。

　親族内承継を円滑に行うことに備え，遺産となる相続財産とくに株式数と帰属（株主）を明確にし，適正な株式分配を迅速に行い事業承継人に自社株式その他の事業用資産を集中的に承継させるための工夫が必要である。まして，他の共同相続人の利益を無視して遺留分を侵害するような行為をすることは許されない。また，親族内外を問わず，共同経営者（とくに，経営者と一緒に事業を立ち上げた者）の処遇も問題になる。

　特定人を後継者に指定して，自社株式や事業用資産を帰属させる方法は，生前贈与型と遺言による相続または遺贈という方法があるが，売買という方法も全く考えられなくはない。そして，贈与と相続に関しては，他の相続人の遺留分との関係で，経営承継法による遺留分の特例によることを検討すべきである。

　遺言を用いた事業承継の場合であっても，遺言が可能な事項は法定されているので，自社株式や事業用資産などの財産権については，相続（遺産の分割方法）または遺贈という方法によることができるが，遺言により後継者（承継人）を指定することができないので，生前に後継者を決定し，それを周知しておかなければならない。

　事業承継を円滑に行うためには，企業の債務の減少が必要であるが，企業債務に対する経営者の個人保証，経営者の個人債務についても相続の対象となるので，親族内承継についての重要な関心事項となる。自社株式や事業用資産などを後継者が取得し，相続債務については相続人全員が相続するというのでは，非後継者は納得しないであろう。一般に，相続債務は後継者が相続し，責任をもって弁済すると約定されるであろうが，かかる約定の効力は当事者間に限られ，債権者には及ばないことに注意すべきである。

　後継者が事業承継を円滑に実行し，承継した企業を安定的に経営するためには，議決権ある株式の3分の2以上，少なくとも過半数を被相続人からの承継

その他の方法により確保する必要がある。もとより，事業用の資産についても散逸しないように努めなければならない。これらは，円満に行われればよいが，後継者と他の相続人や株主との利害対立がある場合は容易でないであろう。

親族内承継が行われる多くの場合は，経営者の高齢などによる引退によるものである。後継者は実子または娘婿が中心となるが，早めに後継者を定めて，経営教育を行うことが必要である。とくに，経営者のカリスマ的な経営により支えられている場合には，後継者教育と経営経験は必要となる。

事業承継の時期の決定が重要である。経営者は，適当な時期における引退に備えて，事前の事業承継を企画しておく必要がある。相続人や親族に適当な後継者がいない場合，親族内承継を断念して，親族外承継によるか，廃業するかを決断しなければならない。それは，企業規模，事業内容，経営の将来性などを総合して判断するのであるが，廃業は極力回避すべきである。

親族外承継の場合，企業内承継によるか，M＆A取引により第三者に売却する方法があるが，うまく適正な価格で売却することができた場合は，経営者にとってハッピー・リタイアメントとなる。

2　事業承継と相続による株式分散の防止

前経営者が自社株式等の資産について後継者に承継させるために，何らかの措置をとっていない場合はもとより，生前贈与または遺言により後継者に帰属させている場合でも，遺留分減殺請求により株式が分散するおそれがある。そこで，事業承継を成功させるためには，相続により株式が分散することを防止するとともに，分散した株式を集中させる措置を講ずる必要がある。

事業承継を円滑に行うためには，前経営者の有する自社株式等の資産を，後継者が確実に取得または支配することが必要であるが，それは，民法上の手段としては，生前贈与または遺言によることになるが，それは他の相続人の利害と対立することが多い。

経営者が承継人を指名しないままに急死したような場合は，後継者争いが生ずることが考えられる。後継者を指名していた場合でも，経営者が有していた自社株式等の資産を後継者に帰属させるための措置が講じられていない場合は，これら資産は相続財産となり相続人の共有財産となる。

　そこで，遺産分割前は，議決権の行使について権利行使者を定めなければならないことになる。これを定めないときは，議決権は共有持分の過半数をもって行使されるから，他の相続人の協力を得なければ，後継者は自由に議決権を行使することはできない。これでは，到底，議決権を支配できる状況にはないから，自己の経営支配権の確保，つまり円滑な事業承継を実現することが困難である。さらに，遺産分割をした場合は株式が分散することになる。

　遺産分割の協議を経ても，他に相当な資産が残されている場合を除けば，他の共同相続人が相続を放棄するなどして後継者に協力しない限り，後継者が経営権を確保するだけの株式を取得することは困難である。相続法の建前からいえば当然のことかもしれないが，これでは円滑な事業承継を望みえない。これは，土地・建物などの事業用資産についても同様である。

　この場合，自社株式の分散や事業用資産の分割を防止し，後継者に集中させるためには，後継者または会社が他の共同相続人の相続持分を買い取るという形で解決せざるを得ない場合が多いが，買取資金の調達の問題が生ずる。

　また，自社株式の分散や事業用資産の分割を防止し，事業承継を円滑に行うためには，他の共同相続人の同意の下に，5年以内の一定期間，遺産分割を行わないことにし，この期間内に後継者が買取資金を調達するという方法も考えられる。

3　親族内承継と自社株式の取得

　後継者は，前経営者の有する自社株式や事業用資産を譲り受け，または相続によりそれを取得するのであるが，会社の経営支配権を確保することが可能な

議決権数の株式を有することが必要である。保有株式数が少なければ，不安定な会社経営を強いられ，事業承継を円滑に行うことが困難である。

　円滑な事業承継と安定的経営を確保するためには，できるだけ多くの自社株式を後継者に集中させる必要がある。後継者が保有する株式数（議決権数）は，定款の変更など会社の重要事項を決定するために必要な3分の2以上が必要であるが，少なくとも，取締役の選任（経営者の選出）に必要な2分の1以上を確保しなければならない。これ以下では，中小企業の事業承継を成功させることは難しいであろう。

　後継者を決めている場合でも，現実に事業承継が行われるのは経営者の死亡または引退後である。そこで，生前贈与または遺言により自社株式が的確に後継者に帰属するように処理されていない場合は，相続問題が絡み後継者が自社株式の多くを取得することができず，円滑な事業承継の妨げになる場合がある。

　事業承継が成功するかどうかは，経営者が保有する自社株式をいかにスムーズに承継人に承継させるかにかかっている。しかし，遺産分割や遺留分との関係で，後継者が自社株式の大半を取得することが困難な場合が想定される。

　そこで，会社が経営者などの株主から相当量の株式を買い付けて，自己株式として保有しておくことが考えられる（金庫株）。会社が自己株式として保有しておけば，経営者保有の自社株式とは異なり，遺産分割により他の共同相続人に株式が分散することがなく，また遺留分の問題も生じない。

　会社が自己株式を保有すれば，それだけ議決権がある株式の数が減少し，後継者が保有する株式の議決権割合を高めることから，後継者はより少ない持株により経営権を確保することが可能となる。さらに，会社は保有する自己株式を，順次，後継者に譲渡することにより，後継者の持株数を適宜増大させることが可能となる。

4 事業承継に際して解決すべき問題

(1) 個人保証・担保提供の処理
① 個人保証・担保提供の機能と問題点

中小企業の多くは，企業の借入れのために経営者が，会社債務について個人保証ないし個人根保証をしている場合が多く，また経営者所有の土地・建物などの個人資産について，会社債務のために担保権が設定されている（根抵当権）場合が多い。

親族内承継の場合，自社株式や事業用資産の承継に関心が向いているが，経営者（被相続人）が負っている債務，会社の借入れに対する保証債務を相続する（根保証による保証債務は，経営者の死亡により確定する）という相続債務についての配慮も必要である。

信用保証（一定の継続的な信用供与契約に基づき生ずる不特定多数の債務の保証）における保証人の地位は，特段の事情がない限り，当事者と終始するものであるから，保証人の死亡後に生じた債務については，その相続人はこの債務を承継しないのであるが（最判昭和37・11・9民集16巻11号2270頁），会社の債務については，保証した代表者本人が引退し事業承継がなされたとしても，保証人の地位から解放されない限り，引退後に生じた債務についても責任を免れない。

会社の借入れに対する経営者の個人保証と担保提供を，事業承継を行うに際しどのように処理するかという問題があり，これが事業承継の障害事由となっている。これは，経営者が事業承継問題を考えるに際し重大な関心ごとである。同様に，役員や従業員が事業を承継する場合についても，新たに個人保証と担保提供を求められることがあるが，これも役員や従業員による事業承継の阻害事由の一つであると考えることができる。

たしかに，個人保証や担保提供については，その当否が問題になるが，金融機関は，企業に融資するに当たり，企業の弁済能力や将来性を考慮して，貸付

債権の弁済確保のために，経営者に個人保証を求め，または担保提供を求めるのである。そして，事業承継により経営者が交代した場合も，新たな経営不安が発生するから，新経営者（承継人）に保証を求めるとしても，事業承継が行われ経営者交代したからといって，前経営者が個人保証や担保提供から解放されるものではない。この点，保証は個人保証ではなく，信用保証など公的な保証によるのが本筋であり，経営承継法も保証額を拡大するなどしている。

事業承継に際し，経営者は保証と担保提供からの解放に重大な関心を有し，これが解決しなければ，経営者にとって事業承継が完了したとはいえないであろう。しかし，企業（事業）を後継者や事業承継人に譲ったからといって，経営者の個人保証や担保提供が解除されるわけではなく，銀行等の金融機関は容易にそれに応じないであろう。

そこで，経営者は，早期に事業承継計画を決定し，可能な限りの債務の削減に努め，事業承継の時点では大きな債務を残さないようにするのが理想的である。しかし，事業承継時に債務を完済しているということは，ほとんど期待できないであろう。そこで，事業承継に先立ち，経営者，事業承継人，金融機関などの債権者を含めた三者間の交渉で，承継人が保証債務を引き受け（肩代わり）弁済する，新たに保証人になるという方向で進むのが最善であるが，そのためには，事業承継人が銀行等の信用を得ることが必要である。この問題は，後継者の力量いかんにかかっていることも少なくない。

親族内承継はもとより，従業員や役員による企業内承継の場合も，銀行などの金融機関が前経営者を保証人ないし物上保証人から解放することはあまり期待できない。それは，経営者の交代による銀行や取引先に対する信用低下が生ずることが避けがたいことにも関係する。そこで，会社に十分な資産がある場合とか，事業承継人に経済的信用力のある場合以外は，銀行との交渉によるもこれを外すことは容易ではない。

事業承継を契機に，保証や担保提供からの解放を求める交渉において，相手方を応じさせるための法律論としては，事業承継は経営権の承継として，経営者・代表取締役等の交代をともなう。そこで，経営者・代表取締役等の交代は

企業にとって重要な事実であり，それが重要な要素であることは双方の認識事由であるから，経営者・代表取締役等の交代は，「事情変更」となるとして，事情変更の原則により契約の解除（もとより，既存の債務に対する保証責任は免れない）ということを検討すべきであるが，これでは，後継者の下で融資を受けることが困難になりかねないことが危惧される。

個人保証や担保提供（物上保証）の当否はたしかに問題になるが，全てを公的保証（信用保証協会の保証）によることが期待できない以上，銀行の立場では個人保証や担保提供を求めることにも理由がある。経営者としては，引退あるいは事業承継を契機として，個人保証や担保提供から解放されたいと願うのは無理からぬことである。

しかし，それは自分が経営者である時に生じた会社債務をそのままにして，個人保証や担保提供から解放されることを意味するものではない。前経営者は，事業承継以前に生じた会社債務については保証責任を免れなく，事業承継により，経営者が個人保証や担保提供から解放されるのは，事業承継後に生じた会社債務についてである。

金融機関が事業承継に際し，前経営者を個人保証や担保提供から解放するのは，会社に十分な資産があるか，支払能力を有する後継者（事業承継人）が，既存債務を含めて保証し，担保提供をするなどの場合に限られるであろう。

経営者の金融機関に対する個人保証や担保提供は，一般に根保証や根抵当権であることから，その元本債権を確定させ会社において弁済し，それが不十分な場合は経営者が保証責任を履行し，または金融機関において根抵当権を実行するという方法によることになる。このことは，経営者にとって酷なようであるが，所有と経営が未分離な中小企業については，それほど不合理であるとはいえないであろう。

この点，中小企業の経営者の親族・友人・従業員が中小企業の借入れについて保証する場合（近親者保証）と経営者による保証（経営者保証）とを分け，近親者保証の信用補完機能は副次的であるが，経営者保証の場合は債務者企業と保証人は実質的に同一的であり，中小企業の多くは家計と経営が未分離であり，

経営や財務の実態の把握が困難であるから，経営者保証たる経営者に経営責任を負わせる保証は重要な役割を果たすとして，経営者保証とその他の保証人は区別して保護を考えるべきだとする見解がある。

たしかに，所有と経営の未分離という現象を前提とすれば，この説のいうとおりである。しかし，個人保証が中小企業の経営者にとって過酷であり，これが後継者のなり手が少なくなり，また，企業再生の局面においても，個人保証による責任が軽減または免除されないとすると，私的整理などによる企業再生にとって足かせとなる。そこで，中小企業政策として，個人保証をなくするか，責任限度額を設定し過酷な保証責任から解放することが必要である。他方，銀行等がリスクを回避するために貸し渋りなどにでることが予測されるが，別途，銀行がリスクを負わないような措置を講ずることが必要である。

② 判例による保証責任の軽減

判例は，保証期間の定めがない場合について，一定の事由により事情変更による解除を認めるべきであるとして，継続的な取引から生ずる将来の不特定な債務の保証（信用保証）における保証人の保護を図っている。手形割引契約に基づく債務を保証した者は，保証後相当な期間が経過したときは，債権者に対し，解約の意思表示をすることができる（大審院判昭和7・12・17民集11巻2334頁），期間の定めのない継続的保証契約は，保証人の主債務者に対する信頼が害されるに至った等，保証人として解約の申し入れをするにつき相当の理由がある場合には，解約により債権者が信義則上看過できない損害を被るような特段の事情があるときを除いて，保証人から一方的に解約をすることができる（最判昭和39・12・18民集18巻10号2197頁）としている。

さらに，主たる債務者の職業や地位を前提として保証がされた場合には，主たる債務者がその地位を離れたときには，保証契約を解除できるとしている（大審院判昭和16・5・23民集20巻637頁）。このことから，保証人が一定の職業や地位にあることを前提として保証している場合は，保証人がかかる前提を失うに至った場合は，保証契約を解約することができると解することができる。そこで，前経営者は事業承継により，自己が経営者でなくなったことを理由に保

証契約を解約することも可能であると考えられる。

このような判例理論の下で，保証期間の定めがない保証について，相当期間の経過後においては，事業承継により事情変更を理由にして，前経営者が保証契約を解約することが認められる可能性は十分にあるといえよう。

もとより，このことは，前経営者は解約以前に生じた会社債務については保証責任を免れるというわけではない。さらに実際問題として，前経営者が解約した後，後継者が金融機関と従来通りの取引を行うことが難しくなるという，事業承継特有の問題がある。

事務手続として，事業承継を行うことを，時期と後継人などを明らかにした上で，あらかじめ銀行等の債権者に通知しておく必要がある。これにより，銀行等は事業承継前の貸付けであるか，事業承継後の貸付けであるかを知ることができ，事業承継後の貸付けについては慎重に行動することが可能となる。

(2) 貸金等根保証契約についての特別規律

① 特別規律の概要

中小企業が金融機関と継続的な信用供与契約（手形割引契約・当座貸越契約・銀行取引契約等）を締結するに際し，経営者が個人保証をするのが一般的であるが，信用保証について，従来，被保証債権の範囲が画されず，極度額の約定がなされず(包括根保証)，保証期間の制限のない場合も多くあった。これでは，保証する経営者個人にとって過酷なものであることから，保証人の責任制限のための解釈的努力がなされてきたが，平成16年の民法改正により，貸金等根保証契約に関する規定が新設された（民法465条の2以下）。根保証契約とは，一定の限度額までの債務について保証するとの保証形態である。

それは，主債務の範囲に，金銭の貸付債務または手形の割引債務が含むとともに，保証人が個人である場合を対象とし，根保証にはすべて極度額が設けられること，保証期間に制限を設けるべきことを内容とするものである[1]。

---

(1) 以下，潮見佳男『債権総論〔第3版〕Ⅱ』〔信山社　2005年〕515頁以下参照。

貸金等根保証契約に関する規定が適用されるためには，ⅰ）一定の範囲に属する不特定の債務を主たる債務とする保証契約であって，ⅱ）保証人が個人であり，ⅲ）根保証契約において定められる主たる債務の範囲に，金銭の貸付けまたは手形の割引により負担する債務が含まれていることが必要である（民法465条の2第1項）。

そして，貸金等根保証契約は，包括根保証を認めず，極度額を定めなければならない。極度額は主たる債務の元本・利息・損害賠償など全てを含めて定めなければならない（民法465条の2第2項，1項）。しかも，書面によることが要求されるだけでなく，極度額の定め，元本確定期日の定めは，根保証契約書に記載しなければならないとされている（民法446条2項，465条の2第3項）。

貸金等根保証契約で，主たる債務の元本の確定すべき期日（元本確定期日）を定める場合は，元本確定期日は契約締結日から5年以内でなければならず，5年より後の日を元本確定期日と定めた場合はその効力が生じないから（民法465条の3第1項），元本確定期日の定めは無効となり，期日の定めがない場合として取り扱われる。

元本確定期日の定めがない場合は，契約の締結日から3年の経過により元本債権は確定する（民法465条の3第2項）。元本確定期日を変更する場合は，変更後の元本確定期日は，変更した日から5年以内でなければならない（民法465条の3第3項本文）。

② 事業承継と根保証契約

中小企業が金融機関から融資を受けるに際し，代表者が個人保証をする場合，保証は根保証の場合が多い。そして，根保証契約の債務の範囲に，通常，金銭の貸付けまたは手形の割引により負担する債務が含まれていることから，貸金等根保証契約についての特別規律の適用を受ける。

そこで，元本確定期日が定められている場合は，契約締結日から5年以内の日で，当事者間で書面により合意した日に元本債権は確定する。元本確定期日が定められていない場合は，根保証契約の締結日から3年の経過により元本債権は確定することになる。

元経営者が個人保証により保証責任を履行しなければならないとしても，このように確定した保証債務について責任を負うのであり，無制限な保証責任を負うことから解放される。いずれにせよ，元本債権の確定時において，当該中小企業の債務を圧縮する必要があるから，事業承継を予定している場合は，それを視野に入れて，元本債権の確定時における会社の債務額を少なくしておく必要がある。

③　事業承継と根担保契約

　中小企業の代表者は，当該中小企業が金融機関から融資を受けるに際し，個人資産に対し根抵当権を設定することが多いが，根保証契約と根抵当権契約の取り扱いが問題になる。両者が一体としてなされ，または同一の機会に契約された場合は，元本債権の確定は併せ処理する必要がある。そこで，根保証契約の元本が確定すれば，根抵当権契約による元本も確定するとの方向で解決されるべきである。

　根保証契約の元本確定は，前述のように，契約締結日から5年以内の日，あるいは3年の経過により元本債権は確定することになる。これに対し，根抵当権の設定の場合は，根抵当権設定者は根抵当権設定の時から3年が経過したときは元本の確定を請求することができ，請求の時から2週間の経過により元本が確定する（民法398条の19第1項）。

　しかし，根抵当権設定契約による元本の確定期日は，5年以内の日とする制限の範囲内で，約定により定めることができる（民法398条の6第1・3項）。そして，この場合は，根抵当権設定者は約定期間内の元本確定請求をなしえない（民法398条の19第3項）。

　根抵当権設定者は，根抵当権設定日から5年以内の日，あるいは3年の経過により元本債権を確定させることができる。この期間は，根保証契約の元本確定期間と同じである。そこで，前経営者（根抵当権設定者），根保証契約の元本確定にあわせ根抵当権の元本債権を確定させることができるから，根抵当権の拘束から解放されることになる。

　企業内承継により，抵当不動産を買い受けた役員や従業員，M＆A取引によ

り企業と抵当不動産を買い受けた第三者は，代価弁済により当該抵当権（根抵当権）を消滅させることができる（民法378条）。

さらに，役員や従業員，Ｍ＆Ａ取引により抵当不動産を買い受けた第三者だけでなく，親族内承継により抵当不動産の贈与を受けた後継者は，残債務を弁済することにより抵当権の消滅請求をすることができる（民法379条以下）。

(3) 相続人による債務承継

相続人は，相続により相続債務が不可分債務か可分債務であるかに関わらず，相続債務だけでなく保証債務も承継する。分割前の相続財産は相続人の共有に属する（民法898条）。共有の性質を合有と解する立場があるが，判例は通常の共有と解している（最判昭和30・5・31民集9巻6号793頁）。この立場では，相続債務も共有債務と解される。そこで，不可分債務は共同相続人間で不可分的に帰属する。可分債務は相続開始時に法律上当然に分割され，各相続人に相続分に応じて帰属することになるが（最判昭和29・4・8民集8巻4号819頁），借入金の相続債務を可分債務とみれば，相続債権者の利益に欠けることになろう。

自社株式や事業資産は後継者が取得し，非後継者はさしたる財産を相続しないのに，被相続人の債務や保証債務を承継するのは，いささか公正に欠けることになる。経営承継法による遺留分の特例も，事業承継の円滑化を目的としているが，通常，ほとんど遺産を承継し得ない非後継者に対する配慮は十分ではない。そうすれば，非後継者は相続放棄をした方が得策であるとの状況を生み出すことにもなりかねない。

後継者が非後継者に対し，被相続人の債務や保証債務を引き受け，弁済するとの約束がなされることが多く，非後継者は安心して遺留分を放棄し，または遺産分割の協議に応じるであろう。

しかし，かかる約定の効力は後継者と非後継者間で債権的効力を有するにとどまり，相続債権者との関係では，それを承諾した債権者に対してはともかく，一般に対外的な効力はないから，後継者が債務を履行しなければ非後継者が相続人として弁済責任を履行しなければならない。しかも，後継者が相続人でな

い場合は，被相続人の債務を負担することもない。

　非後継者が事業に使用していない不動産を相続しても，会社の借入金債務のために根抵当権が設定されている場合が多いから，この場合の取扱いも問題になる。この点，一般的には，担保付きの不動産を相続したからやむを得ないといえるが，後継者において弁済などにより根抵当権の解除に努めるべきであろう。

(4) 経営者の会社に対する貸付金等の取扱い

　経営者が会社に対し，貸付金債権を有している場合が少なくない。この場合，事業承継がなされたとしても，前経営者は債権者として会社に対して弁済請求権を有することには変わりはない。事業承継に際して弁済を受けるのが最善であろうが，必ずしもそれが可能とはいえない。

　そこで，分割弁済の約定をすることになるが，デット・エクイティ・スワップ（DES）を利用しこれを株式に振り替え，この株式を含めて事業承継者に譲渡するという方法によることが考えられる。DESとは，会社法が認めたものであるが，債権者が債権を債務者会社の株式に振り替えるという現物出資の性格をもつ。企業再建などに利用するが，中小企業の事業承継についても用いることができる。

5　事業承継の円滑化と少数株主の排除

　事業承継を円滑に行うためには，後継者に株式を集中させる必要があるから，それ以外の株主の持株を後継者や会社が買い取るべきであるといわれている。そのための民法上の措置として，遺産分割請求や遺留分減殺請求に対し，金銭の支払いによる解決ということになるが，会社法上の制度を用いれば多彩な方法が可能であるというだけでなく，相続人以外の株主が有する株式についても，後継者や会社に集中させることが可能となる。

利用可能な会社法上の制度として，種類株式のほか合併や株式交換という会社の組織変更の制度を用いることができる。事業承継のを円滑化のために，これら会社法上の方法を用いる必要があることは否定できないが，もとより，事業承継のを円滑化をいえば全てが正当化されるわけではない。少数株主を排除するためには，必要性と合理性が要求されるのであり，会社法上，利用可能だからといって，特別決議により定款を変更すれば，自由に少数株主を排除し，または株主権を制限できるというのではない。多数決により自由に会社法上の制度を利用できるいうわけにはいかない。

　後継者に株式を集中させ，経営の安定化による企業利益の増大のためであり，後継者にワンマン的な経営を認めるためではない。不当な経営干渉の排除の必要性と株主の適正な監督是正権とを混同してはならない。経営に干渉されたくないからといって，当然に共同相続人その他の株主の監督是正権を排除しうるものではない。

　非後継者が自由判断で持株を手放す場合は格別，強制的に買い取るについてはそれなりの合理的理由を必要とする。要は，後継者による事業承継の円滑化のための必要と，少数株主の利益確保との調整の問題である。事業承継のための自社株集めは，かかる基本認識によらなければならない。

第5章
親族外事業承継と問題点

▌1　企業内承継による事業承継

(1) 企業内承継の選択

　親族外の事業承継には，企業内承継と第三者に対する企業の売却がある。いずれも支配株式の売却を中心とする取引であり，一般に，企業内承継はMBOやEBOとしてなされ，第三者に対する企業の売却はM＆A取引としてなされる。親族外承継は全体の4割に達しているとされているが，その多くは企業内承継であると推測することができる。

　近年，中小企業において後継者の確保が難しくなってきているが，身近にいる役員や従業員を事業承継者とすることが得策であるといわれている。とくに，親族内に後継者がいない経営者にとって，企業の有償譲渡は最善の策である。

　企業内承継（社内承継）とは，経営者が事業を親族に承継させるのではなく，他の役員や従業員に対し支配株式，事業用の資産などを譲渡し，経営権を承継させることである（企業の売却，株式買収）。支配株式等と経営権を譲渡することによる役員や従業員により企業買収としてなされる。それ故，支配株式等の売却を行わずに，一定の期間に限り，他の経営者や従業員，あるいは取引先や金融機関からの派遣者に経営を託する（経営の委任）とは区別すべきである。

　親族内に適性ある後継者がいない場合は，株式等の売却という方法による企業自体の譲渡が考えられるが，最初に他の役員または従業員に売却することを検討すべきである。これら会社内部の者に譲渡することにより，経営の継続性

が確保されるだけでなく，取引先などとの関係も円滑に維持することができる。

　企業内承継が行われるのは，主として，親族内に後継者となる適任者がいない場合である。親族内に承継によらない理由と必要性を明確にし，親族や共同経営者の了承，少なくとも理解を得る必要がある。加えて，共同経営者や従業員，取引銀行や主要取引先と顧客などの理解を得ることも必要である。

　事業の譲受人に役員や従業員を選択することは，従業員の雇用確保にも関係するばかりか，経営者の交代による銀行や取引先と関係を維持するためにも適切である。事業承継にとって重要なことは，技術力の低下防止と優秀な従業員の離散の防止であるが，併せて，共同経営者や創業時からの有力協力者（苦楽をともにした仲間）に対して最大限の配慮をすることが必要である。

　親族内承継の場合とは異なり，企業内承継によれば経営者は企業の売却により対価としての現金を手に入れることができ，老後の生活資金を確保できるというメリットがあり合理的であると考えられる。同様の目的は第三者に企業を売却すること（M&A取引）によっても達成できる。

　しかし，親族内承継とくに実子に相続させるというわが国の慣行によれば，親族内に後継者がいる場合に，企業内承継に踏み込むことには抵抗が強いと考えられる。企業内承継は，親族内承継と違い事業を有償で譲渡するものであるが（事業の売買），経営者の親族と感情的な軋轢が生じないようにするためには，経営者は親族の理解を得るように努めるべきである。

　企業内承継は，親族内に承継の意思をもつ人物がいない場合になされることが多いが，承継の意思がない実子などが，突然に承継の意思があることを表示し，あるいは，反対に，突然に承継人の予定者が承継しないと言い出した場合などに，再検討のうえなされることから，一般にかなりの準備期間をかけて慎重に行う必要がある。

　役員や従業員が経営者から株式を買い取り，企業を承継するのであるが，その特徴は，コアでない事業部門の譲渡とか，「のれん分け」というのではなく，株式買収方式の当該企業の買収であり，その意味では上場企業のMBOと共通している。

親族外承継は，企業内承継にせよ，Ｍ＆Ａ取引により第三者に売却するにせよ，支配株式の譲渡という方法によりなされる。ところで，会社は原則として株券を発行しないのであり（株券不発行会社），定款で定めた場合に限って株券を発行する（株券発行会社）ことになる（会社法214条）。

そこで，株式の譲渡につき，株券発行会社の場合は，事業承継人は経営者等から株券の引渡しを受け，株券が未発行の場合は，経営者は自らまたは会社に請求して株券の発行を受けなければならない。これに対し，株券不発行会社の場合は，事業承継人は自己名義に株主名簿を書き換えてもらう必要がある。

(2) 企業内承継のメリット

企業内承継のメリットとして，親族内に適任な者がいない場合でも，企業内から広く候補者を求めることができ，特に他の役員や長期間勤務している従業員に承継する場合は経営の一体性を保ちやすい。第三者に対する売却と比較して，一般従業員や取引先との関係を良好に維持することができる。

役員や従業員による企業内承継により，企業を存続させることによって，取引先・顧客との取引関係や技術を維持し，従業員の雇用をそのまま維持しながら，経営者は企業の売却により現金を手にすることができる。企業にとって，技術力の低下の防止と優秀な従業員の離散を食い止めることができる。従業員にとっても，廃業により職を失う危険を防止できることに加え，第三者に売却されることによるリストラや雇用不安，労働条件の低下から解放される。

親族内に承継者をもたない経営者にとって，従業員，技術，顧客関係などの経営資源をそのまま維持しながら，当該企業を有償で譲渡することが願望であろう。しかし，外部の第三者に企業を譲渡することは，買い手を探すことが難しいばかりか，買い手が見つかったとしても，必ずしも適切な選択であるとはいえない。そこで，持株会や経営能力のある従業員に企業を売却し，事業を承継させることは事業承継の円滑化という観点からも最善の策であると考えられる。

経営者としては，売買代金として現金を入手することができるだけでなく，

相続をめぐり親族間に争いが生ずることを防止することができ，譲渡税はともかく相続税問題に悩まされることもなくなる。

　企業内承継の長所として，企業内承継により，技術力の低下防止と優秀な従業員の離散を防止できるとともに，共同経営者や役員，古くからの従業員に報いることができるという点に意義がある。

　また，経営者に後継者がいない場合に，事業を譲渡することにより現金を手に入れ，引退後の生活費にしたいと考えることなどにより，企業内承継という方法を選択するのがごく自然である。実際上も，企業内承継の場合は，売却先探しや選択の困難がない。

　企業内承継は親族内に後継者がいない場合だけでなく，後継者の適性その他の理由により，後継者の候補者がいる場合でも行うことが考えられる。問題は，企業内に事業承継に対する意欲と経営能力を備えた役員や上級従業員が存在しなければならないということと，役員や従業員が株式取得等の資金（買収資金）をどのようにして調達するかである。

　また，前経営者の個人保証の引継ぎや，新たに個人保証を求められことは，企業内承継を行うについての障害事由となっている。

2　役員や従業員による事業承継

(1)　後継者の不在と一定期間の経営承継

　経営者が突然に死亡したなどの場合，親族内に差当り後継者がいないとか，後継者が育っていないなどの場合がある。後継者が若年や経験不足などの場合に，経営者に成長するまでの間，あるいは他に勤務していた実子が数年後には事業を承継することが予定される場合などは，旧経営者やその親族が経営者以外の役員，従業員に経営を委託し，または銀行や取引先などから経営者の派遣を受け，一定期間の経営権の承継（譲渡）により経営を託すという方法もある。

　この場合は，自社株式や事業用の資産まで移転するのではなく，株式は旧経

営者の親族などが保有しながら，経営権のみ承継させる（経営承継）と考えられる。経営の委託を受けた者が，会社経営の必要上，株式の信託譲渡を受けるという方法も考えられるが，株式自体は移転させない形態のものが多いと考えられる。この場合も，企業内承継の一種と考えられるが，一時的な経営の委託であり，その間，所有と経営の分離という現象が生じる。

　委託を受けて会社の経営に当たるのは，番頭格などの役員や有能な従業員，取引先同業者などが多いと考えられる。後継者が経営者になるまでの中継ぎとして，一定期間に限り経営を託することになる。この場合は，一定期間の経営委託としての経営承継であることを明確にしておかないと，本来の後継者による事業承継の際に，トラブルが発生することが考えられなくもない。

　そこで，一定期間に限り経営を託すことは，期間を定めた経営の委任と解されることから（期間は明確に年月日により特定する必要はなく，事業承継人による承継の時までと定めることも可能である），その旨を書面により明確にし，経営委任契約書を作成し，将来のトラブルの発生を防止する必要がある。なお，新信託法が事業信託を認めたことから，事業信託よることも検討すべきである。

(2) 役員・従業員による企業内承継

　企業内承継である役員や従業員に対する事業譲渡は，一定期間，経営を託すというのではなく企業譲渡としてなされる。それは，経営者が役員や従業員に対して，支配株式（オーナーなどが保有する会社経営権を支配するに足りる数の議決権のある株式）と事業用資産の一括有償譲渡(売却)という方法による経営権の移転としてなされる。事業承継は企業の売却という形でなされ，取引行為によるから，経営者は売却代金を手にすることができる。

　役員や従業員は，多くの場合，経営能力と経験と会社業務に精通しているという点で事業承継者に適している。また，企業の内部にあり情報に接しているから，デュー・ディリジェンス（買収調査）も簡略化することができるから，費用面での支出を抑えることができる。

　役員または従業員に，事業と経営権を譲渡する事業承継が望ましいといって

も，常にそれが可能なわけではない。全ての企業が企業内承継に適するとは限らない。

　役員や従業員に対して売り渡すためには，企業が相当の資産を有し，企業の純資産額が負債額より大きく，会社経営が健全な状態にあり，企業が将来にわたり利益を生み出す源泉となる技術，特許，顧客関係などを有し，従業員が承継するに値する企業であることが必要である。これが望めない企業を役員や従業員に売り渡すことは好ましくない。また，財務状況と将来の収益性は譲渡価格にも大きく関係する。

　役員や従業員に対する譲渡に適するのは，企業が特許権などの権利を有する場合，優れた技術を有する場合，事業のために必要な許可・免許などを有する場合，卸売市場等において取引する資格等を有する場合であるが，これはM＆A取引により第三者に売却する場合にも当てはまる。

　企業内承継の場合，事業承継人となるのは，共同経営者とくに共同創業者，番頭格の役員または従業員，その他優秀な役員または工場長等の幹部従業員であるが，役員または従業員が単独で買い受けるのではなく，複数人によることが一般的であると考えられる。この場合は，多くの場合，承継人としての適正と経営能力を把握することができている。もとより，企業内承継を成功さるためには，経営能力と経営意欲のある役員や従業員が存在することが不可欠である。この点，経営者は長年に渡り役員や従業員を育成している場合には，その力量を熟知しているといえよう。

　企業内承継は，経営者の交代によるも企業経営の連続性を維持し，雇用や優秀な技術力の存続を確保することにもなり，好ましい事業承継であると考えられる。また，事業承継は能力のある後継者の選択が重要であるとの観点から，世襲である親族内承継にこだわる必要はなく，積極的に企業内承継を行うことを検討すべきであろう。

　経営者等の持株を譲り受ける企業内承継であっても，特別決議を成立させるために必要な3分の2以上の議決権の確保，少なくとも議決権の過半数を確保するだけの株式を取得する必要がある。

3 企業内承継の手法と資金の調達

(1) 企業内承継の手法

　企業内承継は，支配株式や事業用資産の有償譲渡（売買）と経営権の移転を一括して行うという方法によるが，他の役員が経営者の持株を買い取り，企業を承継する場合がMBOである。非上場会社であるから相対取引によりなされ，上場会社の場合のようにTOB（公開買付け）によることはなく，また非上場化目的のMBOではないが，MBOの手法は上場会社のMBO手続に準じて考えればよい。

　従業員が経営者の持株を買い取り，企業を承継する場合がEBOである。MBOやEBOによる事業承継は，企業内部者（役員・従業員）による企業買収である。そして，役員と従業員が一体となって企業を承継する場合がMEBOであるが，いずれの場合も友好的企業買収としてなされる。

　親族外承継（企業内承継やM＆A取引）の対象株式は，譲渡制限株式（会社法2条17号）であることが多いと考えられるが，この場合は譲渡に先立ち，経営者（譲渡人）において譲渡承認手続を経ておく必要がある（会社法136条）。譲渡承認手続がなされていない場合は，譲受後に思わぬトラブルが生じかねない。

　企業内承継の場合，個々の役員や従業員が資金を調達して経営者から企業（支配株式，事業用資産，経営権）を譲り受けるということも考えられるが，役員や従業員がMBO，EBO，MEBO目的で受け皿（ビークル）会社を設置し（新会社の設立または既存会社の利用による），これにより企業買収を行うのが一般的であろう。

　従業員が事業を承継する場合（EBO）は，従業員持株会を利用し，持株会が経営者等から自社株式を譲り受けることが考えられるが，従業員持株会は民法上の組合として取り扱われていることから，従業員持株会による借入れは困難である。そこで，一旦，受け皿（ビークル）により自社株式を取得し，順次，

従業員持株会に譲渡するという方法によることになろう。

　役員や従業員が事業承継（企業買収）目的で，設置した受け皿（ビークル）会社に対し出資し（ファンドが出資する場合がある），ビークルが金融機関から借入れを行い（ファンドから借り入れる場合もある），これらにより調達した資金により，経営者その他の株主から自社株式を買い受けるのである。

　ビークルが自社株式を有するのであるが，ビークルを支配している役員や従業員が当該企業の経営権を有するのである。つまり，役員や従業員はビークルを通じて，当該企業に対する支配権を確保するのである（ただ，現実には，ファンドの影響力がつよい場合がある）。

　次に，ビークルを用いて，経営者とその親族などが有する自社株式の大部分を譲り受けた後，ビークルが当該企業を吸収合併し，あるいは株式交換等を行うことにより完全子会社化するのであるが，その際，当該企業の少数残存株主に対し，金銭を交付することにより排除すること（キャッシュ・アウト）が可能となる。そして，吸収合併等により，役員や従業員は当該企業を直接支配することが可能となる。

　企業内事業承継の場合，通常は，事業の全部を譲渡するのであるが，会社が複数の事業を有する場合は，一部を残して親族に承継させることが考えられる。これによれば，経営者は生活資金を確保できることになるばかりか，企業の一部を子供などに承継させることが可能となり，企業規模と企業の内容によっては，好ましい企業承継である。そのやり方としては，会社を分割し分割会社を譲渡する，事業(営業)の一部を譲渡するという方法によるが，同一の目的は，事業（営業）用財産の売却という方法によってもなしうる。

(2)　企業内承継と資金の調達

　親族内承継の場合は，一般的にいって，自社株式等の移転は贈与または相続によりなされ対価が支払われることはない。これに対して，他の役員や従業員による事業承継の場合は，支配株式等の売却という形でなされるから，経営者は売却代金の支払いを受けることができる。反面，役員や従業員は，手元資金

では足りないであろうから，譲受資金の調達をしなければならない。資金の調達ができなければ，企業内承継を成功させることは困難である。

　企業内承継は自社株式や事業用資産を売り渡すという取引であるから，経営者は売買代金を得ることができるが，最大の課題は自社株式や事業用資産の買取資金の調達である。買主である役員や従業員は株式等の取得資金の調達が必要となる。自己資金によることは難しいから，事業承継に備えて資金を積み立てるという方法があるが，現実的にみて少額資金の積立方式により多額の資金を確保することは難しいから借入れに頼らざるを得ない。

　資金の調達方法は，役員や従業員が直接借り入れることは不可能でないが，多くの場合は，前述のようにビークルが金融機関から借り入れるという方法によることになろう。この場合，借入金の返済は企業利益によりなすのが本筋である。

　事業承継のために，一括して多くの自社株式を取得するためには多額の資金を必要とする。株式取得資金の調達は，一般のＭＢＯと同じように，ＬＢＯ（レバレッジド・バイ・アウト）方式のローンを用いることになる。ＬＢＯ（借入金方式）は，株式等の取得資金を銀行などの金融機関から役員の経営能力と企業の将来性を担保に借り入れ，借入金を企業収益やキャッシュ・フローなどにより返済する方式である。

　株式等の取得資金の調達は，ローン（借入金）によらざるを得ないが，この場合，会社が銀行等から資金を借り入れ，役員や従業員に貸し付けるという方式（ミラーローン方式）と，役員や従業員が，直接，銀行等から資金を借り入れる方式（ダイレクトローン方式）とがあるが，後者の場合が中心になると考えられる。この場合，会社の資産を引当てにして資金を借り入れ，会社の利益や資産などにより弁済するというレバレッジド方式によることが多いであろう。

　役員や従業員は，資金の借入れに際し，借入れのための受け皿（ビークル）を用いることが多いと考えられる。利用しうるビークルとして，信託方式，匿名組合を利用する一般社団法人方式（ＳＰＶ），事業承継のための特別目的会社（ＳＰＣ）の利用などが考えられるが，中小企業の事業承継のための借入れにつ

いては，ＳＰＣ（Special Purpose Company）が適しているといえよう。ＳＰＣは，特定資産流動化法にいう法律上の特定目的会社をいうのではなく，事業承継資金の借入れのための受け皿として利用する会社の意味である。

ビークルにより借入れと弁済をするのであるが，弁済原資は当該企業の収益，キャッシュ・フローによることになるが，ビークルに支払われた配当金は借入金の弁済に充てることになる。

株式等の取得資金の調達方法として，中小企業においてもＭＢＯファンドや事業承継ファンドの資金の借入れが考えられる。あるいは，ファンドが組んでＭＢＯやＥＢＯを行うことも考えられる。しかし，この場合は，一定の期間は，ファンドが経営の実権を握ることになるばかりか，ファンドが支配株式を第三者に売却することも考えられる。

ビークルの借入れに際し，承継対象企業の資産を担保に入れるということは，上場会社の経営陣によるＭＢＯの場合は，会社との利益相反性や忠実義務違反が問題となることがあるが，中小企業の事業承継目的で従業員が行うことから，忠実義務違反は考えられない。役員が行う場合についても同様に考えられるが，所有と経営が未分離な中小企業において，経営者から支配株式を買い受けるのであるから，それ自体会社に対する忠実義務違反とか，他の株主との利益相反性の問題は少ないであろう。

資金調達のための支援が不可欠であることから，経営承継法は，企業内承継や第三者がＭ＆Ａ取引により企業を買収する場合を含めて，金融支援の対象とし資金面から事業承継を支援している。

(3) 企業内承継の留意事項

中小企業における経営承継の大半は親族内承継である。これは依然として継続するものと考えられるが，今後は親族外承継も増大することが予測できる。承継人が保有する株式数（議決権数）は，定款の変更など会社の重要事項を決定するために必要な３分の２以上を確保することが必要であるが，少なくとも，取締役の選任（経営者の選出）に必要な２分の１以上を確保しなければならない。

これ以下では，経営に支障が生じることが予想される。

　承継人が，譲り受けた事業（企業）について，安定的な経営を行うためには，議決権の多数を確保することが必要であるから，安定的経営を確保するに足りる株式を承継する必要がある。そこで，承継人が経営者（オーナー）の有する株式の多数を取得し，経営支配権を確保することが肝要である。

　この問題は，親族内承継について，事業用資産や株式を後継者に集中させる必要との関係で，生前贈与や遺言による場合は，遺留分による制限，相続などとの関係で問題にされてきた。事業用資産や株式が全部経営者（オーナー）の所有ではない場合について，事業を他の経営者や従業員に譲渡する企業内承継の場合についても，事業用資産や株式を事業承継者に集中させる必要がある。

　承継人は，自社株式の多数を保有するとともに，相当量の株式を自己株式として会社において保有しておくことが必要である。これは，利益配当など企業利益の分配を受けるという経済的利益の面もあるが，その主たる目的は，会社支配権の確保と維持であり，それにより役員報酬という経済的利益を確保することも可能となる。

　換言すれば，事業承継が成功させるためには，経営者および他の株主が有する株式の多くをスムーズに承継人に承継させることであるが，株式を有する推定相続人の理解と，株式の譲渡価格が重要な意味をもつ。できれば，経営承継に備え，早めに，経営者が全株式を所有しておくべきである。そして，他の経営者や従業員に譲渡することにすれば，無用の相続争いを回避することができる。そして，経営者は譲渡代金の一部を推定相続人に，適正な割合で贈与または相続させるのが理想的である。

　企業内承継の場合，前経営者は自社株式等を有償譲渡することから，対価を取得することができるが，会社のためにした個人保証により既発生の債務について責任を免れない。また，前経営者が死亡した場合，相続人は事業を承継しないのに債務を相続せざるを得ない。そこで，経営者は，事業承継に備え，かなり前から企業業績の向上と債務の圧縮に努めることが必要である。

　役員や従業員といった事業承継人は，新たに個人保証を求められることにな

るが，これは企業内承継の阻害事由となりかねない。そこで，これに対処するために，承継人に相当額の報酬が確保されるなど事前の措置を講じておく必要がある。

4　従業員持株会に対する株式の譲渡

(1)　事業承継と従業員持株制度

近年の後継者確保の困難から，従業員に企業を売却し事業を承継させることに関心がもたれているが，最善の事業の承継方法である。その意味で，事業承継との関係で非上場会社（中小企業）の従業員持株制度（以下，持株制度）に対する関心が高まっている。これは，従業員持株会（以下，持株会）が経営者の持株を買い受けるという方法による。

持株制度というためには，会社が制度として導入し自社の従業員に株式を保有させる必要がある。しかも，持株制度は，元来，従業員の財産形成という福利厚生を目的とするものであり，経営参加とか事業承継を目的とするものではないから，持株会を用いた事業承継の方法は持株会の副次的な機能の利用ということである[1]。

持株制度は，株式の分散防止，事業承継に際し有効に機能し，相続税対策に役立つといっても，それは副次的な目的であって，持株制度の主要目的は従業員の福利厚生であることを忘れてはならない。

持株制度は，事業承継との関係で重要な機能を果たすことを理解することができる。つまり，ⅰ）持株会が一定数の自社株式を保有していることから，事業承継に際し事業承継人（後継者）の取得株式数が少なくて済む。ⅱ）持株会に対する譲渡は株式の分散を防止することができる。ⅲ）持株会は経営者（会社）に協力する株主である。ⅳ）経営者の持株が少なくなることから，事業承

---

[1]　非上場会社の従業員持株制度について詳しくは，新谷　勝『新しい従業員持株制度－安定株主の確保・ＥＳＯＰ－』〔税務経理協会〕187頁以下を参照されたい。

継に際し，贈与税や相続税の負担が軽減される，などの効果が期待できる。
　しかし，事業承継者と従業員との間で対立が生じた場合は，企業経営にマイナスとなることがありうることに注意すべきである。

(2) 従業員持株会による自社株式の取得と管理

　中小企業の持株制度による自社株式の取得は，株式の供給がなされる都度，買い付けるという一括取得方式である。持株会の株式取得方法は，経営者保有株式の一部譲渡（経営支配権を確保するだけの株式数の譲渡は考えられないし，持株会の株式取得資金との関係からも難しい），会社が保有する自己株式の譲受け，第三者割当てによる募集株式の発行（発行済株式数を増やすことになるから，事業承継に関してはあまり意味がない）などが考えられる。
　さらに，退職従業員等からの買戻しがある。この場合は，別の従業員に対する再譲渡を目的とするのであり，従業員間の定額による買戻しと再譲渡であるから，贈与税や譲渡益課税の問題は生じないであろう。
　持株会の株式取得資金の調達方法として，会社資金の従業員または持株会への貸付け，株式取得資金に充てるために一時金としての支給，会社が金融機関から借り入れ持株会に貸し付けるなどが考えられるが，自己株式の違法取得とならないように注意する必要がある。長年勤続している従業員にボーナスとして株式取得資金を支給すること，功労株として無償で交付することも考えられる。
　持株会による借入れは，持株会の法的性質を組合とすることから，会社の保証によるも借入れは困難であるとされている。そこで，受け皿（ビークル）を用いた借入れと株式取得をすることを検討すべきである。
　従業員の株式取得に際し奨励金が支給されることがあるが，中小企業の場合は各会社の実情によるのであり，支給方法と割合はそれほど明確ではない。奨励金が支給されない場合もある。
　自社株式の一括取得であるから，株式取得時に一括して取得価格の何％の奨励金として支給されることになるが，一括取得に備えて，毎月，一定額を積み

立てる場合は，毎月の積立金の何％の奨励金を支給するということも可能であろう。また，奨励金とは別に，従業員の借入金について会社が金利負担をする場合もある。

株式の取得と管理について，持株会を設けずに従業員の取得株式を会社が管理する場合があるが，一般的には，持株会が会員従業員の拠出金により，自社株式を一括取得する方法がとられる。そして，会員従業員は持株会に属する株式について共有持分を有するが持分の引出しは認めない。理事長が株主名簿上の株主となる。

これに対し，持株会が借入金等により自社株式を一括して取得し，制度参加従業員に売り渡すという形態もある。この場合，売渡済みの株式については，株主名簿は各従業員名義であり，配当金も従業員に支払われる。いずれの形態によるも，株式（持分）の譲渡は制限される。

(3) 非上場会社の持株制度と株式の売渡強制

持株会の規約または約定により，従業員の株式保有が認められるのは，制度に参加している従業員に限られ，退職または制度から脱退した従業員は，持株または持分を定額（取得価格）で持株会または会社に売り渡さなければならないとする（売渡強制契約），制度脱退従業員の株式譲渡義務を持株会規約に定め，あるいは約定するのが特徴である。これは，株式の分散を防止するためであるが，売渡価格を取得価格に固定することに意味が認められる。

会社法は自己株式の取得を認めているが，会社が強制的に買い戻すために，売渡強制契約がなされるのである。株式譲渡義務を課すのは，法定の譲渡制限株式では，譲渡を強制できないばかりか，譲渡価格を定額に固定することができないから約定による売渡契約が意味をもつのである。

持株会規約あるいは持株会または会社との定額売渡強制の約定が，株式の自由譲渡性（会社法127条，旧商法204条），公序良俗（民法90条）に違反しないかという形で問題にされるが，規約または約定の効力は会社法127条の問題ではないと考えられる。

従来から，旧商法204条違反，民法90条違反として争われてきたが，多数学説，判例と裁判例は，民法90条違反の問題として取り扱い，投下資本の回収という観点から配当実績を問題にし，従業員は持株につきそれ相当の高額配当を受けているから，投下資本の回収を妨げるものではないとして，民法90条（公序良俗）に違反するものではないとしている[(2)]。

会社法の下では，会社が買い戻す場合は約定によらず，取得条項付株式を利用することができる。従業員の退職，制度脱退，持株（持分）の処分の意思の確定により，一定の事由が生じたとして会社が当該従業員の持株（持分）を取得することができるとするのである。取得条項付株式によれば，取得の対価についても，その内容，数額が定款で定められることから（会社法2条19号，107条1項3号，108条1項6号），譲渡価格が争われることはないであろう。

従業員または持株会が自社株式を保有している場合，ＭＥＢＯによる企業内事業承継が考えられる。

5 第三者に対する企業譲渡

(1) 中小企業におけるＭ＆Ａ取引

近年，後継者不足などを理由に，役員や従業員による企業内承継とならび，Ｍ＆Ａ取引により企業を第三者に売却するという事案が増加傾向にある。経営者やその親族にとっては，抵抗がつよいかもしれないが，うまくやれば，合理的な事業承継方法の選択である。中小企業にとって，Ｍ＆Ａ取引により事業を売却するなどは，従来，馴染みの薄いものであったが，最近では，事業承継の方法の一つとして注目され，その件数は増加傾向にある。

もとより，どのような企業でも売却に適するのではない。Ｍ＆Ａ取引によるためには，企業の健全性と将来に向かった収益性が見込まれることが必要であ

---

(2) 最判平成7・4・25裁判集民事175号91頁，同平成21・2・17金融・商事判例1312号30頁，東京高判平成5・6・29金融・商事判例932号28頁。

る。また，仲介業者などが存在するが中小企業のM＆A市場は十分に整備されていないから，売却先を見つけるのが難しく，売却先が見つかったとしても，希望価格で売却できるとは限らない。しかし，ドライに割り切れば，M＆A取引により第三者に企業を売却するのは，経営者にとって効率的な企業承継の選択となるが，取引先との関係維持や従業員の処遇など重要な課題がある。

M＆Aによる企業（事業）譲渡は，事業の全部を譲渡するのであるが，事業の一部を譲渡する場合もある。会社が複数の事業を行っている場合，一部を第三者に譲渡しながら，残部を残して親族等に承継させるという方法が考えられる。これは，事業の一部を子供などに承継させることが可能となり，企業規模と事業内容によっては，好ましい企業承継の選択であるといえよう。

M＆A取引によることのメリットとして，親族や企業内に後継者（承継人）がいない場合でも，広く候補者を外部に求めることができ，経営者は企業売却により現金を手にすることができる。反面，希望の条件で売却できないことが多いだけでなく，経営の一体性の確保が困難であるほか，従業員の雇用に問題が残ることが少なくない。そこで，経営者は企業の譲渡に際し，取引先・顧客との良好な取引関係の維持と，従業員の継続的雇用と労働条件の安定化の確保に努めなければならない。

(2) M＆A取引による事業承継手続

中小企業のM＆A取引の手法は，基本的には上場企業のM＆A取引と同様である。支配株式の売却（株式買収），合併や株式交換等による完全子会社化という会社の組織再編を用いるのであるが，これに併せ経営者所有の事業用財産を売却するという点に特徴がある。事業の一部を第三者に譲渡する場合は，会社分割という方法を用いることになる。

事業承継目的で企業（事業）を第三者に譲渡するのであるが，M＆A契約のための調査と交渉の過程は，会社規模が小さいから上場企業のように複雑な手続きによる必要はないが，一般のM＆A交渉に準じた手続によるべきである。

経営者は，事業を第三者に譲渡する方針を固めた場合，まず，譲渡先（売却

先）候補者の選定をしなければならない。譲渡先候補者を見出すことは容易ではないので，譲渡先探しのためにM＆A業者による仲介の利用，取引先銀行や商工会議所などから紹介を受けることになろう。

　交渉相手を見付けだした場合は交渉を開始するのであるが，それに先立ち，交わされる覚書には秘密保持義務が含まれる。

　売り手（経営者）は，買受人が取引に相応しい相手なのか，支払能力があるのかなどについて調査し，買受人側は対象企業の企業内容，資産と負債，将来の収益性などについて調査するという買収調査（デュー・ディリジェンス）をする。

　買収価格（買受代金）を定めるについては，企業の財務・経営状況，取引先関係などを含めた企業の将来性（企業価値）が重要な判断基準になるが，買受人にとっては，簿外債務や保証債務はないかなどの資産状況が重要な調査項目となる。

　デュー・ディリジェンスを経て，M＆A交渉を本格化させる場合は，売却条件，売却日時などの重要事項について協議し合意に至れば基本合意をする。基本合意には，法的拘束力が認められ誠実交渉義務が発生するが，独占交渉権が約されることがある。

　基本合意に基づき，M＆A取引の細部を定め，所定の日時に本契約を締結する。そして，株式買収の場合であれば，約定の日に株式を譲渡する（株式について名義書換え）のと引き換えに代金決済がなされる（クローリング）。

　合併や株式交換等による場合は，所定の日までに各当事会社で，株主総会の特別決議による承認を受けることになる。

　経営者の個人保証と物上保証（担保提供）取扱いは，M＆A契約においてどうするかを定め，銀行などの金融機関と交渉することになる。多くの場合，譲受人において，債務引受けと保証を行い，必要に応じて担保を提供するとか，事業譲渡に際し全額弁済するなどにより，経営者は個人保証と物上保証から解放される。そして，M＆A代金（売渡対価）により清算されることになるので，経営者は期待したほどの現金を得ることができない場合も予想される。

第6章

事業承継と会社法上の制度の利用

1 事業承継と企業経営権の確保

(1) 後継者による経営支配権確保の必要性

　中小企業の事業承継を円滑に行うためには，事業承継の形態のいかんを問わず，承継人の経営権の確保のために経営者等が所有する自社株式（とくに議決権ある株式）を事業承継人に集中させ，できるだけ多くの議決権を確保することが必要である。そこで，少なくとも，特別決議を成立させるために議決権の3分の2以上を確保することが望ましい。議決権の3分の2以上を確保すれば，定款変更が可能であるばかりか，種類株式の発行，合併や株式交換などの会社の再編・組織変更が可能になることに加え，残存少数株主の排除も可能である。

　事業承継を円滑に行うためには，後継者または事業承継人（以下，事業承継人等）が，自社株式の全部または大半を取得すべきであるが，経営者が自社株式の100％近くを保有しているとは限らないから，常にそれが可能とはいえないのであり，事業承継人等以外の株主が存在することは避けられない場合も多くある。

　親族内承継の場合，遺産分割や遺留分との関係から，後継者のみが前経営者の資産や自社株式の全てを取得できるとは限らない。反対に，事業承継の円滑化を図ることを理由としても，後継者だけが前経営者の財産の全てを独占的に取得することが公正であるとはいえない。

　事業承継の円滑化と，他の相続人の利益を調整する必要がある。この場合，

いきなり会社法上の制度を利用するのではなく，協議と交渉により相続人や他の株主が保有する株式を，後継者が買い取るという方向で検討すべきである。

後継者が会社支配権を完全に確保し，事業承継を円滑に行う目的であっても，当然に相続人株主や他の株主（残存少数株主）を排除できるものではない。無理にそれを行えば，多数決の濫用とか，著しく不公正な決議の問題が生ずる。

種類株式の発行会社となるための定款変更，種類株式の発行のための株主総会の特別決議をすることに合理性がなく，単に，事業承継のを円滑化という名目で少数株主を排除するためであれば著しく不公正である。そこで，少数株主は，議決権の濫用の理由による株主権に対する妨害排除を被保全権利として，総会決議の差止仮処分（当該総会決議をしてはならない）を申請することが考えられる。同様に，合併や株式交換を用いる場合については，承認決議をすることの差止めが問題になる。

また，少数株主から安く持株を買い取るために，経営者は高額配当を受けながら，会社に十分な配当可能利益があるにも関わらず，経営政策の問題であるとして内部留保金にあて，株主には配当しないというのは適正ではなく，取締役の任務懈怠の責任となりかねない。

残存少数株主が，事業承継人等による会社経営に反対して会社法上の権利を行使してくる可能性がある。しかし，会社法上の権利の行使は，株主としての権利を確保するために認められたものであり，これらが全て不当なものとまではいえないし，承継人の会社経営に対する監督是正権としての意味も認められる。そこで，これらが，後継者による円滑な事業承継の妨げになるとして，残存少数株主を排除することが許されるのではない。会社法上の制度を用いて，残存少数株主を排除するためには，別段，制約がないから，手続を踏めば無制限にそれが可能というわけではない。

残存少数株主を排除するためには，合理的な理由が必要であるとともに，相当な対価の支払いを必要とする。合理的な理由とは，円滑な事業承継の妨げになる株式の過度な分散の防止，株式の集中の必要性が認められる場合であるが，加えて，事業承継人等による会社経営に反対し，不当な目的で行動するという

濫用の危険性が認められる残存少数株主に対する措置として，あるいは，濫用とまではいえないにしても，円滑な事業承継にとって著しく妨げとなる場合である。もとより，このような場合であっても相当な対価の支払いが必要である。

(2) 残存少数株主に認められた会社法上の権利

残存少数株主に認められた会社法上の権利として，事業承継人等の会社経営に反対する方向での議決権の行使，株主名簿の閲覧請求権（会社法125条2項），役員の責任追及訴訟（株主代表訴訟）の提起権（会社法847条）などの単独株主権があるが，事業承継の円滑化や中小企業の運営との関係で問題になるのは，監督是正権としての色彩がともなう少数株主権である。少数株主権を行使するためには，濫用防止の趣旨から，持株要件または議決権要件を必要とする。そして，代表的な少数株主権は，次のとおりである。

ⅰ）株主総会の招集請求権（会社法297条），ⅱ）株主提案権（会社法303条），ⅲ）会計帳簿の閲覧請求権（会社法433条1項），ⅳ）業務の執行に関する検査役選任請求権（会社法358条1項），ⅴ）取締役等の解任請求訴訟の提起権（会社法854条1・2項）などである。

少数株主権行使のための持株要件または議決権要件は，ⅰ）は総株主の議決権の3％以上，ⅱ）は総株主の議決権の1％以上または300個以上であるが，それ以外については，総株主の議決権の3％以上または発行済株式総数の3％以上である。

中小企業においては，一般に，事業承継人等以外の残存少数株主であっても，少数株主権行使のための持株要件または議決権要件を満たしているといえるから，少数株主権が行使される可能性があるといえよう。また，単独株主権としての役員の責任追及訴訟が提起されることも考えられる。

事業承継人等にとっては，このような株主権の行使は好ましいものではない。とくに，会計帳簿の閲覧請求権，業務の執行に関する検査役選任請求権，取締役等の解任請求訴訟の提起権，取締役の責任追及訴訟提起権は脅威である。

しかし，これらの株主権が円滑な事業承継の妨げとなるとして，直ちに，残

存少数株主を排除する（持株を強制的に取り上げる）正当な理由となるかは疑問である。

残存少数株主には少数株主権等が認められるが，それが行使されると円滑な事業承継の妨げとなるから，当然に残存少数株主を排除することができるというように，結論付けることはできない。むしろ，事業承継人等はこのような請求権が行使されることのないように，適法かつ適正な会社経営を行うのが本筋である。正当な少数株主権の行使を封じるために，少数株主を排除することは許されないからである。

事業承継の円滑化と，事業承継人等による独裁的な放漫経営を阻止することは別問題であるから，相当な理由がないのに事業承継の円滑化という名目で残存少数株主を排除することは許されないであろう。

残存少数株主を排除することができるのは，株式の集中を必要とする理由があるとか，残存少数株主が少数株主権等を濫用して，経営撹乱などの不当目的のために権利行使をする蓋然性が高いことが要求される。当該株主が事業承継人等の会社経営に反対し，経営撹乱などを企てる場合については，種類株式を用いるなどにより，会社がその持株を強制的に取得することは相当な措置として許されるであろう。

(3) 事業承継と利用可能な会社法上の制度

事業承継人等が，事業承継の円滑化を目的として株集めをする場合，任意の売買により他の相続人などの持株を買い取るのが基本的な方法である。しかし，他の相続人等が売渡しに応じない場合や，高値の買取価格が要求され，価格が折り合わない場合がある。

そこで，円滑な事業承継のために，株式の分散を防止し事業承継人等に株式を集中させる必要がある場合とか，当該少数株主の権利行使が承継人または後継者による適正な会社経営の妨げとなることが，客観的に予測できる場合は，会社法上の制度を利用してこれを排除することも許される。

事業承継を円滑に行い，事業承継人等が残存少数株主を排除して，会社支配

権を確保するために利用可能な会社法上の制度は，大別すれば，種類株式を利用する方法と，会社の組織変更・再編を用いる方法，自己株式や新株発行，新株予約権の発行を用いる方法などがある。

事業承継の円滑化のために，利用可能な会社法上の制度として，具体的には，自己株式の取得と処分，各種種類株式の発行，新株または新株予約権の発行，会社の組織の変更と再編成である合併，会社分割，事業譲渡，株式交換または株式移転による完全子会社化などが考えられる。

会社法上の制度以外によるものとして，信託法による事業信託，経営不振の会社については事業承継と企業再生を組み合わせて行う必要があるが，企業再生の多くは，企業再建型の私的整理と，民事再生法による法的な再生手続が考えられる。

事業承継を円滑に行うためには，どのような法制度を用いるかは，当該企業の規模，親族内承継と親族内承継のいずれによるか，企業の具体的事情，株主構成，親族間の関係などを総合して選択しなければならない。会社法上の制度のうち，自己株式や種類株式の利用は親族内承継向きであるが，親族外承継にも用いることができる。反対に，会社の組織の変更と再編成は，親族外承継に利用されるが，親族内承継についても利用可能である。

2　自己株式を用いた事業承継

(1)　事業承継と自己株式の取得
〔ポイント〕

> *　事業承継を円滑にするための株集めとして，会社が自己株式を取得することが考えられる。自己株式の取得には財源規制と手続規制があるほか，特定の株主から取得するためには株主総会の特別決議が必要である。
> *　会社は，保有する自己株式（金庫株）の処分として，事業承継人等に譲渡することができるが，この場合は，募集株式の第三者に対する発行手続によらなければならない。

　事業承継に備えて，自社株式の分散防止と，分散した自社株式を承継人に集結させるために，会社が自己株式を取得し，保有するのが得策である。自己株式とは，発行会社が保有する自己の株式である。

　会社法は，手続規制と財源規制を設けたうえで，広く自己株式の取得と保有を認めている。中小企業の円滑な事業承継のために，会社が自己株式を取得するという方法がある。なお，ここでいう自己株式の取得は，種類株式の発行会社が，当該種類株式を取得し（例えば，譲渡制限株式につき，分散した株式を集約するために，会社が相続人に対して相続により取得した株式の売渡請求をする場合），または会社法所定の事由により会社が株式を取得する場合（例えば，合併に反対株主の株式買取請求権による買取り）ではなく，会社（中小企業）が任意に取引により発行済株式を取得する一般的な場合をいう。

　自己株式の取得のためには財源規制があることから，会社に配当可能利益が存在することが必要である。もとより，それは，当期の利益に限定されないから，会社が積み立てた剰余金や，準備金を取り崩して配当財源とし，これを原資として，自己株式を取得することも可能である。そこで，会社に自己株式の

取得財源（剰余金の取り崩しなどによる配当可能利益の範囲内）がある場合は，会社は経営者その他の株主から，順次，その持株を買い集め，金庫株として保有しておくことが可能である。

円滑な事業承継のために，会社が相続人等の株主から，任意にその保有株式を買い受け，自己株式として保有するという方法が考えられるが，ただ，会社の多額の資金が社外に流出することになるから，事業承継後の会社経営のために必要な資金が減少するという懸念がある。

会社が保有する自己株式（金庫株）には議決権がないから，これを，経営支配権の確保目的で，積極的に利用することはできないが，事業承継を円滑に行うためにこれを用いることができる。会社が自己株式を取得し保有すれば，その分だけ議決権を行使できる株式数が少なくなるから，事業承継人等は少ない株式の保有で経営権を確保することができることになる。

(2) 事業承継と自己株式の処分

会社が金庫株を第三者に譲渡すれば自己株式ではなくなるから，第三者（譲受人）は，議決権や利益配当請求権を有することになる。自己株式の譲渡はその処分としてなされるが，それは新株発行（募集株式の発行）手続と同一の手続によりなされるから（会社法199条以下），会社が自己株式を第三者に譲渡する場合は，第三者割当ての新株発行手続により行うことになる。会社が金庫株を事業承継人等に譲渡することは，第三者に対する譲渡であるから，譲渡価格がとくに事業承継人等に有利な価格（とくに低い譲渡価格）の場合は，株主総会の特別決議を必要とする。

会社が事業承継人に自己株式を譲渡することにより，事業承継人に株式を集中させることが可能である。事業承継人は，これにより多数の株式を取得し保有することになるから，事業承継を円滑に行い経営支配権の掌握に役立つ。

このように，事業承継に用いるために，会社が自己株式を取得し，または保有する自己株式を，その処分として事業承継人に売却することは，事業承継を円滑に行うための効果的な方法の一つである。

自己株式方式によれば，会社が保有する金庫株を，適時，事業承継人に売り渡すことができるから，事業承継に際し事業承継人はその分だけ株集めをする必要がなくなるばかりか，事業承継のための資金面でもそれだけ楽になる。

　経営者にとっても，保有株式を会社に売り渡すことにより，事業承継人に自社株式を贈与する場合とは違って，株式の売却による現金を手にしながら，事業承継時までの相当の期間は経営権を手放さなくてもよいというメリットがあるといえよう。

　自己株式には議決権がないことから，事業承継人は会社が保有する自己株式を経営権確保のために積極的に用いることはできないが，それを譲り受けることにより，そらにその分だけの議決権を確保することになる。また，受け取った配当金により，金庫株の譲受けのための借入金を弁済していくことも可能となる。

　事業承継人は，株式取得のための資金的余裕ができたとか，資金調達の目途が立った場合には，一度または数回に分けて自己株式を買い受けることにより，議決権数を増やしていくことが可能である。このように，自己株式は事業承継人の株式取得を容易にするという機能を有する。

　しかし，後継者が十分に会社の実権を掌握していない場合は，自己株式が後継者以外の者に売り渡され，後継者の持株（議決権）比率が低下するという懸念があることに注意しなければならない。

　事業承継人の自己株式の買受資金の調達は，レバレッジド方式（資金の借入れ）による銀行からの借入れが多くなると予測されるから，資金の調達が円滑に行われるよう，会社による保証などの措置が必要である。

(3) 事業承継目的の自社株式取得と問題点

① 自己株式の違法取得との関係

　会社資産と経営者の個人資産が，明確に区別されていないという中小企業の実情と経営者の認識の下では，経営者が事業承継人に譲渡するために，会社資金により自社株式を買い取ることは十分に考えられる。また，事業承継後に，

事業承継人が会社資金を使って他の株主から自社株式を取得し，会社に保有させることも十分に考えられる（自己株式の取得は，会社がその計算で株式を取得する場合をいい，自社株式の取得は，経営者や従業員など会社以外の者が株式を取得する場合をいう）。

事業承継人が個人として株式を買い付ける場合であっても，安易に会社資金を用いれば，会社法上，会社の計算による自己株式の取得であるとして，自己株式の違法取得の問題が生ずることに注意しなければならない。自己株式の違法取得となると，株式の取得が無効となるだけでなく，取締役の会社に対する損害賠償責任が生ずることもあるから十分に注意しなければならない。

自己株式の取得に当たるか否かは，会社の計算によるか否かにより決されるが，「会社の計算」によるか否かの判断基準は，取得資金の出所，取得に関する意思決定（取引の相手方の選択，買付価格の決定，買付時期の決定など）の所在，取得株式に対する支配（株式の処分や株主権行使に関する権限，配当や売買差損益の帰属）である[1]。

事業承継との関係で，自己株式の違法取得の問題が生ずることが少なくないが，自己株式であるか否かは，だれの名義で取得するか否かではなく，会社の計算によるか否かにより判断されることになる。経営者や事業承継人が，会社の資金を使って個人的に株式を買い取る場合は，自己株式の取得の典型的な場合であるが，それ以外の場合についても，前記基準に従って，経営者や事業承継人による自社株式の取得が，自己株式の取得にならないように十分に注意すべきである。

② 株式取得資金の借入れとの関係

経営者が後継者に贈与または相続させるため，あるいは事業承継人が事業承継を円滑に行うために必要な自社株式の取得資金を，会社から借り受ける場合がある。この場合，借入金であることを明確にしたうえで，借入条件と弁済計画，金利を支払う場合はその率と支払方法などを明確にしなければならない。

---

[1] 龍田 節「会社の計算による自己株式の取得」『法学論叢』138巻4・5・6号5－6頁。

配当金や役員報酬を上積みして，上積分により借入金を弁済していくなどの計画であれば，会社の計算で自己株式を取得したものとして，違法な自己株式の取得となりかねないことに注意すべきである。

会社が経営者や取締役である事業承継人等に対し，自社株式の取得資金を貸付け（直接取引），あるいは銀行などからの資金の借受けに際し会社が保証することがある（間接取引）。これらの場合は，取締役と会社間の利益相反取引となるから，それについての重要な事実を開示して，取締役会設置会社については取締役会の承認を，取締役会設置会社でない会社の場合は株主総会の承認を，それぞれ受けなければならない（会社法365条1項，356条1項2号）。

③ 買取請求による自己株式の取得

会社は，株主総会の特別決議により，特定の株主から持株を買い受けることを決議できるが，株主総会で取得の相手方（売渡株主）は議決権を行使できない（会社法160条1項，4項）。この場合，他の株主は，総会決議において自己を売主に追加するよう請求することができ（売主追加請求），請求を受けた会社は，請求した株主を売主に追加しなければならない（会社法160条2項，3項）。

しかし，会社が非公開会社（全株譲渡制限株式とする会社）であって，株式の相続人等から取得する場合は売主追加請求が認められない（会社法162条1項）。

多くの中小企業は，全株譲渡制限株式であるから，会社は特定の株主（多くは相続人）の持株だけを買い取ることが可能である。

3 新株発行と新株予約権の発行

(1) 事業承継と新株の発行

　事業承継の円滑化のために，事業承継人に自社株式を保有させ，あるいは保有する自社株式数を増大させるために，事業承継人に対し新株を発行（募集株式の発行）するという方法がある。

　事業承継人に対して新株を発行することは，資金の調達を目的としない新株の発行であるが，通常の新株発行（募集株式の発行）の手続によることになり，第三者割当ての新株発行として行われる。多くの場合，事業承継人に対する新株の発行は，特に有利な払込金額によるものと考えられる。そこで，事業承継人の払込金額が，特に有利な払込金額（公正でない払込価額）である場合は，有利発行であるとして株主総会の特別決議を必要とする（会社法199条2項，201条1項，309条2項5号）。

　特に有利な払込金額であるのに，株主総会の特別決議を経ずに，新株を発行しようとすれば，違法発行であるとして新株発行の差止め原因になる。新株が発行された後は，新株発行の無効原因にはならないであろうが，公正な発行価額と実際の発行価額との差額を会社の損害として，会社に対する損害賠償責任が生ずる場合がある。

　事業承継の円滑化を図るために新株発行によることは，発行済株式数の増大となるばかりか，事業承継人は払込資金を調達しなければならないという問題点がある。しかも，それは事業承継人の持株数が増え，株式の保有比率は高くなる。反面，他の株主の持株数には影響がないとしても，その持株比率を低下させることになる。

　したがって，事業承継の円滑化を図るためであっても，発行株式数を増大させる新株発行という手段は，事業承継人の持株数が少ないが，他の株主からの譲受けが困難であり，円滑な事業承継に支障が生ずるというような場合に限っ

て用いるべきであろう。

(2) 事業承継と新株予約権の発行

　新株予約権とは，会社がある人（新株予約権者）に対して，あらかじめ定めた期間内に，それを行使した場合は，会社は新株を発行して，または保有する自己株式を交付するというスキームによるコール・オプションである。

　新株予約権は，買収防衛策とかM＆A関連の利用に関心が向きがちであるが，事業承継として利用することも可能である。新株予約権を用いれば，一度に多数の株式取得資金を必要としないばかりか，新株予約権に取得条項を付けることにより，無償で自社株式を取得することも可能となる。それ故，事業承継人は，新株の発行を受ける場合と比較して，より有利な条件で自社株式を取得することができる。

　事業承継が予定されている者に対し，あらかじめ株主総会の特別決議を経て，有利な条件で新株予約権を発行しておけば，事業承継時に新株予約権を行使することにより，有利な条件で自社株式を入手することができる。しかも，新株発行のように，払込みを一括して行い，一度に大量の株式を取得するのとは異なり，事業承継人は事業承継の実情に合わせ，あるいは資金の都合がついたときなどに，新株予約権を行使して株式を取得することができることになる。

　事業承継予定者または事業承継者に対し，新株予約権を発行する場合は，第三者に対する新株予約権の発行であるから，それが新株予約権を引き受ける者にとくに有利な条件である場合，払込金額が新株予約権を引き受ける者にとくに有利な金額である場合は，株主総会の特別決議を必要とする（会社法238条2項，239条1項，240条1項，309条2項6号）。そして，新株予約権の発行を受けた事業承継予定者は，予約権の行使期間内に権利行使価額の全額を払い込むことにより株主となる（会社法281条1項，282条）。

　事業承継者だけを有利に取り扱うことに，他の株主から不満が生じ，円滑な事業承継の妨げとなる場合は，全株主に対し取得条項付きの新株予約権を発行し（会社法236条1項7号），会社は新株予約権の取得と引き換えに，事業承継者に

は普通株式を交付し、他の株主に対しては議決権制限株式などを交付するなどの工夫をすることが考えられる。

4　事業譲渡と経営の委任

(1)　事業譲渡による事業の承継

　事業の譲渡は、従来の「営業の譲渡」と同一の意味であると解されている。それは、一定の目的のために組織化された有機的一体として機能する財産（得意先関係などの経済的価値のある事実関係や「のれん」を含む）の全部または重要な一部が譲渡契約により移転し、これにより譲渡会社がその財産によって営んでいた営業活動の全部または重要な一部が譲受人に移転することをいうのであるが（最判昭和40・9・22民集19巻6号1600頁）、会社法はその趣旨で事業譲渡を規定している（会社法21条以下）。

　事業譲渡とは、会社が事業（一定の営業目的のために組織化された財産）の全部または重要な一部を、契約により移転する行為である。そして、その結果、譲渡人がその財産によって営んでいた営業活動の全部または重要な一部を譲受人に承継させるのである。それは、取引行為により事業を譲渡し、譲受人は譲り受けた事業により企業活動を行うのである。

　会社が事業の全部または一部を譲渡することにより、事業譲受人に承継させる事業譲渡は、経営者が自己の保有資産である自社株式や事業財産を事業承継人等に移転し、それとともに一体として経営権が移転する事業承継とは、法律上は別異のものである。それ故、事業譲渡は事業承継の手段として用いることができるといっても、経営者が、経営権と保有する自社株式や事業用の資産を承継させる事業承継とはかなり性質の異なるものである。しかし、機能的には共通する点が少なくない。

　このように、事業の譲渡は事業の全部または重要な一部を譲渡するのであるが、企業そのものと経営権の移転を内容とする事業承継とは異なり、会社の経

営権には影響しない。それは，譲渡会社の組織や株主構成そのものには変化はなく，事業だけが移転するのである。また，会社分割のように，事業を構成する債権債務や契約上の地位等は当然に移転するものではない。

　事業譲渡は，株主の利益に関係することが大きいから，譲渡する資産の規模が小さいとか，当事者が特別支配会社である場合などの特別の例外事由がある場合を除き，譲渡会社と譲受会社について，それぞれ，株主総会の特別決議を必要とする（会社法467条）。

　さらに，事業譲渡にともなう取引規制として，事業を譲渡した会社または個人事業者は，別段の取り決め（意思表示）がない限り，同一の市町村（東京都や政令指定都市については区）内で，20年間は同一の事業を行わないという競業避止義務を負う（会社法21条，商法16条1項）。

(2) 事業の全部についての経営の委任

　事業承継として，企業内の役員や従業員に対し自社株式等を譲渡し，経営権を引き継ぐのではなく，一定の期間に限り，共同創業者，役員，幹部従業員等に経営を委託するという方法がある。これは，親族内承継を前提として行うものである。企業内の役員等だけでなく，取引先や金融機関から経営者を招聘して，経営を託することもある。

　企業経営権の委託であり，自社株式や経営権を譲渡するものではない。委託者が会社経営の必要上から，自社株式を譲渡することがあっても，それは本来の譲渡ではなく信託譲渡的なものである（受託期間が終了すれば，委託者または後継者に返還されることになる）。

　事業承継ではなく経営の委託であるが，一定期間ではあるが，事業承継と同様の機能を期待することができる。経営の委託がなされるのは，後継者に予定されている者が，若年，経験不足，経営に未熟などの理由により，直ちに，事業を引き継ぐことが困難な場合に，経営を経営能力のある役員，上級従業員（番頭格の従業員），外部招聘者等に会社経営を委託するのである。

　後継者による事業活動の困難，その他の事由により，経営委託（委任）契約

に基づき，第三者に経営を委任して受任者において，事業（会社）経営を行うという方法であり，将来の後継者への承継のための中継ぎと考えられるから，一定期間の事業承継的な性質を有すると理解することが可能である。

　会社法上，「事業の全部について経営の委任」の制度があり，会社は株主総会の特別決議に基づき第三者と経営委任契約を締結し，これに基づき一定期間経営の委任が可能である（会社法467条1項4号，309条2項11号）。しかし，これは，事業承継のための中継ぎ的な経営委託とは，かなり意味が異なるものと理解すべきであろう。

　会社法上の経営委任は，会社に代表者や業務執行者がいるが，会社の再建あるいは一層の業績向上を目指して，会社が経営能力のある第三者に会社経営を委託するのが一般的であると考えられる。

　これに対し，中小企業における事業承継が行われるまでの一定期間の経営の委託は，支配株式を有する経営者（多くの場合，高齢または健康不良の状態にある）またはその相続人が，上級従業員等に，後継者が成長するまでの間，経営を委託するものであり，中継ぎ的なものであり事業承継を目的とした経営の委託と理解することができる。

　経営権のみを委託することから，親族内の後継者が未成熟や経験不足の場合に用いるのに適した方法であるが，受任者が相当期間経営を行い，会社の業績を向上させた後に経営委託契約を終了させ後継者に引き継ぐ場合には，紛争が発生することが少なくないと考えられる。そこで，これを防止するためにに，経営委任契約において，期間・条件等を明確に定めておく必要がある。

　会社法上，経営の委任という制度があるが，契約関係の明確化と紛争の防止という観点から，新信託法が認めた事業信託という方法を選択することを検討すべきであろう。

5　株式の上場と事業承継

　株式を上場（株式公開）して，投資家に売却することにより，事業承継と同一の目的を達することができる。これは，親族内承継か親族外承継の選択，引退または死亡という事業承継により，特定人に事業を承継させるのではなく，広く投資家に株式を取得させるのである。

　もとより，投資家は会社経営に関与することはなく，また，一般に，経営者は引き続き会社経営に携わることから本来の意味での事業承継ではない。もっとも，株式上場（stock listing）が可能なのは，所定の企業規模と業績があり，財務状況と収益の健全性が確保され，株式上場基準を満たした会社でなければならない。そこで，株式公開が可能なのは著しい成長企業，未上場企業といわれる一部の優良企業に限られるのであり，一般の中小企業の場合は現実には考えられない。また，上場株式は譲渡制限株式でないことが要求される。

　M＆A取引は特定の第三者に支配株式（会社を支配できる多数の自社株式）と事業用資産を売却する事業承継である。経営者は，自己の選択した特定の事業承継人に株式を譲渡し，会社経営権を承継させるとともに，原則として，退任することになる。

　これに対し，株式公開は証券市場において広く大衆（投資家）に株式を売却するのである。そして，経営者は株式上場により支配株式を譲渡したとしても，経営権を失うのではなく，引き続き会社経営に当たることが可能であるばかりか，取締役を退任できることから，株主総会を通じて新たに経営者（取締役）を選任して会社経営に当たらせることにより後継者選びとか引退ということを考える必要はない。

　さらに，経営者は株式上場により，多くの場合，M＆A取引によるのとは比較にならない上場利益を得ることが可能である。このようなことから，事業承継の手法を考える場合，本来の事業承継ではないが，株式公開は最も理想的で

ある。株式公開により市場で資金調達が可能になり，優秀な従業員が確保できるばかりか，企業価値を高めることが期待できる。

しかし，株式公開が可能なのは一部の優良企業に限られ，多くの中小企業ではこの方法は現実的ではないといえよう。

第7章

種類株式を利用した事業承継

1 事業承継と種類株式の利用

〔ポイント〕

* 種類株式とは,剰余金の配当または残余財産の分配に関して内容の異なる株式(優先株・劣後株),議決権制限株式,譲渡権制限株式,取得請求権付株式,取得条項付株式,全部取得条項付株式,拒否権付株式,取締役または監査役選任権付株式の9種類の株式である(会社法108条1項1～9号)。
* さらに,非公開会社(全ての種類の株式を譲渡制限株式としている会社)については,属人的な定めとして,剰余金の配当を受ける権利,残余財産の分配を受ける権利,株主総会における議決権について,株主ごとに異なる取扱いを行う旨を定款で定めることができるが,かかる定めをした株式も種類株式となる(会社法109条2項)。そして,この種類株式を用いれば,後継者の持株を複数議決権株式とすることができる。
* 会社法上の制度として,最も事業承継との関係で利用されると考えられるのが種類株式である。種類株式を上手く利用すれば,事業承継を円滑に行うことができる。

(1) 事業承継と種類株式
① 種類株式の意味

会社法には，事業承継に用いることが可能な制度が多くあるが，そのなかでも，親族内承継についていえば，種類株式の利用が中心になる。会社法が定めた種類株式には多様なものがあるが，その多くは中小企業向けのものとして制度設計されている。そして，ほとんどが事業承継を円滑に行うために用いるに適した内容の株式である。

種類株式とは，会社が内容の異なる2以上の種類の株式を発行する場合の各株式のことをいう（会社法108条1項），つまり，一定の事項について権利内容が異なる株式のことである。会社法がこれを認めたことから，普通株式に併せ多様な種類の株式を発行し，または2以上の種類の株式を発行することができることから，これを事業承継の円滑化のために利用することが可能である。

普通株式というのは，種類株式でない株式つまり標準的な株式のことであるが，会社が普通株式に併せ種類株式を発行する場合は，内容の異なる2種類以上の株式を発行することになるから，会社法の下では，普通株式も種類株式の一種であると理解される。そこで，定款により株式の内容について定めていない場合は，すべての株式は普通株式ということになる。しかし，中小企業の多くは，譲渡制限株式を発行しているから種類株式の発行会社となる場合が多い。

種類株式を発行するためには（既存の株式を種類株式に変更する場合を含む），定款に，内容の異なる2以上の種類の株式を発行しうる旨と，その種類等を記載しなければならないから，そのための定款変更手続が必要である。

定款により種類株式を発行することができる会社を「種類株式発行会社」という。しかし，それは，種類株式を発行することができる会社のことであり，種類株式発行会社となっておれば，適時，種類株式を発行することができるのである。その意味で，現実に種類株式（2種類以上の株式）を発行していることを要件としない。

種類株式の内容は法定列挙されているが，種類株式というのは，①剰余金の配当（配当優先株など剰余金の配当について，配当額などが他の株式〔普通株式〕と異

なる株式である），②残余財産の分配（残余在産の分配について，分配価額の決定方法などが他の株式〔普通株式〕と異なる株式である），③議決権制限株式（株主総会において，議決権を行使することが制限された株式），④譲渡権制限株式（譲渡による株式の取得について，会社の承認を必要とする株式），⑤取得請求権付株式（株主が会社に対し，取得を請求できる株式），⑥取得条項付株式（会社が一定の事由が生じたことを条件として，取得することができる株式），⑦全部取得条項付株式（会社が株主総会の決議により，その全部を取得することができる株式），⑧拒否権付株式（株主総会または取締役会において，決議すべき事項のうち，その決議のほか，当該種類の株式の種類株主総会の決議があることを要する株式），⑨取締役または監査役選任権付株式（当該種類の株主により構成される種類株主総会において，取締役または監査役選任を選任できる株式。ただし，これを発行できるのは，非公開会社で委員会設置会社でない会社に限られる）の９種類ということになる（会社法108条１項１～９号）。

さらに，非公開会社（全ての種類の株式を譲渡制限株式としている会社）については，剰余金の配当を受ける権利，残余財産の分配を受ける権利，株主総会における議決権について，株主ごとに異なる取扱いを行う旨を定款で定めることができるとして属人的な定めを認めているから（会社法109条２項），種類株式は合計10種類ということになる。

② 事業承継と種類株式の利用

会社支配権を確保し，事業承継を円滑に行うためには，後継者に自社株式を集中させるとともに，相続による株式の分散を防止する必要がある。そのための最も無難な方法は，種類株式を用いた自社株式の集中と議決権の多数確保である。そこで，多くの中小企業の株式は譲渡制限株式（従来の定款による譲渡制限）であるが，それ以外にも，会社法は多彩な種類株式を認めたことから，これを事業承継に用いることを検討すべきである。

「事業承継ガイドライン」も，事業承継の円滑化のために会社法の定めた種類株式の活用を提言し，具体的には，議決権制限株式，拒否権付株式（黄金株），相続人に対する売渡請求の利用を挙げている。事業承継目的で種類株式を用いるためには，定款変更により会社が種類株式の発行会社となる必要があるが，

事業承継前に種類株式の発行会社となっていれば、種類株式の発行手続がスムーズに進むことになる。

種類株式発行会社となっていれば、必要に応じて種類株式を発行することができる。この場合、発行済株式数を増やさないためには、新たに種類株式を発行するよりも、既存の株式を種類株式に変更するべきであろう。

非公開会社における属人的な定めをした種類株式（会社法が認めた株主平等の例外）は、中小企業の事業承継に用いれば効果的である。多くの中小企業は、非公開会社であるから、定款に定めることにより、後継者の保有株式を複数議決権株式とすることにより（例えば、後継者の持株について、1株に2議決権を与える）、後継者はより少ない持株で会社を支配（議決権支配）することが可能となる。

なお、公開会社については、複数議決権株式によることはできないが、単元株の利用により（例えば、後継者が所有する種類の株式については500株で1単元、非後継者が所有する種類の株式については1,000株で1単元とすれば、後継者は2倍の議決権を確保することになる）複数議決権株式と同様の効果を得ることができる。そこで、会社が種類株式の発行会社である場合は、種類株式または属人的な定めをした株式を発行することにより、後継人が議決権を支配して事業承継の円滑化を図ることが可能となる。

もとより、事業承継のための種類株式の利用は、事業承継の円滑化のために必要であるとの理由によるものであり、これを濫用して相続人株主等の権利を不当に制限し、または、これを強行的に排除のために用いることが許さない。事業承継を円満に進めるために、相続人株主等の権利を制限し、または、これを排除する必要があるにしても、交渉と合意に基づくことが望ましい。相続人株主等に対し配慮を欠けば、円滑な事業承継に支障が生じかねないばかりか、従業員や取引先との関係にも影響することは避けられない。

そこで、非後継者の権利を最大限に尊重し、例えば、後継者が保有する株式を普通株式とし、非後継者が保有する株式を配当優先権付の議決権制限株式とするなどが考えられる。事業承継目的で種類株式を利用する場合、事業承継前

に経営者が普通株式と議決権制限株式を保有し，後継者には普通株式を譲渡または相続させ，非後継者には議決権制限株式を譲渡または相続させることが考えられる。これによれば，後継者が議決権の多数を支配しながら，遺留分減殺請求を回避することができる。

(2) 種類株式の発行とその手続

　会社が，定款の変更により種類株式発行会社となれば，種類株式の発行が可能となる。そこで，株主割当て（株主全員に持株に応じて割り当てる），または第三者割当て（特定の株主等に割り当てる）により種類株式を発行するのであるが，取得条項付株式を発行するとか，後継者と非後継者とでは異なった種類株式の発行を受けるなどの工夫が可能である。

　最も典型的な方法は，経営者が第三者割当ての方法で議決権制限株式の発行を受け，非後継者にこれを承継させることである。議決権制限株式を完全無議決権株式とすれば，普通株式を承継した後継者は会社支配権を確保することができる。もっとも，議決権制限株式の株主も議決権以外の権利を行使することはできる。

　種類株式の発行を新株発行の方法で行う場合は，新株発行（募集株式の発行）手続によらなければならないことに加え，発行済株式数が増大することになる。そこで，多くの場合，事業承継後になされるのであるが，既存の発行済株式（通常は普通株式）を種類株式に変更（転換）する方法によることが考えられる。

　既存の発行済株式（普通株式を含む）を，他の種類株式に変更（種類株式の内容の変更）する場合，全株式を内容の異なる種類株式（他の種類株式）に変更する場合と，特定の株主の保有する株式を他の種類株式に変更する場合とがある。

　全ての種類株式の内容を変更する場合は，種類株式の内容を定めた定款を特別決議により変更する必要がある（会社法309条2項11号，466条）。

　事業承継との関係では，例えば，非後継者の持株を議決権制限株式に変更するなど，特定の株主の持株を他の種類株式に変更することが必要な場合がある。

　この場合，全株主が同意すれば，特定の株主（非後継者）の保有株式を，他の

種類株式(例えば,譲渡制限株式)に変更することは可能であると考えられる。これに対し,非後継者など一部の株主の同意が得られない場合は,特定の株主の持株を他の種類株式に変更するためには,全部取得条項付株式を用いるという工夫が必要となる。ある種類の株式(普通株式)の全部を全部取得条項付株式に変更し,会社は全部取得条項付株式を取得し,その対価として,後継者には普通株式を交付し,非後継者に対しては議決権制限株式等を交付するという方法によることになろう。

2　譲渡制限株式の利用

〔ポイント〕

> * 譲渡制限株式というのは,株式の譲渡について会社の承認を要することを内容とする種類株式である。会社の承認がなければ,会社との関係で譲受人は株主とならない。しかし,会社は譲渡を承認しない場合,自ら買い受けるか,買受人を指定しなければならない。取得価格は,協議により決めるが,協議が成立しない場合は裁判所が決定することになる。
> * 譲渡制限株式は,譲渡について会社の承認を要するのであり,相続や合併という一般承継の場合は承認が必要でない。また,譲渡についての制限であるから,株主が株式を譲渡しようとする場合でなければ機能しない。
> * 一定の事由の発生により,会社が強制的に株式を取得(買戻し)し,または取得価格を固定することは,契約によらなければならない。これは,従業員持株制度との関係で問題となっている。

(1) 譲渡制限株式の概要

　譲渡制限株式とは，会社が発行する全部または一部の株式の内容として，譲渡による株式の取得について会社の承認を要する旨の定めをしている種類株式である（会社法2条17号，107条1項1号）。つまり，株式の譲渡について，会社の承認を要する株式である。

　会社の承認という形で株式の分散を防止するのであるが，承認を要するのは譲渡による株式の移転の場合に限られるから，相続・合併という一般承継の場合は会社の承認は不要である。もとより，相続人が相続株式を第三者に譲渡する場合は譲渡の承認を要する。相続人間の譲渡についても会社の承認を必要とする。相続人間の譲渡であっても，持株割合に変動が生じるのであるが，譲渡承認の趣旨は株式が第三者に渡り分散することの防止であることから疑問がないわけではない。そこで，定款により，相続人間の譲渡については承認を必要としないと定めることができると解される。

　旧商法は，定款による株式の譲渡制限（譲渡について取締役会の承認を要する）を認めていたが，発行する全ての株式について譲渡制限をしなければならなかった。これに対し，会社法は基本的にこれを承継したが，譲渡制限株式を種類株式の一つとして，定款に定めることにより，全ての株式または一部の種類の株式を譲渡制限株式とすることができるとした。

　そして，ほとんどの中小企業が発行している株式は，かかる定めを設けた譲渡制限株式であるが，全ての株式を譲渡制限株式とする会社（非公開会社）が多い。しかし，選択的にその中の一部の種類の株式についてだけ，譲渡制限株式とすることができる。例えば，拒否権付種類株式についてのみ譲渡制限株式とすることが可能である。そこで，譲渡制限株式とそれ以外の株式を組み合わせることにより，種類株式を事業承継の円滑化のために用いる幅はかなり広いものである。

　会社の成立後に，定款を変更して譲渡制限株式とすることは，既存の株主の権利を制限することになるから，定款変更のための株主総会決議は，特別決議以上に要件が厳格な特殊決議（議決権を行使できる株主の半数以上であって，議決

権の3分の2以上の賛成）によることが要求される（会社法309条3項1号）。また，ある種類株式を譲渡制限株式にする場合には，当該株主による種類株主総会の特殊決議が必要である（会社法111条2項）。

　会社の承認は，取締役会の承認，取締役会を設置していない会社の場合は，原則として株主総会の決議によりなされるが，承認を与えるか否かは会社の裁量に委ねられる。会社の承認がない株式譲渡は，当事者間では有効であるが会社との関係では譲渡の効力が認められない。会社が譲渡承認を拒否した場合，株主の請求により，会社は自ら買い受けるか，買受人を指定しなければならない。

　譲渡制限株式には，株式の分散の防止以外にも効用がある。全株式を譲渡制限株式としている会社（非公開会社）については，定款の定めにより，剰余金の配当請求権，残余財産の分配請求権，議決権に関する事項につき，株主ごとに異なる取扱い（属人的定め）をすることが可能である（会社法109条2項）。また，会社の機関設計においても，株主総会のほかに取締役1名を置けばよいことから小規模な中小企業に向いている。さらに，会社は，定款に定めることより，相続その他の一般承継により譲渡制限株式を取得した者に対し売渡しを請求することができる（会社法174条）。

(2) 譲渡制限株式の評価

① 裁判所による買取価格の決定

　会社が譲渡承認請求を拒否したことにより，株主から買受人指定請求を受けた場合，会社は，自ら買い取るか，買受人を指定しなければならない。この場合の取得価格は，請求者と会社または指定買受人の協議によるが，協議がまとまらない場合の売渡価格の決定の申立てに対し裁判所が買取価格を決定し（会社法144条2項），また，譲渡制限株式について，会社が相続人等に対し売渡請求をした場合についても，売渡価格の決定の申立てに対し裁判所は買取価格を決定する（会社法177条3項）。

　買取価格は適正に評価された価格によらなければならないが，この点，会社

法は，譲渡承認請求の時または売買価格売渡請求時における会社の資産状態その他一切の事情を考慮しなければならないとしている（会社法144条3項）。

買取価格の問題は，譲渡制限株式の場合だけでなく，その他の会社による取得の場合や，株主からの買取請求の場合にも生ずる。これらの場合にも，買取価格をどう決定するかという問題があるが，最終的には裁判所による株式買取価格の決定ということになるが，譲渡制限株式の場合と同様の基準によることになる。そこで，譲渡制限株式についての売渡価格の決定を含めて，取引所の相場のない株式（非上場株式）の適正な評価価格の問題として捉えなければならない。

② 取引所の相場のない株式の評価方法

価格決定の申立てを受けた裁判所は，非訟事件手続により非上場株式の評価をする。管轄裁判所は，会社の本店所在地を管轄する地方裁判所であり（会社法868条1項），価格決定の裁判は決定手続でなされる。

決定される価格は，公正な価格でなければならないが，統一的な評価基準がないことから裁判所の裁量に委ねられることになる。しかし，価格決定について合理性が担保するため理由を付さなければならない（会社法871条本文）。

評価方法は多数あるが，統一的な評価方法は定まっていない。そこで，複数の評価方法を併用したうえで，具体的事情を考慮して価格決定をすることになる。代表的な評価方法として次のようなものがあるが，いずれも一長一短であり，決定的なものではない。

ⅰ）純資産方式は，現時点における1株当たりの会社の純資産額を算定し，これから株式の現価格を算定するという最も基本的なやり方である。

ⅱ）配当等還元方式は，1株当たりの将来の配当額を予測し，これを資本還元率で還元することにより，現在価値を算定するという方式であり，理論的には優れているとされている。

ⅲ）収益還元方式は，将来の法人税の税引き後の1株当たりの予想純利益を，資本還元率で還元することにより，元本に当たる株式の現在価格を算定する方式である。

ⅳ）類似業種比較方式は，類似する業種の株式の価格を比較参考にして，価格を評価し決定する方法である。比較的規模の大きい会社の株式については，類似業種の上場会社を探し出し，その会社の配当金額，利益金額，純資産額，株価などを比較参考にして評価するという方法である。国税庁の相続税に関する株式の価格算定方法に用いられている方式である。

　ⅴ）ＤＣＦ方式は，会社の将来のフリー・キャッシュ・フロー（企業活動による期中の純現金収支）を予測し，それを一定の割引率で割り引いた現在価値をベースにして，企業の価値を算定し，これに基づき株式の価格（価値）を算定するという方法であるが，比較的新しい手法である。

　裁判所は，純資産方式，配当還元方式，収益還元方式など複数の評価方法を併用して評価するのであるが，配当実績はなく，将来も配当を行う予定のない会社において（配当還元方式を用いることができない），譲渡制限株式の価格は，純資産方式，収益還元方式を採用して評価すべきであるが，会社が操業してさほど年月が経過しておらず，資産に含み益がある不動産等が存在しないが，企業として成長力が大きく，売り上げが順調に推移し，今後も前々年，前年と同程度の利益が確実に見込まれることを考慮すると，純資産方式では株式価値を過小評価するおそれがあるから，併用を含めて採用するのは相当ではなく，収益還元方式によるべきであるとした事例がある（東京高裁決平成20・4・4金融・商事判例1295号49頁）。

　近時，譲渡制限のある非上場会社の株式（譲渡制限株式）の売買価格を決定するに際し，純資産価額方式その他の評価方法は，一長一短があるので，対象会社の特性に応じた株価算定をするしかないのであるが，1つの評価方法だけを選択した場合，各評価方法の短所が増幅される危険があるので，対象会社に適合すると思われる複数の算定方式を，適切な割合で併用することが相当であるとして，ＤＣＦ方式（将来の一定期間の事業収支計画により，フリー・キャッシュ・フローを予測し，これを一定の投資利益率で割引き，企業の現在価値を求めることにより株価を算定する方法）を3，純資産価額法を7の割合で併用した事例がある（福岡高決平成21・5・15金融・商事判例1320号20頁）。

③ 遺留分を算定するための評価方法

　非上場株式等の評価方法は，民法上も遺産分割や遺留分減殺請求等に係る非上場株式等の評価方法について問題になり，また経営承継円滑化法による遺留分の特例に関する固定合意との関係でも「相当な価額」として問題になる。

　非上場株式の評価方法には様々なものがあり，確立したものがないから唯一絶対の価額はない。そこで，評価方法は，基本的には，会社法による株式買取りの場合と同様に考えればよいが，会社法上は株式の客観的価値によることが要請されるのに対し，民法上の評価は，当事者の合意によることが配慮されるといえよう。

　それは，会社法上は価格についての協議が成立しない場合の価格決定の問題であるのに対し，民法上は，当事者の合意による価格決定の合理性として問題にされることが多いという事情によるものと考えられる。

　民法上，非上場株式の評価は，一般的には，合理的意思を有する独立した当事者間で合意した価額であれば，「相当な価額」ということができるのであり，必ずしも客観的合理性が要求されるものではないと考えられている。これは，当事者の合意がなされたことを前提に，合意による価格の相当性として問題になる場合であるから，会社法の取引所の相場のない株式の「公正な価格」を要求する場合とはかなり事情が異なるといえよう。

　非上場株式の評価は，評価すべき場合と目的によりかなり異なってくるといえよう。そうすれば，会社法上または民法上の評価の方法と基準は，国税庁方式による評価（財産評価基本通達に基づく評価方式）と異なることが予想される。会社法上や民法の評価は，株式の売渡価格の公正を確保するため，あるいは当事者の合意による価格の合理性という観点から問題にされるのであるが，国税庁方式は，課税のための評価方式であるから，評価額に乖離が生ずることは避けがたいといえよう。

(3) 事業承継と譲渡制限株式の機能

　事業承継とくに親族内承継を円滑にするためには，株式の分散の防止と後継者または会社による自社株集め（株式の集中）の措置が必要である。そのために，譲渡制限株式を用いることが有益である。株式の分散を防止するために，株式の譲渡について会社の承認を必要とし，さらに，定款に定めることにより，株式の集中のために，会社は相続人等の一般承継人に対し譲渡制限株式の売渡請求をすることができ，また，属人的な定めをすることにより，後継者とそれ以外の株主とで異なった取扱いをして，事業承継の円滑化を図ることができる。

　譲渡制限株式とすることにより，株式の分散を防止するとともに，会社経営の妨げとなる者に株式が渡ることを防止することが可能であるから，譲渡制限株式には，事業承継を円滑に行うために重要な機能を期待することができる。

　もっとも，譲渡制限株式が機能するのは，相続人等の株主がその持株を他に譲渡しようとする場合である。株主から譲渡承認が求められた場合でなければ，会社は後継者を買受人に指定し，または自ら買受人になることはできないから，事業承継に際し譲渡制限の機能を期待することはできない。

　株主から譲渡の承認請求がないのに，会社の側から株主の持株を強制的に買い取ることはできないばかりか，譲渡制限の機能は取得価格にまで及ばない。そこで，これらは売渡強制契約によらなければならない。なお，後述のように，会社法は，株主から譲渡承認を求められていない場合であっても，会社の側から相続人等が一般承継（相続・合併）により取得した株式については，その持株を買い取ることを可能とする制度を設けている（会社法174条）。

　譲渡承認の請求を受けた会社が承認を拒否し，自ら買い受ける場合は，自己株式の取得となるから，自己株式取得の財源規制を受ける（会社法461条1項1号）。そこで，買受代金は分配可能利益の額を超えてはならないから，業績不振の場合は買受けが難しい場合がある。なお，会社は取得した自己株式の処分として，後継者に対し売り渡すことが可能である。

　会社は譲渡の承認を拒否し，先買人（買受人）として後継者を指定すれば，後継者は当該株式を取得できるが買受資金の調達をしなければならない。

譲渡制限株式であることが，事業承継に関し裏目にでることがあることに注意しなければならない。後継者が会社の実権を掌握していないとか，代表取締役に就任する前に承認請求がなされた場合，会社が後継者以外の者を先買人に指定する場合がある。また，会社が自己株式として取得して，後継者以外の者に譲渡する場合があり，このような場合は，後継者が経営支配権を確保し，円滑な事業承継をすることが難しくなる場合が想定される。

次に，経営者が所有する譲渡制限株式を後継者に譲渡する場合も，やはり会社の承認を要する。そこで，経営者が高齢や病気などで会社の実権を失い，後継者に指定された者に反対の立場の者が，会社の実権を掌握している場合は，会社が譲渡の承認請求を拒否するばかりか，後継者以外の者を先買人に指定することも考えられる。そうすれば，後継者の事業承継は絶望的な状態に至る。

こういう事態に至ることを回避するために，経営者は譲渡制限株式ではなく，普通株式を保有し，これを後継者に贈与すればよいと考えられる。しかし，この場合は，会社は公開会社になるから（会社法2条5号），非公開会社としての制度設計をなし得なくなることに注意しなければならない。

とくに譲渡制限株式とする必要があるのは，拒否権付株式（会社法108条1項8号）についてである。会社が拒否権付株式（黄金株）を発行することは，経営者や後継者にとって，会社経営権をコントロールするために必要であるかもしれない。しかし，拒否権付株式が他の者に渡れば，会社経営上重大な障害が生ずることになりかねないから，拒否権付株式を譲渡制限株式とする必要がある。

(4) 相続人等に対する譲渡制限株式の売渡請求

〔ポイント〕

> *　譲渡制限株式を，相続や合併という一般承継により取得した場合は，譲渡ではないから会社の承認は必要としない。また，譲渡制限株式は株主が譲渡の承認を求めてきた場合でなければ，会社が自ら買い受け，または先買人を指定することができない。

> * 譲渡制限株式を，相続や合併で取得した者に対しては，その者が譲渡の承認を求めてきた場合でなければ，譲渡制限株式は機能しない。これでは，株式の分散の防止と集中を図ることは困難である。
> * そこで，会社法は，会社は定款に定めることにより，相続人等が取得した譲渡制限株式を強制的に買い付けることを認めた。これにより，会社は事業承継を円滑にするために，相続等が有する株式を取得することが可能となった。
> 　この制度は，譲渡制限株式を対象とするが，非公開会社であることを要件としない。
> * 後継者が，相続により取得した株式等も売渡請求の対象株式となる。そこで，後継者が会社の実権を握っていない場合は，相続により取得した株式を失い，事業承継が難しくなる場合があることに注意すべきである。

　譲渡制限株式につき，譲渡の承認が必要なのは株式の譲渡の場合であり，相続や合併という一般承継の場合は譲渡の承認を必要としない。そこで，相続人等が，持株を譲渡すべく承認を求める場合でなければ，譲渡制限株式は機能しない。したがって，会社は相続人等の保有株式を取得することができないから，株式の分散の防止，株式の集中による円滑な事業承継を期待できない。

　この点，会社法は，株式の分散防止と集中を図るために，譲渡制限株式については（全株譲渡制限株式でなくてもよい），会社は，定款に定めるところにより，相続（代襲相続を含む），合併という一般承継により株式を取得した者に対し，売渡しの請求によりこれを取得できるとして，会社の側から相続人等が保有する株式の売渡請求を認めた（会社法174条）。

　会社が相続人等の一般承継人が相続等により取得した株式を買い取ることは，自己株式の取得となるから財源規制があるが，会社法は，分配可能な剰余金（配当可能利益）の範囲内という制限を課しこれを明確にしている（会社法461条1項5号）。

これは，相続や合併という一般承継の場合は，譲渡制限の効力が及ばないから，株式が分散することを防止すべく，会社に売渡請求権を認めたのであり，事業承継に用いることを想定した規定とみることができる。この売渡請求権は，相続人等であっても，会社にとって好ましくないものが株主となることを防止するためでもある。

　会社は，譲渡制限株式を相続により取得した者に対し売渡請求をすることができるのであるが，譲渡制限株式が共同相続された場合，遺産分割がなされた後には，各相続人が取得した株式につき売渡請求をすることになる。遺産分割前であっても売渡請求をすることが可能であると考えられる（反対に解せば，会社が相続等を知った日から1年以内に，共同相続人が遺産分割を行わない場合は，会社は売渡請求をすることができないという不合理が生ずる）。

　この場合，株式は共同相続人全員の準共有状態にあるから，会社は，各人の共有持分に応じて売渡請求をするのではなく，売渡請求の対象となる株式の数を明らかにして，共同相続人全員を相手に売渡請求をすることは可能であると考えられる。そして，会社から支払われた売買代金は共同相続財産の変形であるから，共同相続人の共有に属する。

　事業承継との関係では，円滑な事業承継目的で分散した自社株式を集中させるために，非後継者が相続により取得した譲渡制限株式の売渡しを請求するのである。また，親族内承継であっても後継者と他の相続人との関係が良好とは限らない。後継者と共同相続人との間の対立は，円滑な事業承継や会社経営の障害になる。そこで，円滑な事業承継を妨げる相続人を株主から排除するのである。

　このように，会社は売渡請求の制度を利用し，事業承継人以外の相続人等が一般承継により取得した株式について売渡請求をすることができることから，相続等により分散した株式の集中化が可能となった。会社は，この制度を用いて取得した自己株式を，自己株式の処分として後継者に売り渡すことができる。そこで，後継者は会社を介して他の相続人が相続により取得した株式を取得することが可能となる。

会社が強制的に株式を買い取ることにより，非後継者は相続により取得した譲渡制限株式を保有することができなくなり，利益配当（剰余金の分配）を受ける権利などを失うことになるが，反面，市場性のない株式を買い取ってもらうことにより換金の機会が与えられることになる。

　売渡請求は，会社が相続などの一般承継を知った日から1年以内にしなければならない（会社法176条1項）。買取価格（売渡価格）については，会社と売渡義務を負う相続人等の協議により決めるのであるが，協議に至らない場合は，当事者の申立てにより，裁判所が売買価格を決定する（会社法177条3項）。

　このように，会社法が，相続等により譲渡制限株式を取得した者に対する会社の売渡請求を認めたことから，会社は相続人等の持株を強制的に取得することができることになった。この場合，相続人等に対する株式の売渡請求は，定款の規定に基づき株主総会の特別決議によりなされる（会社法175条）。

　相続人等が保有する株式に対する売渡請求は，円滑な事業承継のために用いることができるのであるが，それが，反対に作用して事業承継を失敗に終わらせるという，思わぬ落とし穴があることに注意しなければならない。

　それは，後継者が相続により取得した株式も売渡請求の対象となることから，会社の実権（経営支配権）を後継者の事業承継に反対する側（例えば，後継者と不仲の株主，前経営者の共同経営者）が掌握している場合は，後継者が相続により取得した株式について売渡請求がなされる可能性があるということである。

　しかも，そのための株主総会の特別決議には，売渡請求の対象となる多数株式を有する後継者は参加することができない（会社法175条2項）。

　そこで，株主総会の特別決議により，後継者が相続により取得した株式を会社が強制的に取得し，それを後継者と対立している側の者に売却することにより，後継者から経営支配権を奪取するということも考えられなくはない。

　この場合，後継者がとりうる措置として，売渡請求のための株主総会の決議があまりにも不公正で違法なものであるとして，決議無効の訴えを提起し（なお，特別利害関係人が議決権を行使したこと（会社法831条1項3号）の反対解釈として，決議取消の訴えも考えられる），併せて，会社が取得した自己株式を譲渡（処分）

することを禁ずる仮処分を申請することが考えられる。

(5) 譲渡制限株式と売渡請求手続

　会社が相続人等に対し売渡請求をするためには，まず，定款を変更してその旨を規定しておかなければならない。売渡請求のための定款変更手続は，相続開始後においても可能であるが，相続開始前にすることが望ましいばかりか，抵抗も少ないと考えられる。

　定款に会社の売渡請求を規定すれば，会社は相続人等に対して売渡請求をなしうるのである。次に，定款の規定に基づき，会社が相続人等に対し売渡請求をするためには，その都度，株主総会において，売渡請求をする株式の数（種類株式の発行会社にあっては，株式の種類および種類ごとの数），売渡請求の対象となる株式を有している者の氏名または名称について，特別決議による決定を経なければならない（会社法175条1項，309条2項3号）。

　そして，この決議に基づき，会社は相続人等に対して譲渡制限株式の売渡請求をすることができるのである。会社から売渡請求を受けた相続人等は，これに応じなければならないので，売渡請求は法定の売渡強制としての性格を有するものといえる。

　相続人等に対する売渡請求は，会社が相続その他の一般承継があったことを知った日から1年以内に，売渡請求の対象となる株式の数を明らかにしなければならない（会社法176条1・2項）。そのため，特別決議による決定も1年以内という期間内にしなければならないことになる。

　この1年以内という期間内に，会社は特別決議および売渡請求をしなければならないが，株主総会の特別決議を経たからといって，必ずしも売渡請求をしなければならないものではない。1年以内とするのは，相続等による株式の所有関係の安定を図るため早期の売渡請求を要求するのである。そこで，株主総会の特別決議後，通じて1年が経過すれば会社は売渡請求をなしえないことになるから，その意味で，株主総会の決議の効力は失効するものと解される。

　しかし，会社は1年以内に売渡請求をしておけば，いつでも売渡請求を撤回

することができる（会社法176条3項）。そこで，会社は当該株式を取得する必要がなくなったときには，自由に売渡請求を撤回し，株式の買取りを行わないとすることができる。その意味で，売渡請求は解約（撤回）条件付き請求であるといえよう。

この点，撤回の時期には全く制限がないが，売買価格の協議の成立または裁判所の価格決定の確定により解除条件が不成就となり，売買契約の効力は確定的に生じたこととなるから，以後，撤回は認められないことになる。

いつでも，会社が売渡請求を撤回できるとすることは，相続人等の株式保有関係を長期間不安定な状況に置くことになる。この点，売買価格についての協議が不調であるのに，20日以内に裁判所に対し売買価格の決定の申立てをしない場合は，会社の売渡請求は効力を失うことになるが（会社法177条5項），20日以内に当事者が売買価格の協議をしない場合も同様に解される。

もとより，会社と相続人等の間で価格についての合意がなされた場合，あるいは裁判所による価格決定が確定したときは，その価格による売渡しの効力が確定したものと解されるから，以後，撤回の問題は生じないと考えられる。

売買価格は会社と相続人等との協議により定めるのであるが，協議で定まらない場合は，会社または当該相続人等は，請求を受けた日から20日以内に，会社の本店所在地を管轄する地方裁判所に対し，売買価格の決定の申立てをすることができる。そして，裁判所の決定価格が売買価格となる（会社法177条1～4項）。

3　議決権制限株式の利用

(1)　議決権制限株式の概要

議決権制限株式とは，株主総会において議決権を行使できる事項について，異なる定めをした内容の種類株式である（会社法108条1項3号）。つまり，総会決議事項の全てについて議決権を有する普通株式と比べ，株主総会決議事項の

全部または一部について議決権を行使できない株式である。

　議決権制限株式であるためには，定款により株主総会において議決権を行使できる事項，議決権行使の条件を定めるときはその条件を定めなければならない（会社法108条2項3号）。議決権を行使できる事項に関する内容の異なる定めとは，一切の事項について議決権がないとする定めと（完全無議決権株式），一定の事項について議決権を認める定めとがある（一部議決権制限株式）が，いずれも議決権制限株式である。

　議決権制限株式は，議決権制限株式の株主に株主総会の決議に参画することを認めないから，当該株主が株主総会の決議に加わることを排除できるだけでなく，より少ない株式（議決権のある株式）の保有により会社を支配することが可能となる。

　旧商法は，株主総会の決議事項の一部についてのみ議決権を制限できる株式を認めず，全部について議決権のない株式として規定し，しかも利益配当について優先株式として可能とするに止まっていた。これに対し，会社法は定款に定めることにより，決議事項の一部についても制限するという議決権制限株式を認め，しかも，配当優先株とすることを要求することなく，独自の種類株式として認めている。

　また，従来の議決権制限株式は，配当優先株と一体として認められ，しかも配当いかんによって，議決権が復活するという仕組みであったが，会社法は議決権制限株式について，このような制約を設けることなくこれを認めている。しかし，所有と経営が分離している上場会社にあっては，議決権制限株式を用いることには疑義があるばかりか，買収防衛策を主眼とする導入に懸念が示されている。これに対し，中小企業においては，創業者とその後継人が企業を所有し，会社を経営するという所有と経営が未分離の状態にあることから，議決権制限株式を導入することには，それなりの合理性が認められる。

　議決権制限株式には，完全無議決権株式（議決権のない株式）と一部議決権制限株式とがあるが，議決権制限株式であるためには，定款により，議決権制限株式であること，さらに，一部議決権制限株式の場合は，議決権の行使事項を

定めなければならない（会社法108条2項3号）。多くの場合，一部議決権制限株式は，取締役の選任および解任について，議決権の行使を認めない内容の株式である。

公開会社（会社法2条5号）の議決権制限株式の発行数は，発行済株式総数の2分の1以下でなければならないが，公開会社でない会社（非公開会社，全部の株式を議決権制限株式とする会社，全株式譲渡制限会社）については，議決権制限株式の発行数に限度制限はない。多くの中小企業の場合は，全部の株式について議決権制限株式をしていることから非公開会社である。

議決権制限株式を発行するためには，発行可能株式総数，議決権行使事項，議決権行使の条件を定めるときはその条件を定款で定めなければならない（会社法108条2項3号）。

公開会社の場合は，議決権がある株式を保有する少数の株主が，会社を支配することが適正ではないことを理由に，議決権制限株式の総数は発行済株式総数の2分の1以下という制限がある（会社法115条）が，非公開会社（全株譲渡制限会社）についてはこのような制限はない。

そこで，発行済株式総数の2分の1以上の議決権制限株式を発行していた非公開会社が公開会社となった場合は（種類株式の一部が譲渡制限でなくなった場合），議決権制限株式を2分の1以下にしなければならない。

あるいは，公開会社において後発的な事情により，議決権制限株式の数が発行済株式総数の2分の1を超えるに至った場合は，これを2分の1以下にする措置を必要とする。

議決権制限株式の趣旨は，当該株式の株主が総会決議を通じて会社経営に関与することを排除することを目的とするから，当該株主の経済的利益の確保を優先することによりバランスを図るべきである。そこで，議決権制限株式と剰余金の配当についての優先株式と組み合わせるという方法によることが合理的であると考えられる。

完全無議決権株式の株主は，議決権行使ができないから総会決議に関する全ての事項について権利行使ができないから，株主総会の招集請求権や株主提案

権を有しない。一部議決権制限株式は，議決権を行使できない事項については，それとの関係で権利行使をすることができない。

しかし，議決権制限株式の株主であっても，議決権を前提とし，または議決権と関係しない権利については行使することができる。経営には関与できないとしても，経営者（後継者）の会社経営に対する監督是正権を有しているので，会計帳簿の閲覧等請求権や取締役の責任追及訴訟（株主代表訴訟）の提起権などを有している。

(2) 議決権制限株式と事業承継の円滑化

〔ポイント〕

> * 非後継者の保有株式を議決権制限株式とすれば，非後継者が株主総会における役員の選任などを通じて，会社経営に関与することを排除することができる。また，後継者はより少ない株式で経営支配権を確保することができる。
> * 非後継者の保有株式を議決権制限株式とするためには，経営者が議決権のある株式（多くは普通株式）と議決権制限株式を保有し，前者を後継者に，後者を非後継者に，贈与または相続させるという方法による。

議決権制限株式の株主は，株主総会を通じて会社の支配に影響を与える行動をなし得ないことから，議決権制限株式を利用して非後継者の保有株式を議決権制限株式とすることは，事業承継の円滑化のために有益な手段である。遺留分の関係でも，前経営者（被相続人）が保有する議決権制限株式を，非後継者に保有させることにより，遺留分減殺請求が少なくなると考えられる。

事業承継との関係で，会社法の認めた議決権制限株式を用いて，非後継者の持株を議決権制限株式（特に，完全議決権制限株式）とすれば，株主総会を通じて経営に関与することを排除することができる。しかも，非後継者の保有株式を議決権制限株式とすることにより，議決権を行使できる株式数が減少することから，後継者はより少ない議決権で会社を支配できる。

事業承継を円滑に行うために，議決権制限株式を用いることは後継者が議決権を独占することを意味するが，上場会社の場合と異なりそれは不都合なことではない。とくに，非公開会社の場合には，議決権制限株式が発行済株式総数に占める割合について2分の1という制限がないのも，会社法が議決権の独占を認めた趣旨に沿って理解することができる。

　事業承継を円滑に遂行するためには，後継者が経営支配権を掌握するために必要な議決権を確保する必要がある。後継者に議決権を集中させるためには，非後継者の持株を議決権制限株式とすれば，より少ない株式の保有で議決権の多数を支配しやすくなる。しかも，非後継者である株主が議決権を行使した場合，円滑な会社経営が阻害されるおそれがある。そこで，非後継者の持株を議決権制限株式とするのが効率的である。

　そのため，後継者が議決権のある株式（普通株式）を保有し，非後継者は議決権制限株式を保有するという形態を選択すべきであろう。この場合，議決権制限株式と利益配当（剰余金の分配）優先株式と組み合わせることにより，非後継者は株主総会の決議には関与しないが，優先的に利益配当を受けることができることになる。これにより，後継者は議決権の多数を確保することができるとともに，非後継者などの相続人との関係も円満に維持することができる。また，遺留分減殺請求の問題も生じないであろう。

　中小企業の多くは，全種類の株式を譲渡制限株式にしている会社（非公開会社）と考えられるが，非公開会社の場合は，議決権制限株式の割合についての制限はないから，発行済株式総数の2分の1以上を議決権制限株式とし，後継者とその支持者で議決権のある株式を保有すれば，発行済株式総数の2分の1以下の株式を保有することにより，会社を支配することができるから，株集めをするに際してもコストが少なくてすむ。

　事業承継を円滑に行うためには，後継者が株主総会における議決権の多数を支配する必要がある。そのために，議決権制限株式を用いれば，より少ない株式の保有で議決権の多数を確保することである。その基本的な利用形態は，後継者が議決権のある株式を保有し，非後継者が議決権制限株式を保有するとい

う工夫である。

　事業承継を円滑に行うために，議決権制限株式を利用するためには，経営者に対し第三者割当ての方法で議決権制限株式を発行するなどにより，経営者が議決権のある株式（通常，普通株式）と議決権制限株式を保有する。そして，経営者は，議決権のある株式を後継者に，議決権制限株式を非後継者に生前贈与するという方法，あるいは，遺言によりこれと同様の相続または遺贈をするという方法が考えられる。また，生前贈与も遺言もない場合でも，後継者が議決権のある株式を相続する，非後継者は議決権制限株式を相続するという遺産分割の方法がある。

　また，事業承継後に非後継者の保有株式を議決権制限株式に変更することも，全部取得条項付株式を用いるなどの方法により可能となる。

　もとより，非後継者に議決権制限株式を保有させても，議決権に関係ない権利を有することから，会計帳簿の閲覧等請求権や取締役の責任追及訴訟（株主代表訴訟）を提起することが考えられる。そこで，後継者はこれを懸念して，非後継者株主の排除を考えるであろう。

　この場合，会社または後継者が，非後継者が保有する議決権制限株式を，順次，買い受ける旨を約定しておくことも考えられる。後継者以外の株主が，相続その他の方法で取得した経営に関与できない議決権制限株式を，後継者または会社が買い取るのが円満な処理方法であると考えられる。

4　全部取得条項付株式の利用

(1)　全部取得条項付株式の意味

　全部取得条項付株式とは，種類株式の発行会社が，株主総会の特別決議により，特定の種類の株式の全部を強制的に取得することができる旨が，定款に定められている種類の株式である（会社法108条1項7号）。つまり，種類株式の発行会社が，当該株式の全部を強制的に取得することができるとした種類の株式

である。取得条項付株式のように，当該種類株式の一部を取得することはできない。

　全部取得条項付株式は，本来，債務超過の状態にある会社が既存の株主の持株をなくするとともに（100％減資），併せて新株発行をする（株主の総入れ替え）などのために用いることを想定したものである。その効用は全部取得条項付株式そのものにあるのではなく，これを用いて，ある種類株式を他の種類株式に変更し，あるいは一定の株主の入れ替え，または排除のための手段として用いられるのである。そして，種類株式の発行会社ではこれを利用する機会が多くあると考えられる。

　全部取得条項付株式を発行するためには，まず，普通株式だけを発行している会社の場合，定款変更により種類株式の発行会社となる必要がある。そして，それに併せ，既存の普通株式の全部について，会社が強制的に取得することができる旨の定款の規定を設ける。これにより，普通株式の全部が全部取得条項付株式となる。

　全部取得条項付株式の取得の対価として，現金や取得条項付株式などを交付することは，経営者の経営支配権の維持に役立つことになる。上場会社においては，全部取得条項付株式を買収防衛策として用いることが検討されている。全部取得条項付株式を買収防衛策として用いることは，防衛策の導入と発動の要件との関係でかなり問題がある。これに対し，中小企業の事業承継を円滑に行うために，全部取得条項付株式を用いることは積極的に検討すべきである。

　取得条項付株式との違いは，全部取得条項付株式の取得には株主総会の特別決議を要すること，全部取得条項付株式は全部を取得しなければならないのであり，一部だけを取得することはできない。また，あらかじめ取得事由を定める必要はなく，株主総会の特別決議により取得するのであるが，取得の対価も株主総会の特別決議により決定する。

(2) 全部取得条項付株式の発行と取得手続

　全部取得条項付株式を利用するためには，全部取得条項付株式を発行するた

めの株主総会決議（全部取得条項付株式の発行会社となるため），既存の株式を全部取得条項付株式に変更するための決議（普通株式の株主を全員全部取得条項付株式の株主とするため），全部取得条項付株式を取得するための株主総会決議（全部取得条項付株式の取得と対価の決定のため）が必要である。

　全部取得条項付株式の発行と取得の手続は次のようである。

　ⅰ）　会社が，2以上の種類の株式を発行する旨を決議する。会社が全部取得条項付株式の発行をするためには，定款変更により種類株式の発行会社となる必要がある。

　ⅱ）　既発行の株式（普通株式）を全部取得条項付株式に変更する（多くの場合，普通株式に全部取得条項を付す）ための定款変更手続を必要とする。そのため，1つの種類の株式の全部を，株主総会の特別決議によって，有償または無償で強制的に取得することができる旨（全部取得条項付株式）を，特別決議により定款に設ける。定款には，発行可能な株式総数，取得対価の決定方法，条件を定めなければならない（会社法108条2項7号）。これによりその株式は全部取得条項付株式となり，既存の普通株式の株主全員が全部取得条項付株式の株主になる（全部取得条項付株式とするための定款変更）。

　全部取得条項付株式を発行するための定款変更決議と，既発行の株式を全部取得条項付株式に変更するための定款変更決議を，併せて同一の株主総会で行うことは差し支えない。また，同時に次の全部取得条項付株式を取得するための決議をすることも可能である。

　ⅲ）　株主総会の特別決議により，会社は全部取得条項付株式の全部を取得する（全部取得条項付株式を取得する手続）。この場合，株主総会において，取締役が取得を必要とする理由を説明したうえで，特別決議により取得対価の内容・数額または算定方法（現金が一般的であるが，その他のものでもよい），株主に対する取得対価の割当てに関する事項，取得日を決定することが必要である（会社法171条1項）。全部取得条項付株式の取得を決定する株主総会に先立ち，それに反対の通知をし，かつ株主総会で反対した株主，または株主総会において議決権を行使できなかった株主は，株主総会の日から20日以内に，裁判所に対し取

得（売渡し）価格決定の申立てをすることができる（会社法172条１項）。

　会社は、取得日に全部取得条項付株式の全部を取得する（会社法173条１項）。そして、全部取得条項付株式の株主は、取得日に、対価が株式等の場合は対価である株式等の交付を受け、対価が現金の場合は対価である現金の交付を受けることになる（会社法173条２項）。現金の交付を受ける場合が、キャッシュ・アウトである。

　全部取得条項付株式の取得の対価は、他の種類株式（例えば、議決権制限株式）、現金、社債、その他の財産権であってもよいが、株式を対価とする場合以外は、自己株式の取得となるので財源規制（剰余金の配当可能利益の範囲内）が適用される（会社法173条１項，461条１項４号）。全部取得条項付株式は全部を取得しなければならないから、財源規制との関係から会社が全部取得条項付株式を取得できない（キャッシュ・アウトできない）場合が考えられる。

　このように、発行済株式の全部またはある種類株式について、全部取得条項付株式とする定款変更決議をしておけば、会社は必要に応じ株主総会の特別決議により全部取得条項付株式を取得し、対価として別の種類株式を交付するほか、現金を給付することにより、特定の株主を排除することができる。

　会社が取得の対価を払わず無償で取得することもできる。これは、債務超過の会社などの場合を想定したものであり、100％減資による株主の総入れ替えなどに用いられる。事業承継の関係でも、対象会社が債務超過の場合は、全部取得条項付株式を用いて100％減資をするとともに、新たに後継者等が新株を引き受けて株主となることは理論的には可能である。しかし、この方法は会社が再生段階にあるような特別の状況にないのに、非後継者を排除する手段としてこれを用いることは、株主総会の特別決議を経たとしても、著しく不公正となることから、差し控えるのが賢明である。

(3) 事業承継と全部取得条項付株式の利用

　事業承継を円滑に行うための方法として、全部取得条項付株式を利用することができる。これを用いることにより、非後継者以外の株主の持株を議決権制

第7章　種類株式を利用した事業承継

限株式など他の種類株式に変更することができるほか，現金を交付することにより，非後継者以外の株主を排除することが可能となる。

　事業承継についていえば，全部取得条項付株式それ自体を事業承継に用いるとか，全部取得条項付株式自体が事業承継の円滑化に有用であるというように，全部取得条項付株式の存在自体に意味があるというのではない。これを用いることにより，ある種類の株式を他の種類株式に変更することが可能となることから，これを用いて種類株式を入れ替えたり，非後継者を排除したりすることができるのであり，手段的な意味で事業承継の円滑化に用いることに意味が認められるのである。

　事業承継の場合に，全部取得条項付株式を用いることにより，非後継者の持株を他の種類株式に変更し，後継者と非後継者が異なる種類の株式を保有することが可能となり，また，これを用いて分散している株式を集めることができることに加え，また非後継者その他の一般株主を排除する手段として用いることができる。全部取得条項付株式は事業承継の円滑化のための手段または方法としての利用が可能であるので，事業承継との関係でも重要な意味をもつ。

　事業承継と後継者による会社経営を円滑に行うためには，後継者が議決権のある株式（普通株式）を保有し，非後継者が議決権制限株式等を保有することが望ましいと考えられる。そこで，非後継者の保有する普通株式を議決権制限株式に変更する必要がある。

　この場合，会社は全ての普通株式を全部取得条項付株式に変更し，次いで，株主総会の特別決議により，株主から全部取得条項付株式を取得し，その対価として，後継者には普通株式を交付し，非後継者には議決権制限株式を交付するという方法によることができると考えられる。

　対価として，非後継者に議決権制限株式など他の種類株式を交付するのではなく，現金を交付して排除することができる。これによれば，後継者の経営基盤は極めて強固なものとなる。現金交付の方法（キャッシュ・アウト）は，非後継者に不利であるとも見られるが，中小企業株式の場合，換価性に乏しいことから，決議に反対な株主には株式買取請求権が認められ，裁判所に対する価格

決定申立権がある（会社法172条1項）ことを加味すれば，これは非後継者の利益になるとも考えられる。

株主から全部取得条項付株式を取得するためには，取締役は，株主総会において全部取得条項付株式の取得を必要とする理由を説明しなければならないが，円滑な事業承継のために必要であるというように，ある程度抽象的な理由になるのはやむを得ないであろう。

非後継者を排除する方法として，全部取得条項付株式を用いる方法のほかに，多数の株式を併合して，非後継者の持株を1株未満の端数株とし，それを一括換価して，売却金を分配するという方法が考えられる（会社法235条2項）。しかし，非後継者の持株が端数株となるような極端な株式併合は公正ではないばかりか，裁判所に対する価格決定申立権を封じるという趣旨であれば，極めて妥当性に欠けるから推奨することはできない。むしろ，単元株式を用いて，単元未満株主に，買取請求権を行使させる（会社法192条，193条）という方向で，現金を交付して非後継者を排除するという方法によるべきであろう。もっとも，1単元の株式数の上限は，1,000株であることから，これによりうるのは，非後継者の持株数が1,000株以下の場合に限られる。

5 取得条項付株式と取得請求権付株式の利用

(1) 取得条項付株式の利用

① 取得条項付株式の発行

取得条項付株式とは，一定の事由が生じたことを条件に，会社が株主から当該株式を強制的に取得することができる株式である（会社法108条1項6号）。

会社が取得条項付株式を発行するためには，定款で，ⅰ）一定の事由が生じた日に，会社がその株式を取得する旨およびその事由（会社が別に定める日の到来を一定の事由とするときは，その旨），ⅱ）株式の一部を会社が取得するときは，その旨および取得する株式の一部の決定方法，ⅲ）会社が株式1株を取得する

第7章　種類株式を利用した事業承継

のと引換えに当該株主に対し交付する対価の内容（対価は金銭である場合が多いが，対価には制限がないから，会社の他の株式である場合もあり得る），数額等または算定方法を定めなければならない（会社法107条2項3号）。

　定款に定めることにより，取得条項付株式の一部を取得できる場合は（会社法107条2項3号ハ），会社はどの株式を取得するかを決定し，その株主に対して，直ちに通知することが必要である（会社法169条2・3項）。

　会社があらかじめ定めた一定の事由が生じた場合に，会社は取得条項付株式を強制的に取得できるのであるが，対価は他の種類株式，社債，現金等であるが，対価の内容は定款で定められているから，対価について争いが生ずることはない。しかし，他の種類株式以外のもの，多くは現金を交付する場合は，自己株式取得の財源規制が働くから，配当（分配）可能利益の範囲でなければ，会社は取得条項付株式を取得することができない。

　取得条項付株式にすれば，あらかじめ定めた事由が生じたことにより，会社はあらかじめ定めた対価により，当該株式を取得することができるが，反面，取得条項付株式の株主となる株主の利益を害するおそれがある。そこで，定款を変更して，発行済株式総数の全部を取得条項付株式にする場合は，株主全員の同意（会社法110条），ある種類株式を取得条項付株式にする場合は，当該株主全員の同意を必要とする（会社法111条1項）。

②　事業承継と取得条項付株式

　取得条項付株式を，事業承継を円滑に行うために利用することができる。それは，後継者以外の株主または相続人株主（相続により株主となった場合）の持株を取得条項付株式にしておいて，「一定の事由」が生じたときに（会社法107条2項3号），会社が取得条項付株式を取得することができるように制度設計すればよい。

　条件となる「一定の事由」の定め方であるが，事業承継の開始というように停止条件型と，事業承継が開始してから何年が経過したときなどと定める場合がある。会社が別途定める日の到来したときとすることも可能であるが（会社法107条2項3号ロ），会社が別途定める日の多くは，事業承継後何年が経過した

ときということになろう。いずれにしても，一定の事由（取得事由）の発生により，自動的に会社が取得条項付株式を取得することになるとされている[1]。

会社が取得条項付株式を取得する対価として，その株主に議決権制限株式などの他の種類株式を交付することにより，事業承継と会社経営を円滑に行うことを期待することができる。

交付すべき対価には制限がないから，現金を交付することにより，当該株式の株主を排除することが可能となる。この方が，事業承継と会社経営を円滑に行うのに適しているかもしれない。ただ，会社が対価として他の種類株式を交付する場合は財源規制の適用を受けないが，対価として現金を交付する場合は，分配可能額という自己株式取得の財源規制を受けるから（会社法170条5項），財源がない場合は，一定の事由が発生しても，会社は取得条項付株式を取得することができないことに注意しなければならない。

会社が取得した取得条項付株式は自己株式となるが，会社が取得条項付株式を保有しても特別に意味がない。そこで，多くの場合，会社は取得した取得条項付株式を消却することになろう。

(2) 取得請求権付株式の利用

① 取得請求権付株式の発行

取得請求権付株式とは，株主が，会社に対して当該株式の取得を請求することができる内容の種類株式である（会社法108条1項5号）。これは，株主から会社に対し買取りを請求できる株式であって，一定の事由の発生により，会社が取得することができる取得条項付株式とは異なる。

会社が取得請求権付株式を発行するためには，株主総会の特別決議で定款を変更しなければならない（会社法309条2項11号）。その際，定款で，ⅰ）株主が会社に対し，株主が有する株式の取得を請求できる旨，ⅱ）取得請求権付株式の種類と種類ごとの数，ⅲ）会社が1株を取得するのと引換えに当該株主に対

---

[1] 江頭憲治郎・前掲『株式会社法』148頁，江頭憲治郎ほか『会社法大系2』〔豊田裕子〕80頁。

し交付する対価の内容（対価は金銭である場合が多いが，対価には制限がないから，会社の他の株式である場合もあり得る），ⅳ）会社に対して取得を請求できる期間を定めなければならない。

　株主が，取得請求権付株式の種類・数を明らかにして，取得請求をした場合は，会社は請求時に当然に取得請求権付株式を取得し（取得請求権の性質は形成権である），当該株式は自己株式となる。そして，請求株主は対価を取得することになる。ただし，対価が現金の場合は財源規制がある。

　株主が会社に対して，取得を請求することができる株式であるが，その対価は，発行時に定款で定めなければならないが，現金に限らず，社債や他の種類株式等であってもよいが，多くの場合は，対価は現金の支払いとなる。そこで，自己株式の取得の財源規制を受け，買取価格が分配可能額を超えている場合は，株主は会社に対し買取請求権を行使することができない（会社法166条1項）。

② 　**事業承継と取得請求権付株式**

　会社法上，株主が株式買取請求権を行使し，または買受人の指定を求めることができる場合は限られている。そこで，中小企業（非上場企業）が取得請求権付株式を発行することにより，株主が会社に対して取得請求することが可能になり，株主に対し投下資本の回収の機会を与えることになるから，株主の利益確保の観点からは好ましいといえよう。

　事業承継との関係でいえば，非後継者が保有する株式を取得請求権付株式とし，株主の取得請求により会社が取得することは，非後継者等の株主が保有する株式数を減らし，株式を集中させることになるから，事業承継の円滑化に用いることができる。

　会社が取得した取得請求権付株式は自己株式となるが，その処分として，会社は後継者に売り渡すことも可能である。それにより，後継者はより多くの自社株式を取得することができる。

　事業承継に際し，後継者が非後継者等の保有する自社株式を買い取るとか，会社が自己株式として取得することが，事業承継を円滑に行うために必要な場合が少なくない。しかし，後継者または会社が一度に大量の株式を取得するこ

とは，資金（取得財源）との関係で難しい場合が多くある。

そこで，非後継者の持株を取得請求権付株式としておいて，会社が取得財源を確保した都度，株主に取得請求権を行使させて会社が当該株式を取得して，自己株式として保有するという方法が考えられる。そして，後継者が取得資金を調達した場合に，会社は保有する自己株式を後継者に売り渡すことになる。後継者は，取得して保有する取得請求権付株式をそのまま保有してもよいが，取得請求権付株式としての目的を達成し，使命を終わっていることから，普通株式に変更することが考えられる。

次に，事業承継目的で取得請求権付株式を利用する場合として考えられるのは，経営者（被相続人）の主要財産として，自社株式しかない場合に，これを全て後継者に承継させたのでは，他の相続人は相続する財産がなく，遺留分を侵害することにもなる。そこで，取得請求権付株式を発行して経営者が保有し，これを，贈与または相続により他の相続人に取得させる。他の相続人は，取得した取得請求権付株式を相当期間保有した後，請求権を行使して会社に取得を請求し，会社から現金の交付を受けるという方法によることが可能となる。

6　その他の種類株式の利用

(1)　拒否権付株式の利用

①　拒否権付種類株式の意味

拒否権付株式というのは，定款により，取締役会決議または株主総会の決議等について，当該種類株式の株主に拒否権を認める種類の株式である（会社法108条1項8号）。株主総会の決議や取締役会等の決議事項について，決議が効力を発生するためには，その決議のほかに種類株式の株主による種類株主総会の決議（その種類株式の株主が1人の場合は承認を受ける）を要する種類株式である。

種類株式の発行会社において，ある種類の株式の内容として，株主総会（取締役会設置会社にあっては，株主総会または取締役会）において決議すべき事項につ

いて，当該決議のほか，当該種類の株式の種類株主を構成する種類株主総会の決議があることを必要とする旨の定めがある場合，当該事項は，その定款の定めに従い，株主総会または取締役会の決議のほか，当該種類株式の種類株主を構成員とする種類株主総会の決議がなければその効力が生じないという種類の株式である（会社法323条本文，84条本文）。

　拒否権付株式を発行すれば，拒否権付株式の株主による種類株主総会の決議（種類株式の株主が１人の場合はその同意）がなければ，株主総会の決議や取締役会決議だけでは会社の重要事項が決定しえなくなる。拒否権付株式の株主の承認なければ，株主総会等の決議の効力が生じないから，少数の種類株式の株主の意思により，会社の意思決定の効力発生を阻止し得るという強力な効力をもつことから黄金株とよばれている。

　拒否権付株式は，有効に利用すれば大きな効果を得ることができるが，大多数の株主の意思が，少数の拒否権付株式の株主により左右されることから弊害が生ずることが予測される。そこで，拒否権付株式を採用することは慎重であることが要求されるとともに，拒否権付株式の株主は，自己の利益本位で拒否権を行使（承認の拒否）すべきではなく適正な判断が要求される。

② **事業承継と拒否権付種類株式の利用**

　事業承継と拒否権付株式の利用であるが，後継者以外の株主に普通株式（議決権のある株式）を保有させる場合でも，後継者の持株の全部または一部を拒否権付株式とする方法がある。拒否権付株式を利用することが，中小企業における後継者の円滑な事業承継に役立つことがあるが，反面，会社の円滑な経営を阻害するとか，拒否権付株式の株主の独走を許すという弊害も生ずる。

　経営者（後継者）が議決権の過半数を支配（保有）している場合は，一般的にいえば，拒否権付株式を利用する必要は少ない。しかし，議決権制限株式が普通株式に変更（転換）された場合，第三者割当ての新株発行（募集株式の発行）がなされた場合，株式の一部譲渡などにより，議決権の過半数を失うこともあるから，このような場合に備えて拒否権付株式を利用する必要があるほか，経営者の死亡による株式の分散に備え，後継者に拒否権付株式を相続または遺贈

する必要性が考えられる。

　その他、事業承継との関係で、拒否権付株式を利用する必要がある場合として、前経営者が後継者に事業を譲渡した後も、拒否権付株式を保有することにより、後継者の独断専行的な会社経営の防止、拒否権付株式により監督是正権的機能を発揮することが可能となるといわれている。それにより、後継者をチェックすることが可能となるから現実的であるといえる。

　しかし、事業承継が安定した後、一定期間が経過すれば、前経営者は後継者に拒否権付株式を譲渡するか、または、会社がこれを取得し、消却することにより拒否権付株式を消滅させることが必要であろう。

　前経営者が、拒否権付株式を保有したままで死亡すれば、拒否権付株式が相続により分散する可能性があるから、遺言により後継者に相続させる必要がある。あるいは、拒否権付株式と取得条項付株式を組み合わせて、前経営者の死亡により、会社が拒否権付株式を取得し、これを消却するなどの工夫をすべきであろう。

　拒否権付株式を用いれば、会社の重要事項の決定は、後継者等の拒否権付株式の株主による種類株主総会による決議（当該株主が1人の場合は同意）を必要とする。そこで、会社の重要事項の決定は、拒否権付株式の株主の承認がなければなし得ないことになる。しかし、拒否権付株式の機能は、株主総会の決議等に対する承認であり、承認しないという拒否権であるから、拒否権付株式の株主が積極的に会社の意思決定をするのではない。

　後継者等が拒否権付株式を有するが、議決権の過半数を支配していない場合は、拒否権付株式を有する後継者等と、それ以外の株主との間で会社経営をめぐり対立が生じた場合、拒否権付株式の株主の拒否権行使（当該事項について承認しない）により会社経営が停滞する（デッドロック状態）という懸念がある。また、前経営者が拒否権付株式を有していても、監督是正的機能を発揮しにくい場合がある。

　後継者が議決権の過半数を支配しても、前経営者が拒否権付株式を保有し、あるいは遺言により他の相続人が相続した場合は、後継者による経営の自由度

が妨げられ，かえって経営の円滑化の障害となる場合が考えられる。

　経営者が，その保有する拒否権付株式を後継者に贈与または相続により取得させれば，後継者以外の相続人等が多数の普通株式を保有していても，後継者が拒否権付株式を保有することにより，経営支配権を確保できるというものではない。拒否権付株式は，積極的に経営に関与することを認めるものではないばかりか，かえって株主間に対立を生むばかりか，経営が停滞するという懸念がある。

　多数株主と拒否権付株式の株主間で対立が生じ，会社経営が停滞した場合でも，デッドロック状態を解消する法的手段はない。この点，デッドロック状態を解消するために，拒否権付株式と取得条項付株式を組み合わせて，デッドロック状態となったことを「一定の事由が生じた」ものとして，会社が拒否権付株式を取得するという解決方法が模索されている。

　しかし，拒否権付株式を発行すること自体，デッドロック状態の発生を予定するものであるばかりか，取得条項付株式を組み合わせ，デッドロック状態が発生した場合に，会社が拒否権付株式を強制的に取り上げることができるのでは，何のために拒否権付株式を発行したのかわからなくなる。

　拒否権付株式により，株主総会の決議や取締役会決議の効力を阻止することができるが，反面，闊達な会社経営を阻害するおそれがあるから，拒否権付株式の利用は，これによらざるを得ない事情がある場合に限るべきであろう。もとより，事業承継に際し拒否権付株式の利用が問題になるのは，親族内承継の場合であり，企業を売却する親族外承継の場合は，拒否権付株式の利用を考えるべきではない。

　さらに，注意すべきことは，拒否権付株式を発行する場合は，これが後継者や前経営者以外の者の手に渡れば大変なことになるので，必ず，譲渡制限株式としておかなければならないということである。

(2) 配当優先株式等の利用

　剰余金の配当と残余財産の分配について，他の株式と異なる定めをした種類株式である（会社法108条1項1・2号）。それには，優先株式と劣後株式があるが，その意味は旧商法当時と同様に解することができる。普通株式（会社法は，会社が，普通株式を含めて2種類以上の株式を発行している場合，普通株式も種類株式であるとしている）を基準として，優先的に剰余金の配当または残余財産の分配を受ける株式か，あるいは劣後に剰余金の配当または残余財産の分配を受ける株式かである。

　優先株式あるいは劣後株式を発行するためには，定款で，当該株式の剰余金の配当，残余財産の分配に関する取扱いの内容と発行可能種類株式数等を定めなければならない（会社法108条2項1・2号）。

　事業承継との関係で，利用することが考えられるのは剰余金の配当についての優先株式（会社法108条1項1号）である。それは，他の株式に先んじて剰余金の配当を受けることができる株式である。旧商法では，議決権なき株式とすることにより配当優先株式を認めていたが，会社法は，議決権とは関係なく剰余金の配当優先株式を種類株式として認めたのである。

　後継者による事業承継を円滑に行い，他の相続人等との関係を良好に保つためには，配当優先株式を用いるのが最も適切な措置である。後継者は普通株式を有するが，会社経営に関与しない非後継者（後継者以外の株主）には配当優先株式を保有させることにより，親族間の関係を円満に維持することができる。

　経営者である後継者より，会社経営に関与しない非後継者が優先的に剰余金の配当（利益配当）を受けるとの点については，一般に，後継者は剰余金の配当額とは比較にならない高額の役員報酬を受けることから，十分にバランスは保たれているといえよう。

　非後継者の有する株式を配当優先株式とするのであるが，議決権制限株式と組み合わせるのが効果的である。非後継者は，元々，経営に関心を示さないとか，配当を優先的に受けることに関心をもっているから，自己の持株が配当優先株式であれば，議決権制限株式とすることに異議はないであろう。

会社法の下においても，配当優先株式は議決権制限株式とくに完全議決権制限株式（議決権のない株式）と組み合わせて利用する場合が多いと考えられるが，事業承継の場合もこの方法により円滑な事業承継を可能とする。

　非後継者に，配当優先株式（多くの場合，議決権制限株式と組み合わせる）を保有させる方法として，相続の開始後に非後継者の有する株式を議決権制限株式としたり，非後継者に配当優先株式を割り当て発行するという方法は可能である。しかし，経営者の生前に議決権制限株式を発行して自ら保有し，これを非後継者たる相続人に生前贈与または相続させるのが一般的であろう。

　非後継者の持株を，議決権制限付きの配当優先株式とすることにより，非後継者は議決権を行使することにより経営に関与することはできないが（議決権に関係しない権利を行使することはできる），配当を優先的に受けることにより，事業承継に協力することが期待できることから，種類株式を利用したバランスがとれた事業承継の円滑化のための手法であるといえよう。

　優先株式ではないが，剰余金の配当または残余財産の分配に関する種類株式としてトラッキング・ストックがある。それは，会社が有する特定の完全子会社や事業部門の業績に価値が連動する株式である。配当金額が完全子会社等の業績に連動するから，特定の完全子会社や事業部門の業績が良好の場合は，トラッキング・ストックの株主に有利に作用するが，これとは逆の場合は，配当金額がゼロになることもありうるので，配当優先株式とはいえず，剰余金の配当について異なる定めをした種類株式である[2]。

　事業承継との関係では，会社の特定事業部門の業績が良好である場合には，これと連動させたトラッキング・ストックを非後継者に取得させることにより，その協力を得ることを期待できる。この場合，議決権制限株式との組合せも検討すべきである。

---

(2)　神田秀樹『会社法〔第8版〕』〔弘文堂　平成18年〕73頁。

(3) 種類株主総会により役員を選任できる株式の利用

　当該種類の株式の種類株主を構成員とする種類株主総会において，取締役または監査役を選任することができる種類株式であり（会社法108条1項9号），役員（取締役・監査役）の選任・解任権付種類株式といわれるものである。

　この種類株式は非公開会社（全株譲渡制限会社）で委員会設置会社でない会社について認められるのであって，委員会設置会社および公開会社については認められない（会社法108条1項但書）。それ故，この株式の発行会社が委員会設置会社または公開会社（発行する種類株式の少なくとも，一部について譲渡制限が設けられていない会社）になった場合は，発行済みの当該株式は効力を失うから，すみやかに廃止の手続をとらなければならない。

　役員の選任・解任権付種類株式は，元来，ベンチャー・キャピタルからの投資を促進するものであるが，従来，この種の株式は認められなかったことから，役員の選任・解任は株主間の契約としてこれを行うに過ぎなかったが，会社法はこれを法定し，法律上のものとして認めたのである。

　役員の選任・解任権付種類株式は，元来，ベンチャー・キャピタルの出資に向けた利用を主眼とするものであるが，それにとどまらず，中小企業の経営権確保目的に利用することも可能である。

　この種の株式を有するのは経営者であり，それを事業承継に際して後継者に贈与または相続させるという利用方法が一般的であると考えられる。会社が役員の選任・解任権付種類株式を発行し，経営者がそれを保有して，事業承継にともない後継者に承継させれば，経営者とその後継人によって，経営権を永続的に確保することができるのである。もとより，それには，弊害が発生することも予測しなければならない。

　役員の選任・解任権付株式が自由に譲渡され，第三者が取得すれば会社経営上支障が生ずる。そこで，この種類株式が第三者に渡ることを防止するために，譲渡制限株式とする必要があるが，法律上，この株式は非公開会社でなければ発行することができないから，譲渡制限によりガードされている。ただ，相続によりこの株式が非後継者の手に渡った場合は，相続人に対する売渡請求によ

り対処すべきである。

　この点，この株式が相続等により非後継者が取得した場合を，「一定の事由」が生じた場合とする取得条項付株式と組み合わせて，かかる場合に会社がこれを取得して，消却するということが考えられる。

　役員の選任権付株式を発行した場合，取締役と監査役の選任は当該種類株式の株主総会でなされるのであり，全体としての株主総会で選任しない。

　種類株主総会で選任された取締役等の役員は，その種類株主総会でいつでも解任できるから，役員の選任権および解任権付株式ということができる（会社法347条1項）。その意味で，この株式は拒否権付株式（会社法108条1項8号）と同様の機能を有するといえよう。

　役員の選任・解任権付種類株式の総会で，役員の選任と解任を行うことは，当該種類株式の株主は，役員の選任と解任を通じて会社支配を行うことを可能とする。また，前経営者が事業承継後に，後継者が経営者として不適格であると判断した場合に，経営権を取り戻す必要が考えられる。このような場合に備えて，役員の選任権・解任権を留保するために，この株式を利用する実際上の理由がある。

　一定の期間，前経営者が役員の選任権付株式を保有することにより，事業承継が成功であるか否かを見極めるとか後見人的立場に立つことは必要であると考えられ，拒否権付株式によるよりは合理的であるかもしれない。

　しかし，事業を承継人に譲った後も，前経営者がこの株式を保有し，会社経営を支配することは必ずしも円滑な事業承継にとって有用とはいえず，これでは，到底，経営承継がなされたといえない場合もありうる。そこで，経営権の取り戻しの必要がなくなった場合には，すみやかに消却すべきであろう。

　事業承継との関係では，事業承継人が議決権の3分の2以上，しかも，過半数を確保することさえも難しいと予測される場合でも，後継者が役員の選任権付株式を保有することにより，その意思による役員の選任権と解任権を通じて会社の支配権を確保することができる（後継者だけが，役員の選任権付株式を有している場合は，その意思決定により）。

役員の選任・解任権付株式を定めた定款の規定は，会社法または定款で定めた取締役の定員を欠いた場合において，右定款の規定により所定の員数に足りる数の役員を選任することができないときは，廃止されたものとみなされる（会社法112条1・2項）。そこで，原則に戻り株主総会で役員を選任することになる。そうしなければ，役員の選任・解任権付種類株式により，会社の経営に重大な支障が生ずるから，これを回避するためである。

(4) 人的に異なる取扱いが可能な種類株式の利用

非公開会社（全株譲渡制限会社）においては，定款に定めることより，ⅰ）剰余金の配当または残余財産の分配を受ける権利に関する事項，ⅱ）株主総会における議決権に関する事項につき，株主ごとに異なる取扱いをすることが認められている（会社法109条2項，105条）。

非公開会社である中小企業の特性を生かしたものであるが，会社法はこの種の株式を種類株式の基本類型に含めず，定款による株主ごとの異なる取扱いとして認めていることから属人的定めということができる。もっとも，会社法は，かかる属人的定めをした株式を，剰余金の配当または残余財産の分配，議決権の行使に関する事項については，内容の異なる種類の株式（種類株式）とみなしているから（会社法109条3項），種類株式の一種となる。

同一種類の株式の株主間においても，定款に定めることにより，剰余金の配当または残余財産の分配，議決権の行使に関して，株主ごとに異なる取扱いをすることが認められるのである。それは，株主平等の原則の例外となるが，同一種類株式について株主間で弾力的な取扱いをすることが可能となる。

ⅰ），ⅱ）の事項につき，株主ごとに異なる取扱いをすることを定款に定めるためには，株主総会における定款変更決議（特別決議）のほかに，総株主の半数であって，総株主の議決権の4分の3以上の多数の賛成が必要である（会社法309条4項）。これは，属人的な定めは，株主の権利に大きく関係し，株主平等の原則との関係も生ずることに配慮したものと考えられる。

ⅰ）の具体例として，剰余金の配当または残余財産の分配を持株数に関わら

ず全株同額とする，原始株主等特定の株主を持株数以上の割合で優遇するなどであり，ⅱ）の具体例として，持株数に関わらず，全株主の議決権数を同じにする，特定の株主の所有株式について1株複数議決権を認めるなどである[3]。

　事業承継を円滑に行うために，人的属性によるこの「みなし種類株式」を利用することを検討すべきである。ⅰ）の利用として，後継者以外の株主について，持株数以上の割合で剰余金の配当を行うなどの優遇措置を講ずることにより，事業承継について協力を求めるなどが考えられ，ⅱ）の利用として，後継者の所有する株式については，非後継者等の株主よりも多くの議決権を与えることに利用することが考えられる。

　これは，後継者が保有する株式については，1株当たり複数の議決権を認めることにより（属人的定めにより，複数議決権株式を作り出す），後継者の議決権数を多くして，後継者の会社支配権を確保し，事業承継の円滑化と経営の安定化を図ることに役立つと考えられる。もっとも，これは非後継者等株主の権利を縮小することになるから，ⅰ）による剰余金の配当についての優遇措置と抱き合わせるのが，適正であるといえよう。

(5) 複数議決権株式の利用

　事業承継人の所有する株式について，複数の議決権を有することにすれば，後継者の経営支配権の確保は容易になるが，会社法上，1株1議決権の原則により複数議決権株式は認められない。しかし，会社法上の手段を用いることにより，複数議決権株式を認めたのと同様の状態を作り出すことは可能である。

　第一は，単元株を利用する方法である。会社は，定款により，一定数の株式を1単元の株式とすることができるから，株主総会の特別決議により，定款を変更（追加的変更）して単元株式制度を採用することができる（会社法188条1項）。

　単元株式によれば，1単元の株式に1個の議決権を認め，単元未満の株式には議決権が認められない（会社法188条1項，308条1項但書）。そして，1,000株を

---

[3] 江頭憲治郎・前掲『株式会社法』157－158頁。

超える数の株式を1単元とすることができないから（会社法188条2項，会社法施行規則34条），1単元は1,000株以下に設定しなければならないとの制約がある。

　会社が種類株式の発行会社となることを必要とするが，種類株式の発行会社となった場合は，株式の種類ごとに単元株式数を定めなければならないから（会社法188条3項），種類株式と単元株式の組合せ利用という方法である。

　会社が種類株式を発行し，種類株式ごとに単元株式数が異なる取扱いをすることにより，複数議決権株式と同様の状態を作り出すことができる。そこで，これにより，複数議決権株式を認めたのと同様の効果を期待することができる。

　例えば，A種類株式については，500株を1単元とし，B種類株式については，1,000株を1単元とすれば，1単元について1個の議決権を有するのであるから，A種類株式の株主は，B種類株式の株主の2倍の議決権を有することになる。そこで，後継者がA種類株式を保有すれば（後継者の保有株式をA種類株式にする），後継者はB種類株式を有している非後継者の2倍の議決権を有することになる。

　次いで，株式の分割を行えば，後継者はさらに多くの議決権を有することになる。例えば，事業承継人と非事業承継人の議決権の比率が2個対1個であったものが，1株を2株に分割すれば，議決権の比率が4個対2個になると考えられる。

　取締役は，定款変更のための株主総会において，単元株式数を定めることを必要とする理由を説明しなければならないが（会社法190条），事業承継と会社経営を円滑にするとの抽象的な説明によらざるを得ないであろう。多くの場合，株主はその理由を知っているから，当該単元株式数とすることの賛否は株主の判断に委ねることになる。

　第二は，前述の非公開会社（多くの中小企業は，全株譲渡制限株式であるから非公開会社である）における属人的定めにより，複数議決権株式を作り出す方法である。これにより，後継者が保有する株式については，1株当たり複数の議決権を認めるという複数議決権の利用により，後継者の議決権数を多くすることにより，後継者の会社支配権を容易にするという手法である。

7 事業承継と種類株式等利用の留意点

(1) 種類株式等の利用上の留意点

　後継者による事業承継を円滑に行うために，種類株式を利用することができるのであるが，それは法的に可能であるというのにとどまり，種類株式を利用して，当然に非後継者等の株主の権利を制限することが許されるわけではなく，また，非後継者などの少数株主を排除して，株式を会社または後継者に集中させることが当然に許されるのではない。

　事業承継を円滑に行うために必要であることに加え，種類株式を用いる方法の相当性と合理性が要求される。必要性・相当性・合理性がないのに，種類株式を用いて非後継者等の株主を排除し，またはその権利を制限することは，株主総会の特別決議などの手続を経ていても，違法となり，差止めという法的なリスクが存在することは否定できない。しかも，これでは，到底，円満な親族関係の維持は難しく，経営者の死亡により親族関係が断絶するという不幸な結果を生むことになる。

　とくに全部取得条項付株式を用いてキャッシュ・アウトすることが，当然に許されるものではない。非後継者などを濫用的な企業買収者と同一に取り扱うことは許されないばかりか，中小企業の事業承継を上場企業のＭＢＯと同じように考えることはできない。そこで，事業承継においてキャッシュ・アウトの手法を用いるとしても，それはとくに必要な場合に限られ，しかも公正な対価が支払われることが要求される。

　親族内事業承継は，経営権の承継の観点からみれば，非上場会社における支配株主の変更である。後継者が，前経営者から支配株式と経営権を承継する会社支配権に関する取引である。取得方法は異なるが，企業買収としてなされる企業内承継や第三者に対する企業の売却（Ｍ＆Ａ取引）と共通している。

　後継者以外の株主の排除については，上場会社の企業買収における残存少数

株主の排除と同様の問題が生ずるが，上場企業の残存少数株主の排除は，対価の適正により正当化されるとしても，中小企業の事業承継とくに親族内承継の場合は，後継者による事業承継の円滑化のために，他の相続人などの株主を当然に排除できるかは疑問であり，また対価の正当性の確保の問題が生ずることがある。要は，後継者は支配株主としてどう行動すべきかという問題である。

次に，忘れてはならないのは，非後継者株主が共同相続人の場合は，前経営者（被相続人）の債務や会社のための保証債務を相続しているということである。これをそのまにした状態で，後継者の事業承継を円滑に行うために会社から排除し，またはその権利を制限することは公正ではないといえよう。

共同相続人たる非後継者株主が，少なくとも保証債務との関係で，会社経営に関心を持つのは当然であり，そのために株式を保有し後継者による会社経営に対し，監督是正権を行使することは是認されるべきであるのに，それを封じることは問題であるといえよう。

(2) 単元株式・株式併合の利用と留意点
① 事業承継目的の単元株式・株式併合の利用

非後継者などの株主の権利を制限し，または排除するために，単元株制度を利用して単元未満株式として議決権行使を認めないとする方法と，極端に多数の株式を1株に併合するという株式併合を用いて，非後継者などの持株を1株未満の株式とし，端数株についての換価代金を少数株主に交付する方法（端数株スキーム），が考えられる。

この方法によることについては，必要性だけではなく，相当性についてもかなり疑義がある。作為的に，一単元に満たない株式にするとか，1株未満の株式となるように操作することが許されるのは，よほど正当理由が存在する場合とか，他に方法がない場合に限られるであろう。

② 単元株式を用いる方法

単元株とは，一定の株式数をまとめたものを1単元とする制度である。単元株制度を採用した会社については，株主は1単元につき1個の議決権を有する

が，単元未満株式については議決権の行使が認められない（会社法189条1項）。

　事業承継の円滑化のために，単元株式を用いることにより，非後継者等の持株を単元未満株式とすることにより，議決権を奪うことができるだけでなく，定款で定めることにより，その他の共益権を奪うことは理論的には可能であるといえよう（会社法189条2項）。

　単元株式を採用するためには，定款変更のための株主総会の特別決議が必要であるが，非後継者等の議決権を奪うために，作為的に単元株式を採用するためのかかる決議は株主権の濫用であり，決議が無効であるとか，後継者が決議に参加した場合は，利害関係の決議参加による不当決議取消しの問題が生ずることが避けられないであろう。

　非後継者等の株主の議決権行使を排除するためには，議決権制限株式によるべきであるから，作為的に単元株式を用いるべきではない。単元株式は，かかる利用を考えた制度ではない。しかも，単元株式数の上限は1,000株であるから（会社法施行規則34条），零細な株主（株式併合を先行させれば，零細株主を作り出すことは可能）でなければ単元未満株式とすることができないから，実際上，事業承継目的で単元未満株式を作り出す実益は少ないといえよう。

③　株式併合による方法

　株式併合とは，数個の株式を合わせてより少ない数の株式とする（例えば，2株を1株とする）ことであるが，株主の利益に重大な影響を与えることから，株主総会の特別決議を必要とする（会社法180条，309条2項4号）。

　事業承継の円滑化目的で，分散した株式を集中するために株式併合という方法を用い，株式の併合比率を1株に満たないように調整し，少数株主（非後継者など）が併合により交付される株式を端数株とし，端数株を会社が買い取り，その代金を端数に応じて各人に分配すればよいとの発想である。

　事業承継目的で，少数株主（非後継者など）や後継者の会社経営に非協力的な株主を排除するための方法として，このやり方は考えられなくはないが，他に種類株式を利用する方法があるのに，かかる目的を達成するために極端な株式併合を用いるべきではない。非後継者等の締め出しを目的とした株式併合決議

は不当であるから，特別決議がなされたとしても，多数決濫用を理由とする総会決議の取消し原因となりかねない。

　非後継人等の株主を排除するために，端数株を生じさせるような併合をするためには，極めて多数の株式を併合しなければならない。しかし，併合後の1株が極端に大きいため，一部の大株主を除き，大部分の株主は端数株主になるようなやり方は，株主平等の原則違反の問題が生ずる[4]。

　そこで，非後継者などの株主を排除するためには，各種の種類株式の利用が考えられるから，問題の多い株式併合という方法による必要は少ないであろう。

---

[4]　江頭憲治郎・前掲『株式会社法』126頁。

第8章
会社の組織再編を用いた事業承継

1 会社分割による事業承継

(1) 会社分割の意味と必要性

　会社の組織再編・変更として，会社分割，合併，株式交換・株式移転があり，また，同様の機能が期待できるものとして事業譲渡がある。これらを，中小企業の事業承継を円滑に行うための方法として用いることが可能であるが，その中でも，事業承継との関係で一般的に利用されるのが会社分割である。合併，株式交換などは，主としてM&A取引の場合に利用されるのに対し，会社分割は親族内承継だけでなく，企業内承継（MBO，EBO）やM&A取引により企業を第三者に売却する場合についても用いることが可能である。

　会社分割の特徴は，合併と異なり会社が複数の事業を営んでいる場合に，特定の事業や財産部分のみを切り離して承継させることができることから，複数人に事業承継をさせる場合に用いることができる適切な方法であるといえる。

　会社の分割とは，会社の事業の一部を切り離して他の会社に承継させる方法である（会社法2条29号，30号）。1つの会社を2つ以上の会社に分割することであるが，それには，分割会社（分割する会社）が，分割会社の事業に関して有する権利義務の全部または一部を一般承継の形で，既存の会社（承継会社）に承継させる形態（吸収分割）と，新しく設立した会社（新設会社）に承継または移転させる場合とがある（新設分割）。

　会社分割の対象となるのは，事業に関して有する権利義務の全部または一部

であるから，会社分割の対象は事業自体ではない。この場合の，「事業に関して有する権利義務の全部または一部」は，事業譲渡の場合の「事業」の意味と同様に解すべきであろう。

会社分割には，物的分割と人的分割という2つの方法がいわれているが，一般に，物的分割というのは，会社分割の対価となる株式等が分割会社に交付される場合であり（分社型分割），人的分割というのは，それが分割会社の株主に交付される場合である（分割型分割）と理解されている。

この点，会社法は，人的分割の場合には，対価はいったん分割会社に交付され，それが分割会社からその株主に剰余金として配当する（金銭以外の場合は，現物配当）という構成をとっている。そこで，会社法の下では，会社分割とは物的分割を意味することになる[1]。

会社分割のためには，当事会社間で吸収分割契約書，新設分割契約書を作成し，分割の効力が生ずると定めた日までに，それぞれの会社において特別決議により承認を受けることが必要である。ただし，分割会社または承継会社の株主に与える影響が少ない簡易分割（承継させる資産が所定の方法で算定した額の5分の1以下，承継会社においては交付する株式等の額が5分の1以下）については株主総会の決議は不要である。また，略式分割（吸収分割の一方が他方の10分の9以上の議決権を有している場合）については，従属会社の株主総会決議は不要である。

会社分割に反対の株主と新株予約権者には，株式買取請求権（簡易分割の場合を除く）が認められている。分割会社の債務が吸収分割，新設分割により分割会社と承継会社・設立会社に振り分けられることから，債権者に不利になる場合があるから，会社債権者に異議申立て権が認められている。

会社の事業が複数あり，その一部について事業を承継させる方法として，会社分割のほかに事業の一部譲渡（会社法467条1項2号）による承継方法がある。しかし，会社分割は会社組織の再編成であることから，事業の一部譲渡に比べ

---

[1] 神田秀樹・前掲『会社法』312－313頁。

て，消費税や不動産取得税，登録免許税等のコストが軽減され，また分割会社が債務を重畳的に引き受けることにより債権者に不利益を与えない場合は，異議についての公告や催告手続等の債権者保護手続が不要であり（会社法789条1・2項，810条1・2項），手続負担が軽減されていることから[2]，会社分割の方法を選択すべきであると考えられる。

(2) 会社分割による事業承継
〔ポイント〕

> 事業を2つ以上に分け，別々の後継者に承継させるとか，一部を売却し残部を残しておきたい場合は，会社分割を利用する。会社分割により，分割会社（元の会社）が承継会社または新設会社から交付を受けた株式を，現物配当または全部取得条項付株式を用いて，分割会社の株主に交付するが，分割会社の株式の多くを有する経営者は，多くの株式の交付を受けることになる。
>
> 経営者は，交付を受けた株式の全部または一部を，承継会社または新設会社により事業承継する後継者に，贈与または遺言により承継させる。

会社分割は，経営が多角化した企業が経営効率の向上，不採算部門の切り離しなどを目的として行うのであるが，M&A取引とか中小企業の事業承継の手段としても用いることができる。親族内承継の場合でも，相続や会社経営権をめぐり親族間に争いが生ずることがある。そこで，会社を分割して，別会社に帰属させ，複数の相続人がそれぞれを承継する方法を用いることを検討すべきである。

会社が複数の事業を行っているときに，経営者が複数の事業承継人（後継者）に事業を分けて別々に承継させたいとき，あるいは複数の相続人が事業を共同で承継した後に，分社化により事業を分けてを承継するということが考えられ，

---

[2] 彦坂浩一「中小企業における会社法制を活用した事業承継対策について」『自由と正義』59巻8号41頁。

そのために用いる手段が会社の分割であることから，実際の需要も多くなるものと考えられる。

対象会社がその有する権利義務の全部または一部を分割して，既存の承継会社（承継会社）または新たに設立した新会社（設立会社）に承継させることにより，複数の事業承継人（後継者）に対し事業を分けて別々に承継させることができるが，事業の一部を親族内承継とし，残余の事業を企業内承継または第三者に売却することも可能となる。

複数の推定相続人が，経営者（多くは父親）の下で会社事業に関係している場合に，1人だけを後継者とすることは適正でないばかりか，兄弟間の不和を生む原因にもなりかねない。共同経営者として事業承継を行い，共同経営が成功している事例があるが，反面，対立が生じ会社経営に障害が生ずることもある。そこで，会社が複数の事業を営んでいる場合は，複数の後継者を指定し，別々の事業を承継させるために会社分割を用いることを検討すべきである。

事業承継目的の会社分割の方法として，経営者が会社分割を行い，分割会社と承継会社(設立会社)に分けて，複数の後継者にそれぞれ承継させる場合と，複数の後継者が事業を承継した後に，分割会社を行う場合とがある。

分割会社（既存会社）の事業承継人（後継者）は，分割会社の円滑な事業承継のために，会社分割と全部取得条項付株式を組み合わせることにより，分割会社の事業承継人以外の株主の全部または一部を排除することができる。分割会社は，全部取得条項付株式を発行し，全部取得条項付株式の取得と引き換えに，事業承継人および分割会社に残したい株主に対しては普通株式を交付し，それ以外の株主に対しては，分割会社が承継会社または新設会社から対価として交付された承継会社または新設会社の株式を交付し，分割会社との株主関係を消滅させることになる。

これにより，これらの株主は，完全に分割会社の株主から承継会社または新設会社の株主になり既存会社との関係がなくなる。そこで，分割会社は新設会社と株主関係を持たないことになり，会社分割により2つの会社が完全に独立することになる。

会社分割により，承継会社または新設会社は，分割会社から事業に関して有する権利義務の全部または一部を譲り受けるが，吸収分割の場合は，その対価として分割会社に対して承継会社の新株その他の財産を交付し，新設分割の場合は，その対価として分割会社は新設会社の株式の交付を受けその株主となる。

　そして，分割と同時または分割後に，分割会社は交付を受けた承継会社または新設会社の株式を，現物配当として（剰余金の配当規制を受ける）分割会社の株主に交付することができ[3]，また分割会社は交付を受けた承継会社または新設会社の株式の全部または一部を，会社分割が効力を生ずる日に，全部取得条項付株式の取得対価として，分割会社の株主に交付することが可能である[4]。

　このように，分割会社は，対価として交付を受けた承継会社または新設会社の株式を，現物配当または全部取得条項付株式の取得対価として，その株主に交付することが可能である。そこで，これを用いて事業承継を行い，承継会社または新設会社は分割会社との株主関係を断ち，2つの会社が完全に独立したものとすることができる。

　分割会社と事業承継の手法であるが，分割会社は対価として交付を受けた承継会社または新設会社の株式をその株主に交付するのであるが，分割会社の株式の多くを有するのは経営者であるから，経営者が承継会社または新設会社の株式の大半の交付を受けることになる。経営者は保有する承継会社または新設会社の株式の全部または一部を，承継会社または新設会社を承継する後継者に贈与し，または相続させるという方法をとる。これにより，会社を分割し，別々の後継者に承継させることが可能となる。

---

[3]　神田秀樹・前掲『会社法』313頁。
[4]　江頭憲治郎・前掲『株式会社法』790頁。

2　合併方式による事業承継

〔ポイント〕

> * 事業承継人会社（買収会社）は，対象会社である中小企業のオーナーから3分の2以上の株式を取得する。次いで，株主総会の特別決議により対象会社を吸収合併する。
> * 対象会社（消滅会社）の残存少数株主に対し，合併存続会社の株式ではなく，現金を交付することにより排除する（キャッシュ・アウト）する。これにより，対象会社の株主の干渉を受けずに，存続会社は安定した会社経営をすることが可能となる。
> * 株式買収という方法で対象会社を買収し，吸収合併をしたとしても，対象会社の経営者等が有する事業用資産（個人資産）は承継されないから，経営上その資産が必要な場合は，別途，経営者等との交渉により取得することが必要である。

　他の会社（買収会社）による事業承継の場合に用いられる方法である。これは，買収会社が対象会社を支配するだけの自社株式を取得した後，合併という会社の組織再編を利用して，事業承継を仕上げるという方法である。承継人や後継者が，企業をそのままの状態で，支配株式（議決権の多数を支配する株式）や事業用資産を取得して企業を承継するというのではなく，承継人会社がM＆A取引により株式買収した上で，被承継会社（被買収会社）と合併するというやり方であるが，一般には，買収会社を存続会社とする吸収合併としてなされ，被承継会社は吸収により消滅することになる。

　これは，買収会社がM＆A取引により当該企業を買い受けた場合に行う手法であるが，親族内承継や企業内承継（MBO，EBO）の場合でも別会社（受け皿会社）を用いることにより合併方式の事業承継を行うことは可能である。親

族内承継や他の役員または従業員が承継人である場合は，受け皿として既存の会社を用いて対象会社を吸収合併するのである。

　株式買収後に吸収合併を行うのは，経営の効率ということのほかに，対価の柔軟性が認められていることから，被買収会社（被承継会社）に残存している少数株主を排除するためでもある。これは，上場企業の企業買収の場合と同様の手法である。

　合併のための順序として，買収会社は，対象会社の経営者等から株主総会で特別決議を成立させるだけの数の株式（議決権ある株式の3分の2以上）を取得する。これにより対象会社を子会社化したことになるが，対象会社を吸収して1つの会社にするために合併するのである。

　吸収合併の手続の概略は，存続会社（買収会社）と消滅会社（被買収会社・対象会社）との間で，法定事項を定めた合併契約を締結し（会社法748条，749条），それに基づき合併契約書を作成する。合併が効力を生ずる日（効力発生日）は合併契約で定められる。そして，所定の効力発生日の前日までに，各当事会社（存続会社・消滅会社）において，株主総会の特別決議により合併契約書の承認を得ることが必要である（会社法783条，795条）。

　もっとも，略式合併（存続会社が消滅会社の議決権ある株式の90％以上を保有する特別支配会社である場合）と簡易合併（存続会社が支払う合併の対価額が，純資産の20％以下の場合）については，株主総会の承認は不要である（会社法784条1項，796条3項）。

　事業承継として中小企業を吸収合併する場合，買収会社は対象会社株式の大半を取得しているから，略式合併によることが可能な場合が多いと考えられる。また，一般に，合併の対価として支払う対価の額が純資産の20％以下の場合が多いから，簡易合併によることが可能であろう。

　合併に際し，株主総会で合併に反対した対象会社の株主は，株式買取請求権を行使することができる（会社法785条）。略式合併または簡易合併によることから，株主総会の決議が不要である場合についても，株式買取請求権は認められる。

対象会社の株式の大半は，経営者やその親族が保有していることから，容易に買収会社に譲渡されるのであるが，経営者の企業を売却するとの方針に反対し，または合併比率に不満を持つ残存少数株主が存在することがある。合併に反対する残存少数株主は，消滅会社（自己が株主である会社）等に対して，株式買取請求権を行使することができるのである。この場合，公正な価格で買い取らなければならない（会社法785条，797条）。

　吸収合併について，残存少数株主から株式買取請求権が行使されなかった場合は，存続会社は，消滅会社の残存少数株主に対しても，存続会社の株式を交付しなければならない。しかし，中小企業を事業承継目的で合併する場合，存続会社は消滅会社の残存少数株主の受け入れを好まない場合が多いであろう。

　この場合，従来は残存少数株主の排除の方法がなかったから，交渉によりその持株を買い取るしか解決方法はなかった。しかし，対価の柔軟性が認められた会社法の下では，消滅会社の株主に対し，存続会社の株式を交付することに代えて，金銭などを交付することが認められた（会社法749条1項2号，751条1項3号）。

　そこで，消滅会社（被承継会社）の残存少数株主に対し，存続会社の株式に代えて金銭を交付することにより，これを排除（キャッシュ・アウト）することにより，残存少数株主や非事業承継人株主を排除し，残存少数株主の干渉を排し，経営の安定化を図ることが可能となった。

3 完全子会社化による事業承継

〔ポイント〕

> * 事業承継人会社（買収会社）は，対象会社である中小企業のオーナーから3分の2以上の株式を取得し子会社化する。しかし，対象会社に残存少数株主が存在する場合，対象会社の経営が円滑化を欠くことになりかねない。
> * 株主総会の特別決議により，株式交換等により対象会社を完全子会社化し，残存少数株主を対象会社から排除する。併せて，現金交付により買収会社の株主となることも拒否する（キャッシュ・アウト）。
>   これにより，対象会社の株主の干渉を受けずに，対象会社の安定した経営をすることが可能となる。
> * 株式交換等により対象会社の実体には変化はなく，同一の会社として存続するから，会社債務は完全親会社に承継されることはない。
>   会社が使用している前経営者所有の事業用資産の利用関係は，事情変更の法理により解除される可能性があるから，それに対処する必要がある。

合併の場合と同様に，他の会社（買収会社）による事業承継の場合に用いられる方法である。これは，買収会社が対象会社を支配するだけの株式を取得した後，株式交換または株式移転（完全親会社となる会社が，既存の会社の場合が株式交換であり，新設された会社の場合が株式移転である）という会社の組織再編を利用して事業承継を仕上げるのである。

合併によるのと同様に，株式交換や株式移転（株式交換等）は，主として，M＆A取引（第三者による企業買収）の場合に用いられるのであるが，企業内承継の場合も，役員や従業員がＭＢＯやＥＢＯを行うに際し，受け皿会社を使って

この方法によることは可能である。

買収会社が株式買収によって対象会社を子会社としても、対象会社には依然として残存少数株主が存在する可能性がある。残存少数株主の存在は、買収会社が対象会社を経営していく上で障害になることが少なくない。そこで、事業承継に際し、買収会社が対象会社を株式交換等により完全子会社とすることを必要とする実質的理由は、対象会社から残存少数株主を排除することであり、次いで、キャッシュ・アウトにより買収会社（完全親会社）の株主となることを拒否することにある。

合併と異なるのは、合併の場合は、対象会社は吸収合併により消滅するのであるが、株式交換等の場合は、対象会社はそのまま存続するということである。対象会社をそのまま存続させながら、対象会社の残存少数株主を排除し、これを完全親会社の株主とするとともに、対象会社の株主を親会社だけとするのである。つまり、事業承継との関係でいえば、対象中小企業は買収会社の完全子会社となるが、そのまま存続するのであり、財産関係についても変動はなく、ただ、株主が親会社1人となるだけである。

事業承継として用いられるのは、株式移転（会社法2条32号）よりも株式交換（会社法2条31号）の方が多いと考えられるが、買収会社が対象会社の経営者等から、対象会社を支配するだけの株式（特別決議を成立させるための、議決権の3分の2以上）を取得した後、株式交換等という会社の組織再編を利用して、対象会社を完全子会社化するのである。

手続的には、買収会社が対象企業の経営者等から議決権ある株式の3分の2以上を取得し、次いで、両会社で株式交換契約等を締結し（会社法767条、772条）、株式交換契約書等を各会社において株主総会の特別決議により承認することが必要である（会社法783条、795条、804条）。

株式交換等の場合についても、合併の場合と同様に、略式手続、簡易手続による場合は、株主総会の決議は不要であり、また反対株主に対し株式買取請求権が認められている。

事業承継についていえば、買収会社は株式交換等により、対象会社（承継し

た中小企業）を完全子会社とするとともに，その株主を完全親会社（買収会社）の株主とし，完全親会社株式を交付するのであるが，株式交換等についても，合併と同様に対価の柔軟性が認められている。

そこで，完全子会社となった対象会社の残存少数株主に対して，完全親会社株式の交付に代えて，現金を交付（給付）することによりこれを排除すること（キャッシュ・アウト）が可能である（会社法768条1項）。そこで，買収会社は，キャッシュ・アウトという手法を用いることにより，対象会社の残存少数株主を排除して，親会社株主として完全子会社となった対象会社の経営に干渉することを排し，企業承継（事業承継）の円滑化と経営の安定化を図ることができる。

対象中小企業は，経営者等が買収会社に支配株式を売却したのに続き，株式交換等により買収会社の完全子会社となっても，会社の実体とか会社法人格には影響しないから，会社は同一性を維持して存続する。

そうすれば，対象中小企業が旧経営者時代に負った債務はそのまま存続するから，企業買収時に何らかの処理（多くは，買収代金で調整する）を必要とする。

また，対象中小企業が，経営者の個人資産を事業用資産として使用している場合は，会社の同一性が保たれている以上，その使用関係（賃貸借・使用貸借）は継続すると解される。しかし，かかる使用関係は，当該経営者が会社経営を行い，多数株式を保有していることを前提にしていることから，株式交換等により株主構成も経営者変更もされたので，使用関係の基礎に変更が生じたことから，事情変更の法理により解除の可能性があると解される。

そこで，買収会社が対象中小企業の経営上，旧経営者が所有する事業用資産の使用を必要とする場合は，交渉による解決を図る必要がある。

第9章
事業承継と信託の利用

1 信託を用いた事業承継

(1) 信託と信託法の概要

　改正信託法（新信託法）は，平成19年9月30日に施行された（以下，信託法）。信託とは，特定の者が，一定の目的に従い，財産管理または処分およびその他の目的のために，必要な行為をすることをいうが（信託法2条1項）。一定の目的とは，信託設定の目的であり，信託行為により達成しようとする目的であるが，円滑な事業承継を行うためなども目的となる。

　信託の当事者として，委託者，受託者，受益者が存在する。事業承継目的の場合についていえば，委託者はオーナー，受益者はその相続人や事業承継人であり，受託者は事業信託の場合は同業者や他の役員等が考えられる。もっとも，オーナー所有の自社株式を信託するという形態の信託の場合は，受託者は信託銀行ということになる。

　信託の特長は，受託者が信託財産を所有し，受託者の所有名義となるが，実質的な権利は受益者に帰属し，受託者の固有財産にはならない。それ故，信託財産について，受託者の債権者から強制執行を受けることはない。

　受益者は信託受益権という形で権利を有するのであるが，受託者は信託契約上の義務の他に，受益者の利益を図るために行動しなければならないという受益者に対する忠実義務を負っている。

　受託者は，信託の本旨に従って信託事務を遂行しなければならないから，委

託者に対し，契約上の義務として善管注意義務を負うのであるが（信託法29条2項），信託では受益者の利益を確保することが重要であるから，受益者に対する忠実義務を規定している（信託法30条）。そして，受益者に対する忠実義務を具体化したものとして，利益相反行為をすることが原則として禁止されている（信託法31条1項）。

利益相反行為は，事業信託の場合は，31条1項4号として問題になるが，多くは，同業者等が受託者となる場合であることから，あまり厳格に利益相反行為を禁止すると，受託者として適任者を得ることが困難となりかねない。

そこで，このような場合に備えて，利益相反行為をすることが可能となるよう，信託行為の定めによりこれを許容するとか（信託法31条2項1号），重要な事実を開示して受益者の承認を得ておくべきであろう（同項2号）。もっとも，これ以外の場合でも，その行為が信託の目的の達成のために合理的な場合であって，受益者の利益を害しないことが明らかな場合は，利益相反行為をすることが許されるといえよう（同項4号）。

信託法が，通常の信託とは異なる信託類型として認めた信託として，目的信託と自己信託とがあるが，これは事業承継との関係で用いることができる。

目的信託とは，受託者は信託目的に従って信託財産を管理しなければならないが（信託の目的は定まっている），受益者が定まっていない信託である（信託法258条1項）。

受益者の定めのない信託は，濫用されるおそれがあるばかりか，受託者に対する監視・監督権限を有する受益者の定めがなく，それ故，受託者が忠実義務を負うべき受益者が特定されていないことから，長期間の信託を存続させることは適切でないから，目的信託の有効期間は20年を超えることができないとされている（信託法259条）。

事業承継との関係でも，受益者となる事業承継人が決まっていない場合も，事業承継目的（事業承継を円滑に行うためなど）で目的信託を利用することが考えられる。この場合は，受益者の定めのがないというのは，事業承継人が受益者となるが，だれが事業承継人となるかが定まっていないから，目的信託である

ということになる。

　自己信託というのは，委託者が自らを受託者とする信託である（委託者が受託者を兼ねる信託）。委託者が自己の財産を信託財産として，自ら管理・処分等を行う旨の意思表示をすることにより，委託者が自ら受託者となる信託（信託宣言）である（信託法3条3号）。つまり，信託宣言ともいわれるものであって，委託者自身が受託者となって，以後，自己の財産権を他人のために管理・処分する旨を宣言することによって，信託を設定すること，つまり委託者が受託者となる自己信託のことである[1]。

　自己信託を利用することにより，権利者の名義を変更せずに財産を独立させることが可能となるばかりか，委託者のノウハウをそのまま生かすことが可能となり[2]，危険の分散と倒産リスクを回避することが可能となる。

　自己信託の場合，受益者をだれにするかという問題があるが，債権者を受益者とするとか，事業承継人（後継者）の予定者を受益者とすることが考えられるが，これらが定まっていない場合は，目的信託と組み合わせて，信託設定時には受益者がない信託とすることも考えられる。

　自己信託が，委託者の債権者の詐害目的で利用されることを防止するためには，公正証書，その他の書面等によるが，後者の場合については，確定日付があることが要求される。

　信託というためには，信託財産についての権利が受託者に帰属していることが要件となる。信託財産とは，受託者に帰属する財産であって，信託により管理または処分すべき一切の財産である（信託法2条3項）。そこで，事業信託については，事業が受託者に帰属することになるが，本来の事業信託（事業そのものを信託する）ではなく，経営者が保有する自社株式を信託するスキームについては，自社株式が受託者に帰属することになる。

　信託を設定するための信託行為として，通常の信託契約（委託者と受託者間の信託契約）の他に，遺言信託（委託者の遺言による信託），自己信託がある（信託法

---

[1] 新井　誠『信託法〔第3版〕』135頁，36頁。
[2] 深山雅也「新しい信託法の概要」『自由と正義』2008年4月号23頁。

3条)。そこで，事業承継との関係でいえば，経営者が自己信託を利用して事業を継続した後，相続等により事業承継人に信託を承継させることが考えられる。

(2) 事業承継と信託スキーム

　信託法は事業承継を円滑にするための規定も設けられている。信託法改正の立法過程において，事業承継の円滑化のために信託利用ニーズが主張されたことを踏まえて，中小企業の事業承継の円滑化に利用可能な信託の類型が，創設または明確化されている。また，信託を利用した事業承継のガイドラインも公表されている[3]。

　中小企業の親族内事業承継に利用することが可能な信託として，従来はオーナー経営者が保有する自社株式を信託し，受託者がその議決権を用いて経営支配権を確保するというものであった。これによれば，経営者が事業承継目的で，保有する自社株式を信託することにより，事業承継の確実性と円滑性，後継者の地位の安定性，議決権の分散の防止，財産管理の安定性などを確保できるというメリットがある（「中間整理」1頁）ほか，一定期間経営能力のある第三者に企業経営を託することにより，企業価値を維持することを期待することができる。

　経営の委任の場合は，信託者が会社経営を行っていくうえで必要な議決権を確保するために，オーナーまたはその相続人などが保有する自社株式について信託を受けることがあっても，事業そのものが信託されるのではない。

　信託法により信託設定とともに受託者が債務を引き受けることができることになったことにより（信託法21条1項3号），資産と債務が一体となった信託を用いた事業承継が可能となった。これにより，信託法上，事業そのものを信託する事業信託が認められるに至った。そこで，現在では，信託スキーム（手法）を利用した事業承継としては，事業そのものを信託する事業信託に関心が集

---

[3]　中小企業庁の「信託を活用した中小企業の事業承継の円滑化に関する研究会」が，平成20年9月に公表した『信託を活用した中小企業の事業承継の円滑化に向けて〔中間整理〕』（以下，「中間整理」）。

まっている。

2　事業承継と事業信託

(1)　事業信託の概念

　一定の期間内，事業を信託するという形で事業承継を行い，受託者が事業（企業）を経営し，信託の終了により事業が返還されるという信託形式の事業の譲渡，つまり事業信託が考えられていたが理論的に難しいとされていた。それは，事業（従来の，営業譲渡の場合の営業に相当）には債務を含むが，債務を信託の対象とすることは難しいというのが主たる理由であった。

　ところが，新しい信託法によりこれが可能となった。もとより，信託法は明文により事業信託を認めたのではないが，事業信託を可能とする規定を設けたことにより，解釈上事業信託が可能になったのである。

　事業の信託には，土地信託に代表されるように，受託者が委託を受けた信託財産を利用して事業を行う事業型の信託と，事業としてすでに成立して運営されているものをそのまま信託する事業自体の信託があるが[4]，従来，実現可能といわれていたのは，信託財産を利用して事業を行う事業型の事業の信託であった。

　これに対し，事業信託とは特定の事業そのものを信託の対象とする信託（事業を信託財産とする信託）である。つまり，会社法の事業譲渡にいう「事業」（会社法467条以下）に類似するものを，信託の対象とする信託のことである。事業とは，旧商法の「営業」（旧商法245条）と同一概念であって，一定の営業目的のために組織化され，有機的一体として機能する財産（得意先関係等の経済的価値のある事実関係を含む）である（最判昭和40・9・22民集19巻6号1600頁）。そして，それらを合わせた総体としての事業を，委託者から受託者に譲渡（信託）する

---

[4]　田中和明「事業の信託に関する一考察（上）」『ＮＢＬ』829号50頁。

のであるが、会社法上も、事業自体の移転は可能であるから事業信託も可能となる[5]。

事業信託は、「事業」に類似したものを信託財産とする信託であるが、具体的には、事業用財産に製造・販売等のノウハウ、従業員との雇用契約、得意先との販売契約、仕入先との原料の買付契約等の移転も含むものである[6]。

このように、事業信託は、事業用の財産だけを信託するのではなく、事業には積極財産などに加え、債務が含まれているから、積極財産などに債務を含めて信託（信託の対象）することになる。この点、従来、信託として事業用資産などの積極財産は信託の対象とすることができても、信託として債務を引き受ける（消極財産を対象とする信託）ことは難しいとして、債務が含まれる信託の性質上、事業そのものを信託することはできないと解する立場が有力であった。

これに対し、信託法は、事業信託を直接規定していないが、事業用資産などの積極財産の信託と同時に、借入金債務など（消極財産）を受託者が引き受けることを可能とした（信託法21条1項3号）。それは、「信託財産責任負担債務」を認めたものであるが、これにより、債務の引受けを含めた事業信託が可能となったと解されている。

信託財産責任負担債務とは、受託者が信託財産に属する財産をもって履行責任を負担する債務である（信託法2条9項）。信託財産責任負担債務の範囲は、信託前に生じた委託者に対する債権であって、当該債権に係る債務を信託財産によって返済責任を負担する債務とする旨が、信託行為によって定められているものである。そして、信託財産責任負担債務の法定が事業信託を認める根拠とされている。

事業信託の法律関係は、事業に係る積極財産について信託を設定するのであるが、信託の設定前に、委託者（会社）が負担していた事業に関する債務を、受託者が引き受け、その債務を信託財産責任負担債務とする。そして、これにより、積極財産と債務が一体となっている事業自体を信託するものと理解され

---

[5] 新井　誠「改正信託法と事業信託」『筑波ロー・ジャーナル2号』[2007] 1－2頁。
[6] 田中和明・前掲『ＮＢＬ』829号50－51頁。

る。つまり，委託者から受託者へ財産権が移転するが，財産権を引き当てにした債務引受けにより，消極財産を含む包括財産が信託により受託者に移転するのである。もとより，債務の引受けは当該信託の目的を達成するために必要な行為であることが要求される[7]。

このように，事業信託は債務を含めた事業を信託するのであるが，個別的な債務移転行為を必要とする。そこで，債務を受託者に帰属させるためには，民法の一般原則に従って，受託者が債務引受けをする必要がある[8]。

この場合の債務引受けの性質は，委託者と受託者による併存的債務引受けと解されるが，債権者の承認または委託者・受託者・債権者の三者間契約による場合は，免責的債務引受けとすることも可能である。

(2) 信託法と事業信託の許容性

信託法は，事業信託という用語は使用していないが，信託法改正の目玉の一つが事業信託を認めたことであるとされている。新信託法により，信託財産責任負担債務として委託者が負担する債務を受託者が信託債務として引き受けることが可能となったが（新信託法21条1項3号），事業は債務を伴うのが通常であること，および新信託法は，信託を「財産の管理又は処分及びその他の当該目的の達成のために必要な行為」としていることから（新信託法2条1項），一定の事業を遂行することを受託者に委託することが可能となったので，事業信託について直接の規定はないが，事業信託は可能であるとされている[9]。

事業を積極財産と消極財産の束であると理解すると，新信託法21条1項3号の規定に基づき，信託行為の定めにより，信託の設定の当初から委託者の債務を，受託者が信託財産で負担する債務として引き受けることが可能となるから，積極財産の受託と，委託者の債務を受託者が引き受けて信託財産が負担する債務とすることを組み合わせることにより，解釈上，事業自体の信託が可能とな

---

[7] 新井　誠・前掲「改正信託法と事業信託」12頁。
[8] 田中和明・前掲『NBL』829号51頁。
[9] 新井　誠・前掲『信託法』160-161頁。

る[10]。

　事業信託にいう事業は，会社法467条以下の事業譲渡の「事業」（旧商法の営業譲渡の場合の営業と同一であり，一定の営業目的のために組織化され，有機的一体として機能する財産）に類似したものを信託財産および信託財産責任負担債務とする信託である。つまり，すでに成立して運営されている事業を，そのまま信託する事業自体の信託であるが，これにより，委託者が事業を受託者に信託することが可能となるのである[11]。

　この場合，注意すべきことは，事業の信託は会社分割とは異なり，当該事業に関する債務や契約上の地位（借入金債務，手形金債務，従業員に対する雇用契約上の債務など）を受託者に移転するためには，相手方の個別同意を必要とする[12]。

　信託の対象となる事業が，事業の全部または事業の重要な一部に該当する場合は，信託も事業の譲渡・移転である。そこで，株式会社が，特定の事業を信託することによって受託者に移転するには，事業譲渡の手続によることになるから（会社法467条以下），事業の全部または重要な一部を信託譲渡する場合は，株主総会の特別決議による承認を受けなければならない（会社法467条1項1・2号）。また，当該事業に係る債務や契約上の地位を受託者に移転するためには，個別に相手方の同意を得ることが必要である[13]。

---

[10]　田中和明『新信託法と信託実務』〔清文社　2007年〕329頁。
[11]　新井　誠・前掲『信託法』157頁，田中和明・前掲『新信託法と信託実務』329頁。
[12]　新井　誠・前掲「改正信託法と事業信託」7頁。
[13]　新井　誠・前掲『信託法』162頁。

3 事業承継目的の事業信託の利用

〔ポイント〕

* 経営者またはその相続人は、事業承継人（後継者）が若年または経験不足の場合などは、一定の期間、第三者に対して事業を信託し経営を託する必要がある場合が少なくない。これは、本来の事業承継ではなく、事業承継のための中継的な意味をもつ。
* 事業には、積極財産だけでなく債務も含まれることから、従来、債務の信託は認められないとして、事業そのものを信託する事業信託は認められない。そこで、経営者（オーナー）が保有する自己株式を信託するという方法によらざるを得なかった。この点、（新）信託法により事業信託が可能となったから、事業信託を事業承継のために利用することができる。そこで、今後、かなり利用されるものと推測することができる。

経営者が高齢などのため、経営能力や意欲に限界を感じたとか、事業承継人がいない場合、あるいは事業承継人（後継者）が若年または経験不足の場合など、一定の期間、経営の委託（経営の委任）をすることは可能であるが、信託法により事業信託が可能となったから、これを用いて、他の役員、経験ある従業員、同業者などに事業を信託することができる。

事業信託の現実的な利用として、経営不振の会社が、一定期間、経営能力がある第三者に事業を信託して、会社の再建目的で利用することも考えられるが、一般的な利用が考えられるのは、経営者（オーナー）が、実子が幼少等で事業を承継するまで長期間かかる場合に、あるいは未経験などの場合に、一定期間、信頼のおける経営能力のある他の役員や事業の経験者、その他の第三者に事業の全部を信託して、自ら受益権を保有することにより生活費を受け取りながら、後継者の成長を待ち、事業を行うことができるようになったときに信託を終了

させ，実子等にその事業を承継させる，あるいは実子などを受益権者とする信託の利用方法が考えられる。また，必要に応じて，会社を分割して1つの事業のみを信託するという選択方法も考えられる。

事業信託によれば，信託期間の終了により委託者に事業が返還され，あるいは受益者と指定された者に事業が引き渡される。そして，経験と能力を備えた事業承継人（後継者）が事業を引き継ぐことになる。信託期間，信託報酬は支払わなければならないが，委託者あるいは受益者として信託による利益を享受することが可能である。

信託の終了時に，後継者としての適任者が現れず，あるいは育たなかった場合は，信託契約を継続（更新）することもできる。また，実子など後継者に予定された者が，経営者として期待どおりに成長しない場合は，信託行為の定めにより，委託者である事業主，経営者（オーナー）が受益権の変更権を留保することにより，受益権を別の人物に取得させ，信託の終了時にその人物に当該事業を承継させることも可能である[14]。これら，信託法による事業そのものを信託する方法を利用することにより，事業信託を積極的に行うことができる。

事業信託以外にも，事業承継人が，直ちに，事業を引き継ぐことが困難な場合に，経営委任契約に基づき，一定期間，会社経営を他の経営者や取引先に経営を委託するという，事業の全部について経営の委任の制度があるが（会社法467条1項4号）。事業信託と経営の委任との違いは，事業そのものを信託するか，経営権だけを委託するかの相違であると考えられる。

経営の委任の場合は，必ずしも法律関係が明確でなく，また内容も多義的である。そこで，企業業績が向上した場合など，期間・条件等を明確に定めていても，後に争いが生ずる場合が少なくない。この点，事業信託を用いれば明確な法律関係が形成されるので，争いが生ずることを防止することができる。

委託者である会社の経営者（オーナー）が死亡したとしても，信託関係に影響しないが，経営者が委託者である場合については，委託者の地位は，受託者と

---

[14] 田中和明・前掲『新信託法と信託実務』365頁。

の個人的な信頼関係に基づく一身専属的なものではなく，委託者の相続人は，委託者が有していた信託法上の権利義務を相続により承継するが，信託行為の定めにより，相続により承継させないとすることもできる[15]。

このように，事業信託制度により，事業を信託の対象（目的）とする信託を利用した事業承継が考えられる。これにより，経営能力のある第三者を受託者，オーナーを委託者兼受益者とし，事業の全部または一部の事業（会社分割に準ずる）を信託期間内で信託して経営を託するのであるが，信託期間経過後に事業が会社またはオーナーに戻ってくる（委託者をだれにするかという契約内容による）仕組みである。

信託期間においては，委託者たる会社またはオーナーは，信託受益権者を後継者とし（後継者となる者を受益者とする他益信託の設定），あるいは受益権を後継者に譲渡することができるが，信託受益権は相続の対象にもなるから，遺言などにより相続関係を明確にしておかなければならない。

4　自社株式等を信託する事業承継

(1)　親族内承継と自社株式の信託

事業信託（事業そのものを信託する）以外にも，事業信託と同一の目的を達成するために，経営者（オーナー）が保有する自社株式を，他の役員，経験ある従業員，同業者など第三者に信託するという方法がある。これは，経営者または会社が，前記第三者や信託銀行に会社経営を託するとともに，第三者が会社経営上必要な議決権を確保するために，自社株式を第三者等に信託する。

この場合，事業信託のように事業自体を信託するのではないが，会社経営は受託者（同業他社や他の役員など）により行われる。経営者は自ら経営に関与しないが，信託した自社株式の議決権行使に際し，受託者に対し指図する権利を留

---

[15]　田中和明・前掲『新信託法と信託実務』245頁参照。

保することにより，受託者による会社経営に対して支配権を及ぼすことが可能となる。

　経営者等が保有する自社株式を，信託形式を用いて事業承継に用いる方法としては，経営者等と受託者との間の信託契約によるのが基本であるが，遺言信託によることもある。さらに，中小企業庁の研究会が公表した前掲「中間整理」は，遺言代用信託，他益信託，後継ぎ遺贈型受益者信託を挙げている。そこで，「中間整理」が挙げる事業承継目的の信託スキームを紹介するとともに，若干の検討を加えたい。

(2) 遺言信託の利用

　遺言信託とは，委託者が遺言を通じて信託を設定することである。それは，委託者と受託者の信託設定契約により信託を設定するのではなく，委託者が遺言という単独行為によって信託を設定するのである。

　信託法は，「特定の者に対し，財産の譲渡，担保権の設定その他の財産の処分をする旨，ならびに当該特定の者が一定の目的に従い，財産の管理または処分およびその他の当該目的の達成のために必要な行為をすべき旨」の遺言による信託行為を認めているから（信託法2条2項2号，3条2号），遺言による自社株式の信託は可能である。

　そこで，遺言により自社株式等を第三者（受託者）に信託し，受託者が後継者に指定された者（受益者）のために，自社株式等を管理し（議決権の行使を含む），信託期間の終了により事業承継人に，当該自社株式等を取得させるのである。さらに，経営者が後継者を指定することなく，遺言により受託者に受益者（後継者）の選定を委ねることも可能である。

　民法上，遺言を通じて行う遺贈をなしうるから（民法964条），これに準ずる遺言による信託設定もなしうると解される。そして，遺言信託は遺言の効力が発生すること（遺言者の死亡）によりその効力が生ずることになる（信託法4条2項）。そこで，遺言による信託行為が効力を生ずるためには，民法960条以下の方式に従った遺言でなければならない[16]。

第9章　事業承継と信託の利用

　遺言信託は，遺言による財産の処分行為にあたるから，遺贈に準じたものとして遺贈の規定が適用されるから，そのための方式によることが要求される。また，遺言は，遺言者の死亡時以後から効力が生ずるため（民法985条），信託財産が委託者の死亡時以後に受託者に移転することになるから，遺言執行手続に関し利害関係人による紛争が起こりうる[17]。

　この点，委託者について相続が開始した場合，相続人は委託者の地位を承継することになるが，遺言信託された信託財産については，受益者と相続人との間で利害対立が生ずることから，遺言信託については，委託者の相続人は，信託行為に別段の定めがない限り，相続により委託者の地位を承継しないとされている（信託法147条）。そこで，自社株式を遺言信託した場合，受益者たる事業承継人と相続人の利害対立を避けるため，共同相続人は委託者の地位を承継しないことになる。

　遺言信託は，委託者の単独行為としてなされ，遺言の効力が発生した後（委託者の死亡後）に効力が生ずる。そこで，遺言書に受託者の指定に関する定めがない場合，または受託者として指定された者による信託の引受けの有無が明確でない場合がある。このような状態が長期化すれば，信託財産の利害関係人の地位が不安定になる[18]。そこで，遺言書に受託者の指定に関する定めがないとき，利害関係人の申立てにより，裁判所は受託者の選任ができるとして，裁判所の受託者選任権を認めている（信託法6条1項）。

　受託者として指定された者が，信託の引受けの有無を明確にしない場合は，利害関係人は受託者として指定された者に対し，相当の期間を定めて，信託の引受けをするかどうかを確答することを催告し，所定の期間内に委託者の相続人に対し確答しなかったときは，信託の引受けをしなかったものとみなされる（信託法5条1・2項）。そして，この場合は，受託者の指定がなかった場合と同様の取扱いがなされる。

---

[16]　新井　誠・前掲『信託法』118－119頁，168頁。
[17]　新井　誠・前掲『信託法』169頁。
[18]　新井　誠・前掲『信託法』168頁。

遺言信託は，通常，公正証書遺言によりなされるが，主として信託銀行が業務として取り扱っている。費用がかかるが遺言執行の確実性が高いという重要な意味が認められる。遺言信託は，信託銀行が遺言信託受託者として，財産の保管，定期的な照会等を行うとともに，遺言内容に基づいて遺言の執行を行うから，迅速な執行を期待することができる。

経営を委託する趣旨の自社株式の信託について，信託銀行が遺言信託受託者となった場合，信託銀行は，単に自社株式を保管して，信託期間の終了時に受益者に引き渡せばよいというのではなく，会社経営の適任者を選定し会社経営をさせなければならない。

(3) 遺言代用信託の利用

① 遺言代用信託の概念

遺言信託は，遺言者の死亡により効力が生ずるのである（信託法4条2項，民法985条1項）。これに対し，遺言代用信託は，委託者の死亡を始期として，委託者の死亡の時に受益者となるべき者として指定された者（死亡後受益者）が，受益権（信託から給付を受ける権利）を取得する旨の定めがある信託（信託法90条1項1号），または委託者の死亡の時以後に，受益者が信託財産に係る給付を受ける旨の定めのある信託（信託法90条1項2号）である。

それは，遺言信託とは異なり委託者が生前に行うことができる契約方式の信託行為であるが，受益者は委託者が死亡するまでは，信託行為に別段の定めがある場合を除き，その権利を有しないことに特徴がある（信託法90条2項）。委託者の死亡前（存命中）に，信託契約が設定されその効力は生じているが，委託者の死亡により受益者が受益権を取得する仕組みである。

その機能は，委託者が生前に自己の財産を信託銀行等に信託し，委託者自身をその生存中は受益者としながら，実子などを死亡後受益者とすることによって，自己の死亡後における財産分配を図るものである。

事業承継についていえば，信託契約により，経営者の生存中は，経営者（委託者）を受益者として，信託から給付を受けながら，経営者の死亡後は後継者に

指名した者が死亡後受益者として，受益権を取得する旨を定めた信託である。
② 遺言代用信託のスキーム
「中間整理」は，遺言代用信託を，事業承継に用いることを検討すべきであるとしている。その方法は，経営者（オーナー）が委託者となり，信託銀行等を受託者として，経営者が保有する自社株式に信託を設定するのであるが，信託契約において，経営者が受益者となるが，経営者の死亡時に事業承継人（後継者）が死亡後受益者として，受益権を取得することを定めるのである。

信託された自社株式の議決権は，受託者が行使するのであるが，委託者であり受益者でもある経営者が議決権行使について指図し，経営者の死亡により後継者が受益権を取得した後は，後継者が議決権行使の指図をすることになる。

委託者の死亡により信託は終了しない仕組みであるとともに，死亡後受益者である後継者等の死亡により，信託は終了するものとされることから，信託期間はかなり長期のものとなることが予測される。

自社株式について支払われる配当金は受託者が受け取るが，これを信託財産に組み入れるか，受益者に分配をすることになるが，この点について，他の共同相続人との関係で問題にならないかを検討する必要がある。

信託法には特別の規定はないが，遺言代用信託も後継ぎ遺贈型受益者信託と同様に，遺留分減殺請求の対象となるから，相続開始時（委託者の死亡）時を基準として，遺留分権利者は減殺請求ができることになる[19]。そこで，遺言代用信託を用いても，遺留分減殺請求により後継者の事業承継の円滑化は妨げられることは避けられないであろう。

③ 遺言代用信託の効用
事業承継に遺言代用信託を用いることの効用として，次のように考えられる。

ⅰ）経営者（委託者）は，保有自社株式に信託を設定した後も，受託者に対する議決権行使の指図を通じて，経営権を維持確保することができるという妙味がある。これに加えて，経営者はあらかじめ相続人の中から後継者を指定し，

---

[19] 新井　誠・前掲『信託法』487頁。

信託契約において，経営者の死亡時に（委託者の死亡を始期とする）後継者が信託受益権を取得する旨を定める。

これにより，後継者が確実に経営権を取得することが可能となるばかりか，相続開始時（経営者の死亡時）に受益権を取得することから，経営権の承継について空白期間が生じないとされている。

もっとも，経営者の死亡により後継者が取得するのは，信託上の受益権の取得であって株式ではないことから，多くの場合かなり後のことではあるが，後継者の死亡等により信託が終了した場合に，信託された株式自体についての帰属の問題が生ずることになろう。

ⅱ）経営者は保有自社株式に信託を設定することにより，受託者が自社株式を管理することから，経営者が当該自社株式を処分できなくなることに加え，委託者には受益者の変更権が認められているが，信託契約において受益者の変更権を有しないと定めることにより，後継者に指名された者は確実に経営権を承継できることになる。

これは後継者サイドから見れば好都合であるが，経営者（委託者）にとっては，受益者を変更しないとすることは，後継者に指名した者が後に適任者でないと判断するに至っても受益者を変更できないことになるから，間接的に後継者の変更もできないことになり，自らを拘束することにもなりかねない。

ⅲ）経営者の死亡により，後継者は独占的に信託受益権を取得することから，事業承継を円滑に行うことができることになる。

しかし，経営者の財産（遺産）に，遺言代用信託の対象となった自社株式以外に多くの財産がない場合は，共同相続人の利益とも関係し，遺留分との関係も生ずる。信託受益権について遺留分減殺請求がなされた場合，かなり複雑な法律関係が生ずることになる。

この点，「中間整理」は，信託契約において，経営者の死亡時に相続人を受益者と定め，遺留分に配慮しつつ，後継者のみを議決権行使の指図者と指定することで，遺言や遺産分割によって株式それ自体を相続する場合と比較して，議決権の分散化を回避することができるとしている。

たしかに，議決権の分散化を回避するために，後継者のみを議決権行使の指図者と指定し，受益権を共有財産とするのは傾聴に値する見解である。後継者にとって，他の相続人には認められない議決権行使の指図権を認められ，これにより会社経営を行うことには意味があるが，それ以外の受益権が共同財産となることはかなりの経営上の負担になる。

この点については，やはり，経営承継法の遺留分の特例を用いて，共同相続人の遺留分そのものを排除するという方法を検討すべきであろう。

(4) 自己信託または他益信託の利用

① 自己信託の事業承継への利用

自己信託とは，委託者が自ら受託者となる信託であるが（信託法3条3号），事業承継目的に利用することが考えられる。そのスキームは，経営者が自ら委託者兼受託者となり，事業承継人に指定した者を受益者として，自社株式や事業用資産に信託を設定する方法である。

これにより，生前に事業を譲渡したのと同じ効果がある。また，事業承継人を指定する前であっても，目的信託として利用することができるほか，第三者に信託する場合のように信託費用を要しない。しかし，遺留分との関係は回避できない。

② 他益信託の利用

他益信託とは，委託者と受益者を異にする信託であるが（受託者が，委託者のためでなく，第三者である受益者のために財産の管理運営を行う信託），他益信託を事業承継に用いることが考えられる。

他益信託を，事業承継に用いるスキームとして，「中間整理」は，経営者（委託者）が，保有する自社株式について，信託銀行等を受託者，後継者に指定した者を受益者とする信託を設定する。これにより，経営者は議決権行使の指図権を保持することで，引き続き経営権を維持しながら，自社株式の財産的部分のみを後継者に指定した者に取得させることができる。そして，信託契約において，委託者の死亡等により信託を終了するが，信託終了により後継者に指定

された者が株式の交付を受けることができるとしている。

　これは，当該株式について，議決権行使の指図権（実質的には議決権行使）と，それ以外の権利とを分けて信託するのではなく，株式について他益信託を設定しながら，議決権行使の指図権を委託者（経営者）に留保することを内容とする信託契約であるから有効であり，事業承継に信託を用いる形式としては使いやすいといえよう。

　しかし，経営者は議決権行使の指図権を保持するにとどまり，自社株式の財産的部分を後継者に指定した者に取得させることは，経営者は配当金等の経済的利益を受け取れないことを意味する。また，経営者の死亡により自社株式が後継者に帰属することから，共同相続人との関係で遺留分が問題になる。

(5)　後継ぎ遺贈型受益者信託の利用
①　後継ぎ遺贈型受益者信託の概念

　後継ぎ遺贈型受益者信託とは，当該信託の受益者の死亡により，当該受益者の有する受益権が消滅し，他の者が新たな受益権を取得する旨の定めのある信託である（信託法91条）。

　受益者の死亡により，通常，信託は終了するのであるが，信託設定時に，委託者が第2次受益者を指定することにより，受益者の死亡により第2次受益者が受益権を取得し，第2次受益者が死亡するまで，あるいは受益権が消滅するまでの間その効力を有する信託である。

　後継ぎ遺贈型受益者信託は，世代間にわたる財産承継である。その具体例として，夫が遺言によって遺言信託を設定し，第1次受益者を妻，妻が死亡した後の第2次受益者を長男と定めることによって，委託者たる夫は，受益権を連続して世代間にわたる複数の受益者に帰属させることが可能となる[20]。

　それは，それ単独で，または遺言代用信託と併用して，世代間の事業承継に用いることができる。事業承継の場合にもこれを用いることにより，後継者

---

[20]　新井　誠・前掲『信託法』88頁。

（承継人）を受益者とするが，後継者が死亡したときは，次の承継人として指定したものを，第2次受益者とする信託を，信託設定時に設定しておけば，間断なく事業承継を行うことが可能となる。

② 後継ぎ遺贈型受益者信託のスキーム

この信託を用いた事業承継スキームは，経営者（委託者）が，保有する自社株式について信託銀行等を受託者，後継者を受益者とする信託契約を締結するとともに，信託契約において，信託期間の満了等を信託の終了事由とするとともに，受益者が死亡した時は受益権が消滅し，次の承継人が新たに受益権を取得する旨を定めるという方法によるとされている。

次の承継人とは，後継者の実子（経営者の孫）をいうのが一般的であるが，長男を承継人にするが，長男には子供がないので，次男または次男の子供を次の承継人とすることなども考えられる。

信託期間は長期（30年）に設定されるが，その間に経営者（委託者）が死亡する場合が十分考えられる。そこで，後継者を受益者とすることは，受益権について共同相続人の遺留分が関係する。長男を後継者にしたが，長男が死亡したので，次男または次男の子供を次の承継人にした場合は，長男の相続人との間で遺留分の問題が生ずる。

受益権は相続対象となる財産権であるから，後継者または次の承継人による受益権の取得は，贈与，遺贈または死因贈与に当たるものとして，遺留分の算定のための基礎財産に算入されることになり，遺留分減殺の問題が生ずる。

信託法には特別の規定はないが，後継ぎ遺贈型受益者信託も，遺留分減殺請求の対象となり，相続開始時（委託者の死亡）を基準として，遺留分権利者は減殺請求ができることになる。第1次受益者による受益権の取得の段階でのみ，遺留分を考えるべきであるが（第1次受益者が死亡すれば，第2次受益者が受益権を取得するが，それは相続によるものではない），遺留分については，民法1029条1項によって算定されることになる[21]。

---

[21] 新井　誠・前掲『信託法』487頁。

このような問題を避けるために，議決権行使に関する指図権は後継者が有するが，受益権は分割して各人に帰属させるなどの工夫の必要性がいわれている。
　しかし，議決権制限株式等の種類株式を発行し，非後継者には議決権制限株式を保有させるなどの方法によれば，信託スキームのように遺留分に煩わされるということを回避することが可能である。

第10章
ESOPを利用した事業承継

1 企業内事業承継の新しいスキーム

(1) MBOとEBOによる事業承継

　近年，企業内承継（社内承継）による事業承継が，かなり見受けられるようになった。それは，オーナー以外の経営陣や従業員が自社株式の多数を買い取り，経営支配権を確保するという企業買収方式の事業承継であるが，株式や事業用資産の買取りには，多額の資金が必要であり手持資金や個人的な借入金でまかなうことは困難であるので，必要な資金の調達をどうするかが課題となる。

　企業内承継は，オーナー（経営者）等から自社株式を買い取り，会社の経営権を承継するという企業買収(Buy-Out)の一種としてなされるが，それには，他の役員によりなされる場合（MBO），従業員によってなされる場合（EBO），役員と従業員が一体となって行う場合（MEBO）の形態が考えられる。

　MBOは，上場企業の経営者によりなされる非上場化目的のMBOではなく，事業承継目的でなされる本来型のMBOである。しかし，株式の買受けという方法で事業の全部を買い受け，買受代金もオーナー等に支払われるのであるから，上場企業の経営者によるMBOと共通する面がある。

　わが国の上場企業においては従業員が勤務先企業を買収することは想定できないが，中小企業においてはEBOによって勤務先企業を買収することは十分に期待することができる。そこで，非上場会社の事業承継についても，MBOやEBOを用いることが検討されるべきである。

(2) MBOとEBOの実行スキーム

　企業内承継である役員や従業員による企業買収（MBO・EBO）を実現するために，ESOP（従業員持株信託という新しい形の持株制度）を用いて資金の調達と株式の取得と管理を行うという方法が考えられる。

　ESOPによる，オーナー等からの株式買付けは，議決権ある株式の過半数では十分ではなく3分の2以上を取得すべきである。そうすれば，特別決議を成立させることができ，また，経営権を承継した後に他の残存少数株主を排除して全株式を取得し，完全に経営権を掌握することも可能である。

　経営承継を円滑に行うためには，オーナー一族との関係を円満に保つ必要がある。MBOやEBOに対する理解不足などによる反感，譲渡価格の不調整などにより，任意に持株の譲渡を受けることが困難な場合があるが，極力，交渉により持株の譲渡を受けるべきである。いきなり，会社法上の手法を用いてキャッシュ・アウトにより排除することは，経営に障害が生ずることが少なくない。

　わが国の上場企業においても，従業員参加形式のMBOであるMEBOの実例が存在するが，それは，経営者主導のMBOに従業員が参加するというものであり，従業員がMBO後の会社に株主として残存する意味であり，従業員が買収資金を負担して積極的に行動するのでもない。

　これに対し，中小企業のMEBOは，従業員はMBOに積極的に参加し，資金の調達にも関与するものと考えられる。オーナー以外の経営者と一体となりオーナー経営者等から持株（自社株式）と事業用の資産を買い受けて事業を承継するのである。

　MEBOにより，役員と従業員が企業所有者となることから，従業員の経営参加と企業帰属意識を強化し，生産性の向上を図り企業の利益になる。優れた技術を持つ従業員を加えることにより，企業価値を維持しながら事業承継を円滑に行うことができる。

第10章　ESOPを利用した事業承継

2　企業内事業承継とESOPの利用

　今後，企業内承継の増加が見込まれるが，役員や従業員がそのために必要な資金（企業の買収資金）を，どのようにして調達するかが最大の課題である。資金調達がうまくいかなければ企業内承継は不成功に終わることになる。

　必要資金の調達は，銀行などの金融機関からの借入れが中心になるが，借入れと弁済について，アメリカのESOPを参考にしたプランを検討する必要があろう。現在，上場企業ではESOPに対する関心は高く，日本型ESOP（新持株プラン）として，インセンティブ効果，長期財産形成とか退職給付目的で導入が進んでいる。

　もとより，中小企業においては，上場企業とは異なり事業承継目的の導入であるが，そのスキームにおいては上場企業のプランと共通している点が少なくない。なお，わが国においては，ESOPに関する法制はないから，ESOPをそのまま利用することはできないので，新プランとして開発しなければならない。

　ESOPは，アメリカで上場会社を中心に発展した持株プランであるが，現在では非上場会社にも普及し，株式取得資金の調達面などにおいて，従業員などによる事業承継を円滑にするために利用されている。そこで，わが国の中小企業においても，企業内承継が多くなると予測されることから，アメリカのESOPを参考にしたスキームを検討する必要がある。

　オーナー等からの自社株式や事業用資産の買取りは，レバレッジド方式（借入金方式）によるが，そのためのスキームとして日本型ESOP（新プラン）を利用することは十分に考えられる。現在のアメリカにおいては，ESOP導入の主流は非上場会社に移り，事業承継目的に利用されていることに注目すべきである。

3 アメリカにおけるＥＳＯＰ

(1) ＥＳＯＰの概要

ＥＳＯＰ（Employee Stock Ownership Plan）は，1974年の連邦従業員退職所得保障法（エリサ法）により，一般従業員向けの自社株報酬制度（退職給付制度）として導入された全額企業拠出の確定拠出年金型の従業員持株プランである。当初は上場企業向けの制度であったが，現在では，上場企業だけでなく非上場企業においても普及している[1]。

ＥＳＯＰには多様な機能があることから，本来の目的に加え，多目的に利用することが可能である。それは，上場企業においては，株価対策，安定株主対策に主眼があるが，非上場企業では企業内承継のための資金調達，企業の再建，事業部門の売却や分社化の促進，未公開企業のオーナーの持株の売却先の確保，従業員の経営参加などである。

ＥＳＯＰは株式取得のための借入れが可能であるから，事業部門の売却や分社化を行う際の有力な受け皿となりうる。未公開企業のオーナーの持株売却については，オーナーが会社を売却して引退するに際し，持株をＥＳＯＰに売却することにより，非課税あるいは課税繰り延べという特典を利用することが可能となる[2]。

ＥＳＯＰのスキームは，導入企業（委託者）が，自社株式の購入と管理を目的として，ＥＳＯＰの運営信託としてＥＳＯＴ（Employee Stock Ownership Trust）を設置し，ＥＳＯＴを受託者，一定の資格を備えた従業員を受益者とする信託の形で自社株式を取得し管理させるのである。

---

[1] ＥＳＯＰについては，井潟正彦・野村亜紀子「米国ＥＳＯＰの概要とわが国への導入」『知的資産創造』2001年3月号56頁以下が詳しい。
[2] 北　真収「クロスボーダー敵対的ＴＯＢとリスク・マネジメント」『国際協力銀行』第7号〔2001年7月〕15頁参照。

(2) ＥＳＯＰと株式取得資金

ＥＳＯＰのスキームとして，企業拠出金により自社株式を取得する方法（非レバレッジド方式）があるが，制度の運営にあたるための受け皿として設置されたＥＳＯＴが，会社の保証の下に借り入れた資金により自社株式を購入する方式（レバレッジド方式）の方が多い。この場合も，借入金の返済資金は企業拠出である。そして，ＥＳＯＴは，順次，取得株式を各従業員の口座へ割り当てることになる。そして，非上場会社の株式の場合は，企業は従業員の退職時に持株を時価で買い取らなければならないとされている[3]。

ＥＳＯＰには税制上の優遇措置が講じられ，企業のＥＳＯＴへの拠出金，ＥＳＯＴの借入金の返済金としての拠出（利子を含めて）は，損金算入となるだけでなく，ＥＳＯＴへの支払い配当金も損金に算入することが認められている。

レバレッジ方式の場合，導入企業が銀行から資金を借り入れ，これをＥＳＯＴに貸し付けるミラー・ローン（転貸し）があるが，多くの場合は，ＥＳＯＴが会社の保証の下に，直接借入れるダイレクト・ローン方式である。

(3) 非上場会社のＥＳＯＰ

1990年代の半ば以降は，上場企業のＥＳＯＰの普及はほぼ終わり，導入企業の減少傾向が顕著になった。上場企業のＥＳＯＰに代わって目立つようになったのが，非上場企業におけるＥＳＯＰの導入である。それは，主として，従業員による企業買収（ＥＢＯ）のために用いられたのである。ＥＢＯはＥＳＯＰの活用方法の一つだが，現在のＥＳＯＰはＥＢＯが完全に主流になっている[4]。

ＥＳＯＰは，未上場企業における利用が増加傾向にある。アメリカにおいて

---

[3] 北　真収・前掲論文13頁。
[4] 野村亜紀子「米国公開企業によるＥＳＯＰの活用とわが国への示唆」『資本市場クォータリー』〔野村資本市場研究所〕2006年 Winter 145頁。
[5] 野村亜紀子「米国におけるレバレッジドＥＳＯＰの事業承継への活用」『資本市場クォータリー』〔野村資本市場研究所〕2006年 Spring 120頁。

も，未上場企業における最大の課題は事業承継問題であるが，ＥＳＯＰは非公開企業のオーナーによる事業承継目的を中心的として利用されたのである[5]。このことは，わが国の事業承継に関しても有益な示唆を与える。

非上場企業においてＥＳＯＰの導入と普及が進んだが，その理由として，オーナーの引退などに伴う経営の継続性がＥＳＯＰによる従業員の株式所有を通して確保されることにあるが，加えて，ＥＳＯＰを事業承継目的に用いるための税制上の優遇措置が，非上場会社におけるＥＳＯＰの導入を促進したのである。企業のオーナーが，引退などによりＥＳＯＰに対し自社株式を売却するに際し，税制上の優遇措置が講じられていることなどがあげられている[6]。

米国税法は，オーナーが保有株式をＥＳＯＰに売却した場合は，引退に伴う株式のＥＳＯＰへの売却によって生じたキャピタル・ゲインの繰り延べ課税を認めることにより，ＥＳＯＰを利用するオーナーに税制面でのインセンティブを与えたといわれている。

さらに，保有株式をＥＳＯＰに売却するためのインフラ面でも，非公開企業の株式の評価業者や，ＥＳＯＰに精通したアドバイザーの存在，ＥＳＯＰ目的の融資を行える銀行の存在などがあげられている。

このように，現在のアメリカにおいては，ＥＳＯＰ導入に対する関心と必要性は，上場企業から事業承継問題を抱える非上場企業に向かい，2000年代に入るとＥＳＯＰの導入企業の多くは非上場企業である。

そして，非上場企業のＥＳＯＰの構造とスキームは，基本的には公開企業のＥＳＯＰと同様であるが，オーナーがその持株を売却する場合のキャピタル・ゲインとか，従業員が株式を処分するに際し市場性がなく処分が困難なことから，これに備えて特別の配慮がなされている。

---

[6] 井潟正彦・野村亜紀子・神山哲也「米国ＥＳＯＰの概要と我が国への導入」『資本市場クォータリー』〔野村資本市場研究所〕2001年 Winter 15頁。

(4) ＥＳＯＰと事業承継

　非上場企業における事業承継目的のレバレッジドＥＳＯＰは，創業者やオーナーの引退時の株式処分の一手法としてなされている[7]が，それは，ＥＳＯＰがオーナーが保有する自社株式の売却先として導入される。オーナーが，従業員に事業を譲るために自社株式を売却する場合，税制優遇上措置を受けるだけでなく，オーナーが保有の非上場会社株式に，流動性を与えることにもなり，引退後の生活資金確保と同時に，遺産に組み込まれる資産に流動性を付与することから，遺産税の支払いに備える意味合いも持つといえよう。

　従業員にとっても，オーナーの引退に際して，最大の懸案事項である雇用や企業経営の継続性は，自ら企業保有者となることからそれに対する不安を解消する方法の提供を受けることにもなる。

　事業承継の観点からは，レバレッジドＥＳＯＰを通じた事業承継は，オーナーが，雇用や自社の独立性などを重視し，段階的にＥＳＯＰへの保有自社株式売却を行うことを可能とする。

(5) ＥＳＯＰと税制上の優遇措置

　税制上の優遇措置を受ける要件は，ＥＳＯＰの取得する自社株式の保有比率が30％以上あれば足りるので，オーナーは一気に全株式の売却を迫られることなく，望めば段階的に引退するという選択も可能となる。ＥＳＯＰの制度によれば，経営者（オーナー）が，保有する自社株式の30％以上をＥＳＯＰに譲渡した場合，受取代金（譲渡代金）で一定期間内（1年以内）に他の株式等を取得した場合は，右株式を譲渡するまでの間，自社株式の譲渡益課税が繰り延べられる。

　税制上の優遇措置として，企業拠出金の損金算入，企業がＥＳＯＰへの支払配当を損金算入できるが，非上場企業のオーナーが保有自社株式をＥＳＯＰに

---

[7]　以下の叙述は，野村亜紀子・前掲「米国におけるレバレッジドＥＳＯＰの事業承継への活用」129頁以下参照。

売却した場合の特別措置も講じられている。税金の繰り延べの要件として，自社株式売却で得た資金を米国企業の株式等に再投資することが必要である。

オーナーが株式売却によりキャピタル・ゲインを得ても，それを資金として買換期間内に米国企業株式などの「適格代替資産」を購入した場合は（再投資），キャピタル・ゲイン課税を繰り延べることができるから，これにより納税が猶予されることになる。そして，繰り延べられたキャピタル・ゲインは，代替証券を売却した時点で，その売却益と繰延分とを合わせて課税対象になるのである[8]。

(6) ＥＳＯＰ向け融資の特徴

事業承継目的のＥＳＯＰ関連の融資は，基本的には一般の融資と異ならない。レバレッジド方式による資金調達のスキームは上場企業のＥＳＯＰと同様であり，返済は会社の資金によりなされる。しかし，資金の使途は，オーナー等の保有する自社株式の取得，自己株式の取得というように事業承継目的に限られ，ＥＳＯＰによる借入れであっても，貸借対照表上の記載は企業の負債として計上される[9]。

---

[8] 野村亜紀子・前掲「米国におけるレバレッジドＥＳＯＰの事業承継への活用」121頁，北　真収・前掲論文14頁。

[9] 以下，野村亜紀子・前掲「米国におけるレバレッジドＥＳＯＰの事業承継への活用」124－130頁参照。

4 日本型ＥＳＯＰ（従業員持株プラン）の導入

(1) 従業員持株プランの導入の必要性

　近時，わが国においてもＥＳＯＰに対する関心が高まっている（平成20年11月17日，経済産業省は従業員持株プラン〔新プラン〕運用の指針となる「新たな自社株式保有スキームに関する報告書」を公表した）。しかし，わが国では，ＥＳＯＰに関する特別の法的措置がなされていないことから，アメリカのＥＳＯＰをそのまま導入できないので，ＥＳＯＰをモデルにして現行法の範囲内で可能なスキームによる新プラン（日本型ＥＳＯＰ）が開発され，導入企業が徐々に増加傾向にある。それは，主として，インセンテイブ効果，安定株主の確保にあるといえよう。

　各種の新プランが開発され，上場企業を中心に導入が進みつつあるが，わが国においても，中小企業の事業承継目的で新プランを導入する必要性が高い。むしろ，新プラン（日本型ＥＳＯＰ）導入の現実的な必要があるのは，非上場の中小規模の会社であるといえよう。

　中小規模の非上場企業においては，事業承継問題の現実化にともない，従業員に事業を承継させるために，事業承継者問題の解決策として新プラン（特にレバレッジド型のＥＳＯＰ）を導入する必要が高いものと考えられる。

　もとより，中小企業においては，導入の目的は，自社株式を退職時に支給するためというのではなく，事業承継を企業内承継として円滑に行うためである。

　経営者（オーナー）が，他の経営者や従業員を承継人に指名して事業を譲渡するという企業内承継の選択が現実化してきた。それは，ＭＢＯ（経営者による企業買収），ＥＢＯ（従業員による企業買収），ＭＥＢＯ（経営者と従業員による企業買収）としてなされるが，最大の課題はオーナー等が保有する自社株式の買取資金（買収資金）の調達である。

この点について，新プラン（日本型ＥＳＯＰ）を用いて，オーナー等が保有する自社株式を買い入れるというスキームと，資金借入れという方法が検討されるべきである。

(2) 新プランのスキームと事業承継

上場企業を対象とする新プランのスキームとして，大別して，ビークル（受け皿）が自社株式を取得して，従業員持株会に有償譲渡する方式と，会社が信託銀行に信託した自社株式を（金銭を信託し，信託銀行が自社株式を取得するスキームもある），信託銀行が退職従業員に無償交付する方式があるが，現行法の範囲内で導入することから前者が中心になると考えられる。

従業員持株会に対する譲渡方式には，ビークル（受け皿）として，信託を用いる方式と，中間法人を用いる匿名組合方式[10]があるが，主流と考えられるビークルに信託を用いる「信託スキーム」は，ビークルが，会社の保証の下に銀行から借り入れた資金により，自社株式を一括して市場から買い付け，または会社から自己株式の処分として譲り受けるのである。そして，ビークルは，順次，保有株式を従業員持株会に対して売り渡し，受取代金により銀行からの借入金を弁済するというスキームである。

(3) 事業承継目的の新プランの利用

中小企業においては，上場会社の場合と利用目的が異なり，新プランを事業承継の円滑化のために用いるのであるが，現時において新プラン利用の必要性が現実化しているのは中小企業であると考えられる。

もとより，事業承継のためにどのような企業でも新プランを利用できるものではない。財務や経営状態が健全で，将来性のある企業であることが要求され

---

[10] 平成18年6月2日公布の「一般社団法人及び一般財団法人に関する法律」により中間法人法は廃止されるが，新法施行の際に現存する有限責任中間法人は，みなし一般社団法人として存続する（整備法2条1項）。それ以後の導入は一般社団法人によるが，スキーム自体に大差はない。

る。このような企業でなければ，新プランによる事業承継に適さないばかりか，新プランの利用によっても買収資金の借入れが困難であろう。

　アメリカにおいては，非上場会社における事業承継問題は増加しているが，それに応じてレバレッジドＥＳＯＰの利用が拡大傾向にある。オーナー経営者が引退に備えてＥＳＯＰを設置し，保有自社株式をＥＳＯＰに売却するというのであるが，ＥＳＯＰの株式取得資金は銀行借入により，ＥＳＯＰの導入企業とオーナーに対し，前述のように税制上の優遇措置が講じられている。これらは，わが国においても十分に参考にすべきであろう。

　わが国でも，中小企業の後継者難がいわれているが，後継者の選択方法として企業内承継を選択した場合，最大の課題は事業承継のために必要な資金の調達である。そこで，アメリカのＥＳＯＰをそのまま導入できないが，わが国で開発された日本型のＥＳＯＰ（新プラン）を用いた事業承継は可能であると考えられるので，これを利用した事業承継がなされることが期待される。

　もとより，わが国では，従業員の事業承継目的の株式取得資金を会社拠出とできないから，レバレッジド方式による場合の借入金の返済方法が問題になるが，企業収益やキャッシュ・フローによる弁済となろう。

(4)　新プランを用いた事業承継

　事業承継問題を抱える中小企業において，新プランの導入と利用の必要性が高いといえよう。中小企業においては，現在，後継者選びと事業承継問題が重要課題となっているが，近親者に承継人をもたない経営者にとって，経営能力とすぐれた技術をもつ従業員に対し，事業を譲渡する企業内承継が最善の策であることから，従業員または従業員持株会に経営権（事業）を譲渡する方法に対する関心が高まっているといえよう。

　経営権（事業）の譲渡は，一般に，オーナー経営者の有する支配株式の譲渡としてなされるが，従業員が株式譲受代金の調達は金融機関からの借入れ（レバレッジド方式）によらなければならない場合がほとんどである。

　従業員は，経営者の引退による「経営の行方」，「事業内容の変更」などを懸

念し，また，会社経営に何が起きるかについて不安をもっている。従業員にとって，新プランにより株式を買い受ければ，会社は従業員の所有となり，経営者（オーナー）の引退後も経営の継続性が確保される可能性が高まる。そこで，日本で事業承継問題でも新プランに対するニーズは，確実に現実化している（経済同友会の「社会保障制度改革に関する提言」〔2001年3月〕・19頁）。

　中小企業においても，経営者が引退するにあたり，レバレッジドＥＳＯＰを通じて従業員に売却するという選択肢が存在する。ＥＳＯＰは，借入金により経営者（オーナー）から大量の自社株式を買い付け，企業所有権と経営権を取得するのである。

　次に，従業員がＥＢＯなどにより自社株式を取得する場合，中小企業株式（非上場会社株式）には市場性がないことから，従業員の退職に際しその持株（持分）を会社等が買い取るという制度設計をすることが必要である。

(5) 事業承継に新プランを用いるスキーム

　親族内承継の場合にも新プランを利用することが考えられる。相続の開始後に承継人が新プランを用いて，借入金により自社株式等を買い集めるという方法があるが，経営者（オーナー）が生前に新プランを利用して，自社株式等の保有資産をビークルに有償譲渡し，ビークルから承継人がそれを買い受けるということも考えられる。

　会社，オーナー等の主要株主，事業承継人となる経営者または従業員との間で事業承継に向けた交渉と立案を行い，一定の内容の事業承継に向けた合意に至れば，3者間で基本合意をする。会社を当事者とするのは，所有と経営の分離が明確にされているとは言い難い中小企業の場合は，会社が実質的には事業承継の当事者であるとの面を有し，単に，オーナー等の主要株主，事業承継人予定者間の支配株式の譲渡に関する合意にとどまらないからである。

　基本合意にもとづき，事業承継を進めていくのであるが，基本合意の中心となるのが，新プランに関する部分ということになる。そこで，できるだけ新プランとビークルに関して詳細に計画し，取り決めておくことが必要である。と

くに，売り渡す株式数と対価，対価の支払方法と時期，買付資金の調達法についてである。

　事業承継目的で，新プランを利用する手順であるが，従業員の株式取得のために会社がビークル（受け皿）を設置し，一定額を基金としてビークルに拠出する。ビークルとして信託を利用するが社団法人を用いることもある。

　他の経営者または従業員が事業承継人となるのであるが，経営者と従業員が共同して事業承継人となれば（MEBO），事務・生産・営業部門を熟知し能力のある従業員と，経験と経営能力を有する経営者とにより，適正な事業承継を期待することができる。従業員については，個別の少数の従業員によることもあるが，従業員持株会に参加している全従業員というように多数の従業員を主体とすることも考えられる。あるいは，経営者または従業員により事業承継目的の特別目的会社（SPC）を設立し（既存の会社を用いることも考えられる），これを事業承継の主体とするという方法も考えられる。

　スキームとしては，事業承継目的でビークルを設置する。そして，ビークルは，会社の保証のもとに，株式取得資金を長期ローンとして金融機関から借り入れ，これにより経営者の持株を相対取引により一括して買い付ける。これにより，経営者は現金を手にすることができ，老後の生活資金を確保できるからハッピー・リタイアであるといえよう。

　ビークルの取得株式数は，議決権ある株式の全株取得が望ましいが，特別決議を成立させるに足りる議決権数の3分の2以上，少なくとも2分の1以上の株式の取得は必要である。

　取得した自社株式はビークルに帰属するから，配当金はビークルに支払われる。そこで，ビークルは受け取った配当金を金融機関からの借入金の弁済資金にあてることになる。

　役員については，ビークルに支払う株式取得代金を自ら調達しなければならないが，役員といっても多くは従業員兼任であり，あるいは従業員から役員になった者であるから，事業承継目的で従業員持株会に参加することを認めてもよいであろう。役員の参加を認め，株式譲受人を持株会に一本化する方が運営

上の事務処理は簡易になるであろう。

　中小企業における事業承継目的の株式取得であるから，持株会の参加資格をそれほど厳格にいう必要はないであろう。ただ，従業員の拠出について奨励金が支給される場合でも，役員に対しては支給すべきでないであろう。

　このように，企業内承継として役員や従業員が事業承継人となる場合の最大の課題である株式取得資金の調達は，新プランを活用したレバレッジド方式を用いれば容易に実現可能なものとなろう。

　会社法の問題として，ビークルによる自社株式の取得は，子会社による親会社株式の取得禁止規制との関係で検討課題となるから，ビークルの子会社該当性が問題となる。新プランによる事業承継は，ビークル（受け皿）による自社株式を取得するスキームである。会社法上，子会社による親会社株式の取得は禁止されているが（会社法135条1項），子会社には会社以外の事業体も含まれることから（会社法2条3号，会社法施行規則3条1項・3項），ビークルが子会社に該当したのでは，ビークルにより自社株式を取得するという新プランのスキームそのものが成り立たないことになる。

　子会社に該当するか否かの基準となるのは，議決権の過半数を支配しているという形式的な基準だけではなく，これに加え，他の会社により「財務および事業の方針の決定」が支配されているか否かという実質的支配力基準によって判断されることになる。

　子会社に該当するか否かは，「財務および事業の方針の決定を実質的に支配されている組合その他これに準ずる事業体」に含まれるか否かにより，しかも，財務諸表等規則の「会社に準ずる事業体」，会社法上の「組合その他これに準ずる事業体」（会社法施行規則2条3項2号）に含まれるか否かにより判断されることになる。

　そこで，ビークルが子会社に該当するか否かの判断の基準として，ビークルの資産の管理と処分について，会社と密接な関係にある者が代表者ないし管理人に就任している場合は，業務執行権が会社と密接な関係にある者によって支配されているとみられるから，子会社と認定される可能性がある。

ビークルとして信託を利用する場合は，信託についていえば議決権は存在しないのであるが，議決権が，受益権，信託財産の管理・処分権，受託者に対する指図権または内容変更権限などに相当するとしても，会社はいずれの権限も有しないので，子会社要件のいずれにも該当しないから，「財務または事業の方針の決定を支配していないことが明らかであると認められる場合」に該当する。そこで，信託は会社法上の子会社に該当しないと説明されている[11]。いずれにせよ，会社と密接な関係にある者が代表者ないし管理人にならない場合は，子会社と認定されないであろう。

 しかし，会社と密接な関係にある者が，業務執行権を有する者が代表者に就任していないという形式的理由によるだけでなく，実質的にも，会社と密接な関係にある者による支配を排除し，制度上も実際の運営上からも，導入企業の裁量が及ばないようにすべきであり，それがなされていれば，ビークルが子会社とならないと考えられる。

 会社は，ビークルを設置して，これに対し財務的支援をしていることから，会社がビークルを実質的に支配していないかが問題となる。そこで，子会社該当性の判断の基準となる実質的支配の認定は，ビークルの管理運営の状況，代表者に誰が就任するか，保有株式について議決権行使の独立性の確保などを総合して判断すべきである。

 会社がビークルを実質的に支配している場合は，ビークルは当該会社の子会社と認定されることになるから，新プランによる事業承継というスキームを用いることができなくなる。これに対し，ビークルの運営と保有自社株式の管理について，会社からの独立性が確保され，ビークルが会社により実質的に支配されていない場合は子会社に該当しないから，新プランによる事業承継というスキームを有効に用いることができる。

 子会社の認定基準である実質的支配基準は，会社法と企業会計上の認定基準とが共通している（連結財務諸表原則一・2，同注解5，財務諸表等規則8条3項）。

---

[11]　吉原裕人ほか「信託型従業員持株インセンティブ・プランの設計と法的論点」『商事法務』1786号29頁。

しかし，両者は子会社認定の目的を異にするから，必ずしも同一の判断基準により認定する必要はないと考えられるが，会社法上の認定基準よりも企業会計上の認定基準の方が緩やかではないかと考えられる。

会社法は，親会社株式の取得禁止規制との観点から子会社であるか否かを判断するのであるのに対し，企業会計上は，連結財務諸表上の子会社の範囲を決める，つまり連結の対象とするか否かの観点から子会社該当性を判断するのである。別異の観点から子会社該当性を問題とするのであるから，認定基準を同一とする必要はない。そこで，会社法上，実質的支配が存在すると認定され，子会社に該当するものと判断された場合でも，企業会計上は子会社と認定されない場合もあるであろう。

(6) 資金の借入れと会社の金融支援

事業承継目的で新プランを利用するためには，会社が経済的支援をすることが必要である。それは，プランの導入に際し会社が資金を拠出し，運営費用の一部を負担することになるが，加えて，ビークルの銀行からの株式取得資金の借入れに際し保証という形でなされる。そこで，かかる会社による経済的支援の適法性が問題となるが，基本的には上場企業の新プランの場合と同様に考えるべきであろう。

既存の従業員持株制度の導入と運営のために，会社が合理的な範囲内で必要とされる金融支援（資金援助）をすることが認められているが，新プランについても同様に考えられる。会社が金融上の支援をなしうるか否かは，既存の持株制度の運営における奨励金の支給や手数料の補助の場合と同様に，その適法性は，目的の正当性と支援額の相当性によるが，事業承継目的の新プランに対し，会社が経済的支援をすることは正当目的と考えられるから，事業承継のための株式取得に対する支援は，福利厚生費として認められないとしても，相当額の支援は適法なものとなろう。

事業承継目的で株式やオーナーなどが保有する事業用資産を取得するために，ビークルが金融機関から株式取得資金を借り入れるに際し，会社が保証するこ

とが必要である。会社が保証することは，ビークルが借入金の弁済が困難な事態に至れば，会社は多額の保証責任を免れない。しかし，借入れのために会社の保証が必要であることから，事業承継という正当目的の借入れに対しては，保証の内容にもよるが，一般に，正当な金融支援として適法なものである。

もとより，当該株式が実質的にはビークルに帰属しないとか，借入金の弁済を実質的には会社が行うとか，配当金が支払われないとか，議決権行使が会社により支配されている場合など，ビークルによる株式取得が会社の計算による自己株式の譲受けとなる場合は，かかる違法な株式取得資金のための保証は許されない。

新プランによるビークルの株式の取得資金は，会社の保証の下に銀行借入により行われるが，会社が株式の取得資金を会社が貸し付けるという方法も可能であると考えられる。しかし，このような会社の金融支援をもって，ビークルによる株式取得が，直ちに，会社の計算による自己株式の取得であると考えることはできない。

事業承継目的の自社株式の取得のための経済的支援として，合理的範囲内にとどまるものであれば，会社の計算によるものと評価されるものではない。会社の保証についても，ビークルの借入れが返済の見込みのない名目的なものではなく，十分な返済可能性があるものであれば，当初から会社が保証責任を負って弁済することが意図されたものではないから，会社の計算によるものということはできない。

ビークルの保有株式に配当金が支払われないとか，議決権の行使が事業承継人の意思に沿って行使されない場合は，会社の計算による株式取得となるが，そうでない場合は，自己株式の取得とする必要はない。

第11章 経営承継円滑化法

1 経営承継円滑化のための法制化

　中小企業においては親族内承継が事業承継の中心であるが，経営者の高齢化が進むとともに，親族内での後継者不足が顕在化しつつある。他方，近時，企業内承継や企業を第三者に売却するというM＆A取引が増加傾向にある。

　中小企業経営者の個人資産総額に対する自社株式や土地等の事業用資産の合計比率は3分の2と高く，自社株式の価額が個人資産総額の3割を占めているとされている。このように，所有と経営が一致していることから，相続その他の事由による事業承継に際し，民法上の遺留分（遺留分というのは，相続人が相続の際に保障されている遺産の割合である）による制約，多額の資金調達の必要性，相続税負担の問題が顕在化し，これらが円滑な事業承継に対する阻害要因になっている。そこで，事業承継の円滑化のためにこれらの阻害要因の除去のための必要な措置を講ずることが喫緊の課題であるとされている。

　このような状況の下で，平成20年5月9日，「中小企業における経営の承継の円滑化に関する法律」（経営承継円滑化法）が成立した。同法のうち，金融支援に関する部分は同年10月1日から施行され，遺留分に関する民法の特例に関する部分は，最高裁判所規則の整備と準備期間を経て平成21年3月1日から施行された。そして，非上場株式等についての相続税の猶予を認める特例措置などは平成21年の税制改正に盛り込まれた。

2 民法の遺留分に関する特例

(1) 民法の遺留分に関する特例の適用
① 遺留分に関する特例の適用要件

事業承継円滑化法の対象となるのは中小企業であるが，全ての中小企業が対象となるのではなく，対象となる中小企業者は，原則，次のいずれかに該当する必要がある（承継法2条1号－4号）。

	資 本 金	従 業 員 数
製造業その他	3億円以下	300人以下
卸売業	1億円以下	100人以下
小売業	5,000万円以下	50人以下
サービス業	5,000万円以下	100人以下

さらに，民法の遺留分に関する特例の適用を受けるのは，一定の要件を満たす特例中小企業の後継者であることが必要である。「特例中小企業者」とは，中小企業者のうち，3年以上継続して事業を行っている上場会社等を除く会社である（経営承継法3条1項，同施行規則2条）。したがって，個人事業者の承継者は対象者にならない。

遺留分に関する民法の特例の対象者となるためには，推定相続人である後継者が特例中小企業者の「旧代表者」（特例中小企業者の代表者であった者（代表者である者を含む）であって，少なくとも，推定相続人の1人に対して，当該会社の株式または持分を贈与したもの）から，その生前に，特例中小企業者の株式または持分（以下，株式等）の贈与が行われ，そして，後継者が株式等の贈与を受けたことによって，総株主の議決権の過半数を所有することになり，かつ後継者が当該企業の代表者になって経営に従事していることが必要である（承継法3条2項・3項）。

「後継者」とは，旧代表者の推定相続人のうち，当該旧代表者から当該特例中小企業者の株式等の贈与を受けた者，または当該贈与を受けた者から当該株式等を相続，遺贈もしくは贈与により取得した者であって，当該特例中小企業者の総株主（株主総会において決議をすることができる事項の全部につき議決権を行使することができない株主を除く。以下，同じ）または総社員の議決権の過半数を有し，かつ，当該特例中小企業者の代表者であるものをいう（承継法3条3項）。

② 民法の遺留分の概要

遺留分制度の概要についていえば，兄弟姉妹以外の相続人は，遺産（相続財産）に対して遺留分を有する（民法1028条）。その割合は，直系尊属のみが相続人である場合は被相続人の財産の3分の1，それ以外の場合は財産の2分の1であり，それに法定相続分を掛けて計算する（民法1028条，900条）。そして，遺留分権利者は，遺留分を侵害する贈与等がなされた場合，減殺請求ができる。これが，事業承継の円滑化の阻害要因になるとされるのである。

経営者は，事業承継に必要な自己所有の自社株式や事業用資産を，後継者に贈与または遺贈することができ，また法定相続分によらない相続分を定めることができるが，遺留分に関する規定に違反することはできない（民法964条，902条1項）。遺留分の減殺請求は，遺留分は遺留分を有する相続人の権利であるが，後継者への株式集中を困難にし，事業承継の円滑化を妨げることになりかねない。

民法は相続開始前の遺留分の放棄を認めているが，家庭裁判所の許可を要するほか，推定相続人の遺留分の放棄は他の共同相続人（推定相続人）の遺留分に影響を及ぼさない（民法1043条）。そこで，推定相続人全員が遺留分を放棄した場合でなければ全面的解決とはならない。

(2) 遺留分に対する特例の内容

遺留分の特例を認める趣旨は，中小企業経営者の個人資産の大部分を占める自社株式や事業用資産を，事業承継のために集中させる必要があるとして後継者に生前贈与した場合，非後継者から遺留分の減殺請求がなされるおそれがあ

る。それにより，相続人間で自社株式等が分散することになり経営の不安定化を招くことになる。また，遺留分算定の基準日は相続開始時である（最判昭和51・3・18民集30巻2号111頁）ことから，後継者に生前贈与された自社株式の価値が後継者の貢献を考慮することなく上昇後の評価で計算されるという不都合に対処するためである[1]。

遺留分の特例となる合意は，ⅰ）生前に贈与を受けた自社株式等を遺留分の算定の基礎となる財産から除外する合意（除外合意）と，ⅱ）生前に贈与を受けた自社株式等の評価を，合意時点での評価額をもって遺留分算定の価額とするとの合意（固定合意）である。

除外合意とは，後継者を含む推定相続人全員が，書面により遺留分の算定に係る内容についての合意をすれば，後継者が当該旧代表者からの贈与または当該贈与を受けた旧代表者の推定相続人からの相続，遺贈もしくは贈与により取得した当該特例中小企業者の株式等の全部または一部について，その価額を遺留分算定の財産の価額に算入しないこと，つまり，遺留分算定の基礎財産から贈与された株式等を除外できる制度である（承継法4条1項1号）。

家庭裁判所の許可があったときに除外合意の効力が生じ，これにより，後継者が贈与等により取得した株式等の財産，非後継者が贈与等により取得した財産について，その価額を遺留分算定のための財産の価額に算入しないことになる（遺留分算定の財産価額から除外する）。

固定合意とは，後継者の経営努力などによる，株価の上昇分を遺留分の計算に反映させないために，関係者全員の事前合意により遺留分の算定基準を合意した時点の評価額に固定することである。これにより，後継者の経営努力などにより，贈与を受けた自社株式の価値が上昇したとしても，合意時点以後の自社株式の評価額の変動には影響されないことになる。

なお，除外合意と固定合意は，二者択一の関係にないから，後継者が旧代表

---

[1] 柏原智行・山口徹朗「事業承継円滑化に向けた中小企業庁の取組」『自由と正義』59巻8号14－15頁，神埼忠彦他「中小企業における経営の承継の円滑化に関する法律の概要」『ジュリスト』1377号52頁。

者からの贈与等により取得した株式等の一部を除外合意の対象とし，その余の株式等を固定合意の対象とするというように組み合わせて利用することも可能である[2]。

　民法の遺留分の特例は，所有と経営の実質的な未分離を前提として，相続制度の枠内で，均分相続の原則を克服して，後継者への経営の集中的承継を実現する制度や枠組みを構築したのである。そして，除外合意は，契約による遺留分放棄であり，相続開始前の相続放棄契約，遺産分割契約を認めたものであるが，手続保障として経済産業大臣の確認および家庭裁判所の許可を要求している。そこで，贈与を受けた財産のすべてにつき除外合意をすれば，事実上，生前における遺産分割となる[3]。

(3) 遺留分に関する特例を受けるための手続

　中小企業の事業承継を円滑に行うために，後継者以外の相続人の遺留分の制度による制約が障害となることから，合意による民法上の遺留分減殺請求権に対する特例が設けられた。遺留分に係る民法の特例に関する合意は，後継者が，旧代表者の推定相続人の1人である場合に限られるばかりか（承継法4条1項），旧代表者の推定相続人でない者（娘婿など）が後継者に指名されている場合は合意はなしえない。

　民法の特例を受けるためには，後継者による事業承継について，遺留分に関する特例によることについて，推定相続人全員の合意と経済産業大臣の確認および家庭裁判所の許可を受けることが必要である。合意は必ず後継者を含めた旧代表者（旧経営者）の遺留分を有する推定相続人全員で行い，全員が書面（合意書面）により行うことが必要である（承継法7条2項1号）。それ故，推定相続人の1人でも反対すれば，合意が成立しないことになり，1人でも署名を拒否した場合は，合意書面が作成できないから，合意は成立しなかったことになる。

---

(2)　柏原智行・山口徹朗・前掲『自由と正義』17頁。
(3)　浦野由紀子「事業承継円滑化法が相続法に与える影響」『ジュリスト』1377号59−60頁，65頁。

遺留分の算定に関する推定相続人全員の合意は生前になされることから，前経営者（被相続人）の意向に従い，仕方がないとしてなされることが多いと考えられる。これを真意によるものでないとすれば，真意でない合意と認められない場合が多くなり，合意による特例を認めた趣旨がなくなる。そこで，真意でないという場合を限定的に解釈し，自由意思によることが被相続人により封じ込められている場合などに限られよう。

　書面による合意が必要なのは，当事者の意思を明確にするとともに，経済産業大臣の確認および家庭裁判所の許可を受るために必要だからである。合意は，経済産業大臣の確認および家庭裁判所の許可を受けることにより効力を生ずる。

〔遺留分に関する民法の特例の手続〕

```
┌──────────────┐    ┌──────────────┐    ┌──────────────┐
│除外合意または固定合意│ ⇒ │ 経済産業大臣の確認 │ ⇒ │ 家庭裁判所の許可 │
└──────────────┘    └──────────────┘    └──────────────┘
     （合意書面）      確認申請（1か月以内）  許可申請（1か月以内）

  ⇒ ┌──────────┐
    │ 合意の効力発生 │
    └──────────┘
         ※確認申請・許可申請：後継者の単独申請
```

* 経済産業大臣の確認事項：合意が経営承継の円滑化を図るためになされたこと，申請人が要件を満たした後継者であること，合意の対象株式を除けば後継者が議決権の過半数を確保することができないこと，後継者が合意の対象となった株式等を処分した場合等に非後継者がとるべき措置が定められていると。
* 家庭裁判所の許可の要件：合意が当事者全員の真意によりなされたこと。

家庭裁判所の許可を受けることにより，民法の特例に関する合意が効力を生じた後，ⅰ）経済産業大臣の確認の取消し，ⅱ）旧代表者の生存中に，後継者が死亡し，または後見開始もしくは保佐開始の審判を受け，ⅲ）合意の当事者以外の者が，新たに旧代表者の推定相続人となったこと，ⅳ）合意の当事者の代襲者が旧代表者の養子となったときは，右事実により合意の効力は当然に失われる（承継法10条）。

3 金融支援のための措置

(1) 金融支援のための措置の趣旨

　事業承継を円滑に行うためには，多額の資金の調達を必要とする場合が少なくない。親族内承継として後継者が事業を承継する場合でも，他の相続人（非承継人）から分散した株式や事業用資産の買取り，経営者の交代にともなう信用力の低下と，銀行の借入条件や取引先の支払条件が厳しくなることなどに備え相当額の運転資金を準備する必要があり，また相続税等の納税のための資金の調達など，事業承継の円滑化のためには多額の資金が必要である。しかし，それが容易でないことが事業承継円滑化の阻害要因となる。

　そこで，経営承継円滑化法は，事業承継に際して多額の資金需要が発生し，それが事業活動の継続に支障が生じていると認められるものとして，経済産業大臣の認定を受けた中小企業者およびその代表者に対し金融上の支援をすることを認めた。それは，経営の承継にともない必要な資金の調達を支援するために，日本政策金融公庫法および沖縄振興開発金融公庫法の特例として必要な資金の貸付け，中小企業信用保険法に規定する普通保険等を別枠化するという資金の供給を円滑化するために金融上の支援措置を内容とするものである。

　支援の対象となるのは，後継者による親族内承継の場合だけでなく，企業内承継（社内承継）として，役員や従業員がＭＢＯ，ＥＢＯにより，オーナーからその持株や事業用資産を買い受け，他の株主からもその持株を買い取る場合，Ｍ＆Ａ取引による事業承継人も含まれる。そして，企業に対してだけでなく，代表者個人の借入れに対しても金融上の支援を認めているのが特長である。

(2) 金融支援措置を受けるための要件

　経営承継円滑化法による金融支援を受けるのは，事業活動の継続に支障が生じていると経済産業大臣が認定した中小企業者（非上場会社および個人事業主）とその代表者個人である。金融支援を受けるためには，一定の要件を満たした会社である中小企業者と個人である中小企業者が，経済産業大臣から「事業活動の継続に支障が生じている中小企業者」との認定を受けた「認定中小企業者」となる必要がある。

　認定を受けようとする中小企業者は，申請書に，当該申請書の写し1通および所定の書類を添付して，経済産業大臣に提出しなければならない（承継法12条1項，規則7条1項，添付書類については同項1号～11号）。認定を受けるためには，当該中小企業者における代表者の死亡等に起因する経営の承継にともない，死亡したその代表者（代表者であった者を含む）または退任したその代表者の資産のうち，当該中小企業者の事業の実施に不可欠なものを取得するために多額の費用を要すること，その他経済産業省令で定める事由が生じているため，当該中小企業者の事業活動の継続に支障が生じていると認められることが必要である（承継法12条1項1号）。

　認定を受けた中小企業者は，株式会社日本政策金融金庫法および沖縄振興開発金庫法の特例として，株式会社日本政策金融金庫（平成20年10月1日，中小企業金融金庫，農林漁業金融金庫，国民生活金融金庫が統合され株式会社日本政策金融金庫になった）および沖縄振興開発金庫により必要資金の貸付けを受け，また中小企業信用保険法の特例によることができるのである。

　注意すべきことは，認定中小企業者の認定を受けることは，金融支援を受けることの資格要件である。そこで，認定中小企業者となったからといって，当然に金融機関から融資を受けることができるのではない。融資が実行されるか否かは金融機関の審査により決められることになる。

(3) 中小企業信用保険法の特例

認定中小企業者に対し，中小企業信用保険法の特例として信用保険の額を拡大化（別枠化）する措置である（承継法13条）。対象となる資金は，事業承継にともない発生する資金である。つまり，自社株式や事業用資産等の買取りに要する資金，経営者の交代により信用状態が低下したとされる認定中小企業者の運転資金などである。

信用保証協会は，中小企業が金融機関から融資を受けるに際し，その債務保証を行うのであるが，経営承継円滑化法は認定中小企業者が事業に必要な資金の借入れについて，信用保証協会が債務保証をする場合について，債務保証に対する保険限度額を別枠とする特例的措置を設けることにより，中小企業者の資金借入れが容易になることを図ったものである。

通常の場合は，信用保険の額は，普通保険（2億円），無担保保険（8,000万円），特別小口保険（1,250万円）であるが，事業承継に際し必要な資金の借入れについては，中小企業信用保険法の特例として別枠で2倍化した。これにより，認定中小企業者の借入額が増大し，資金需要に対応することが可能となる（承継法13条）。

(4) 日本政策金融金庫法等の特例

株式会社日本政策金融金庫および沖縄振興開発金庫は，その特例として，認定中小企業者の代表者に対し，代表者が相続により承継した債務であって，認定中小企業者の事業の実施に不可欠な資産を担保とする借入れに係るものの弁済資金，その他の代表者が必要とする資金であって，認定中小企業者の事業活動の継続に必要なものとして経済産業省令で定める資金を貸し付けることができる（承継法14条1項）。

融資の対象者となるのは，親族内承継の後継者だけでなく，親族外承継者（MBOやEBOによる企業内承継，M&A取引による企業買収者），個人事業主の事業承継者（後継者）などである。そして，幅広い資金需要に応ずるために，資金の使途は，自社株式や事業用資産の買取資金，遺留分減殺請求への対応資金，

相続税の納付資金などかなり広い。そして，金利についても優遇されている。

　従来，事業承継に関しても，日本政策金融公庫等による融資の対象となるのは，会社（中小企業）と個人事業者であり，会社の代表者（経営者）個人に融資することができなかったが，経営承継円滑化法は，特例として，特定の資金目的について，事業を承継した代表者個人を融資の対象者に含め，事業承継上必要な資金について資金調達を支援している。これは事業承継に際し，代表者個人について多額の資金需要が生ずることに対応するためである。

(5) その他の金融支援策

　経営承継円滑化法による特例措置とは別に，中小企業の事業承継の円滑化を図るために，平成20年4月に創設された金融支援措置として，ⅰ）法人による自社株式等の取得に係る制度融資，ⅱ）M＆A支援に関する制度融資がある[4]。

ⅰ）法人による自社株式等の取得に係る制度融資

　中小企業が円滑な事業承継を行うためには，相続等により自社株式や事業用資産が分散することを防止する措置が必要である。そこで，会社に自社株式等を取得するための資金を融資するために，法人による自社株式等の取得に係る融資制度が設けられたのである。

　それは，安定的な経営権の確保等のために，会社が，後継者または非後継者（親族内の非後継者，親族外株主等）から自社株式や事業用資産を取得する場合に，その支払代金を日本政策金融公庫が融資するのである。

ⅱ）M＆A支援に関する制度融資

　近年，親族外承継の割合が増加傾向にあることから，企業内承継やM＆Aへの支援の必要性が顕在化してきた。そこで，後継者が不存在等の企業について，M＆A，MBO，EBOを行う場合に，株式の取得資金や事業譲受資金などを融資することにより，親族外承継の総合的な金融支援を実現する制度である。

　それは，M＆AやMBO，EBOを行う者が，後継者不存在等の企業やその

---

(4) 以下，日弁連特別研修会「事業承継問題研修会」〔平成20年10月24日〕資料8頁参照。

オーナーから，株式や事業用資産を買い受ける場合に，その支払代金を日本政策金融公庫が融資するのである。

4 事業承継税制の創設

(1) 事業承継税制の概要

　経営承継円滑化法の附則は，「政府は，平成20年度中に，中小企業における代表者の死亡等に起因する経営の承継に伴い，その事業活動の継続に支障が生じることを防止するため，相続税の課税について必要な措置を講ずるものとする」旨を規定している（承継法附則2条）。これを受け，事業承継の際の障害の一つである租税負担の問題を解決するため，平成21年度税制改正において，中小企業の株式等について相続税課税の特例として「取引相場のない株式等に係る相続税と贈与税の納税猶予制度」として事業承継税制を創設導入した。そして，これは，経営承継法の施行日（平成20年10月1日）以後に開始した相続について，平成20年10月1日に遡って適用される。

　それは，中小企業の後継者の相続税負担を軽減するために，租税特別措置法を改正し，事業の後継者に限って相続する株式の課税について優遇額を講ずるものである。対象となるのは，中小企業基本法に定める基準を満たす中小企業であるので，経営承継法の遺留分に関する民法の特例の中小企業者，金融支援の場合の特例中小企業者や認定中小企業者よりも，その範囲が広いものと考えられる。

　事業承継税制の骨子は，「取引相場のない株式等（非上場株式等）に係る相続税の納税猶予制度」と「相続課税方法の変更」であるが，とくに非上場株式等に係る相続税の納税猶予制度は事業承継にとって重要な意味をもつ。

　事業承継に際し相続税が深刻な問題となる企業にとって，相続税対策は不可欠であるとして従来から多くの方策が検討されてきたが，事業承継税制の導入は，税制面から中小企業の事業承継を後押して事業承継を円滑に行うとともに，

税制面から中小企業の廃業を食い止めるという機能を期待するものである。

(2) 事業承継と相続税問題の発生

相続税とは，被相続人の保有していた財産（遺産）を相続人が承継するときにかかる税金である。中小企業の経営者の個人資産の多くは，自社株式と事業用資産であることから，これを事業承継人がほぼ独占的に相続すれば，多額の相続税が発生することが懸念されるのは当然である。そこで，従来から親族内事業承継といえば，相続税と贈与税対策という税金問題を中心に考えられてきた。

2007年版「中小企業白書」によれば，経営者に対する予想される相続税負担額アンケートでは，17.9パーセントの会社で5,000万円以上の相続税負担が予想されるという結果になっている。また，45％が1,000万円以上の相続税の負担が発生するとの予測もなされている。

これに対し，相続税には基礎控除があり，相続税の算出方法は，概ね，被相続人の財産から基礎控除額5,000万円を差し引き，さらに，1,000万円×法定相続人の数を差し引いて〔相続財産－(5,000万円＋1,000万円×法定相続人の数)〕，これに税率をかけて計算されるのである。そこで，実際の相続税の課税状況をみると，死亡者数に対する相続人に相続税が課せられた件数（相続税発生）の割合は，2005年では4.2％に過ぎず，被相続人1人当たりの相続税額は2,500万円程度，相続財産に同族会社の株式等が含まれていたのは全体の1％となる。そうすれば，中小企業庁のアンケートは，相続が発生する前，すなわち相続税対策を一切行っていない段階の調査であることから，単純な比較はできないが，実際の相続税課税状況と中小企業経営者の予想との乖離は極めて大きい。中小企業の事業承継に際して，相続税が深刻な問題となるケースは，現実にはごく一部にとどまっていることが分かるとの指摘がある[5]。

現実の相続の場においては，企業が多額の借入金債務を負っているばかりか，

---

[5] 信金中央金庫総合研究所『中小企業における事業承継問題の現状と留意点』(2008・2・13) 16－18頁。

前経営者（被相続人）の個人債務，保証債務を承継し，また事業用資産には会社の債務のために担保設定がなされているから，相続税額の算定においてこれらをマイナス要因として計算すれば，一般の中小企業においては，自社株式の評価を含めて相続税額の計算において，どこまで相続税問題が重荷になるかについてはさらなる検証を必要とするであろう。

いずれにしても，経営状態が優良で多額の資産を有する優良中小企業の場合は，多額の相続税の発生が避けられないから，相続税対策の必要性を否定することができない。そこで，税負担の軽減化を図るために，自社株式の評価を下げるための措置を講ずるとか，数次に分けた生前贈与を行うことの必要性がいわれてきた。

事業承継つまり経営の承継は計画的な相続対策を必要とする。計画的な相続税対策とは，納税資金の確保，相続前の有効な財産の移転，相続財産の評価減の3点にあると考えられるが[6]，とくに，相続前の有効な財産の移転（生前贈与），相続財産の評価減が重要な課題である。

自社株式の評価額が極めて高く，これが相続税との関係で事業承継の障害となる場合には，評価額を下げる必要があることは否定できない。しかし，相続税対策として自社株式の評価額を下げることにより，企業価値（事業価値）を下落させることは好ましくないから，この点をどうするかという難しい問題の解決が要求される。

(3) 非上場株式等に係る相続税の納税猶予制度

① 相続税の納税猶予制度の概要

納税猶予制度は，非上場会社株式等に関する事業承継の阻害要因の一つとされている相続税負担の問題を解決するための方策である。事業承継時に多額の相続税を納付することは，円滑な事業承継の妨げになることから，取引相場のない株式等（非上場株式等）に係る相続税の課税の特例として納税猶予制度を創

---

[6] 堀江　浩「税理士から見た事業承継」『ＬＩＶＥＲＡ』2008年11月号〔東京弁護士会〕12頁。

設し，後継者が自社株式等の相続にかかる多額の相続税納付の負担を軽減したのである。納税の猶予を受けることができるのは，事業承継人（後継者）であり，しかも，当該会社について1人に限られる。そして，事業承継人が受けた納税猶予は，他の相続人の納税に影響を及ぼさない。

　対象となるのは中小企業基本法上の中小企業で，非上場の同族会社である。被相続人は，会社の代表者であったこと，同族関係者と合わせ，発行済株式総数の50％以上の株式を有し，かつ同族内で被相続人が筆頭株主である場合である。

　相続人については，事業継続の要件として，相続税の法定申告期限から5年の間，継続的に会社の代表者であって，かつ相続した対象株式を継続的に保有し，加えて，雇用の80％以上を維持し続けるという全ての要件を満たしていることが必要である。また，この特例を受けるためには，原則として，納税猶予の対象となった株式等の全てを担保提供しなければならない。

　これらの要件の下で，非上場株式等にかかる相続税の軽減割合を，現行の10％の減額から80％の納税猶予にしたのである。具体的には，後継者（事業承継相続人）が納付すべき相続税額のうち，相続等により取得した議決権株式等（相続開始前から，すでに保有していた議決権株式等を含めて，発行済議決権株式等の3分の2に達するまでの部分）に係る課税価格の80％に対応する相続税の納税について，当該承継人の死亡の日まで相続税の納税が猶予される制度である（租税特別措置法70条の7の2第1項）。しかも，後継者が5年間事業を継続するなどの一定の条件を満たせば，猶予された税額の納付が免除を受けることができることから実質的には納税の免除となる。

(4)　相続税納税方式の変更

　従前は，民法の法定相続分で遺産分割がされたものと仮定して，相続税額を計算し，その算定された相続税の税額を実際の遺産分割等による各相続人の遺産取得分に応じた割合で按分して，各相続人の相続税額を算定する課税方式であったが（法定相続分課税方式），事業承継税制の創設にあわせて，相続によって

遺産を取得した者を納税義務者として、その者が取得した遺産を課税物件する遺産取得課税方式に変更された。

(5) 非上場株式等に係る贈与税の納税猶予制度

　経営承継円滑化法の認定を受けた経営承継人（先代経営者の相続人）が、非上場会社を経営していた者（先代経営者）から、贈与により経済産業大臣の認定を受ける非上場会社株式等（取引相場のない株式等）の保有株式の全部を取得し、その会社を経営していく場合には、先代経営者の死亡の日まで、その贈与税の全額の納税を猶予される（措置法70条の7第1項）。

　そして、贈与者が死亡により贈与税の納税猶予額は免除され、贈与により取得した対象株式は、相続により取得したものとみなされ、贈与時の時価による評価額と、他の相続財産とを合算して相続税を計算することになる。この場合、納付する相続税について、経済産業大臣の確認を受けることにより、相続税の納税猶予制度を利用することができる（措置法70条の7の4第1項）。

　この非上場会社の株式等に係る贈与税の納税猶予制度は、平成21年4月1日以後の贈与により、取得する非上場会社の株式等に係る贈与税について適用されることになる。

第12章

事業承継と企業再生

1 財務状況のよくない会社の事業承継

(1) 事業承継に適する企業の要件

　すべての企業が事業承継に適しているとは限らない。事業承継の円滑化や，高額の相続税が発生するから相続税対策の必要性がいわれているが，これらは一部の業績が好調で，多額の資産を有している会社に当てはまることではあるが，多くの会社は多額の負債を抱え経営状況もすぐれない会社である。後継者の確保が困難であり，会社の債務をどうするのか，会社を存続させるべきか否かの判断が，相続税対策以前の問題として存在しているのが現状である。

　一般に，事業承継に関して非後継者から自社株式の買取り，遺留分減殺，相続税の納付などの問題が生ずるのは，業務内容がよく財務状態の健全な会社であって，負債よりも資産が多くあるという会社である。そして，事業承継問題は，経営承継円滑化法を含め，このような経営状況の良好な会社を対象として論じられている。

　そして，一般に，後継者（承継人）による事業承継の円滑化を中心に議論がなされ，非後継者の排除に主眼が向けられ，共同相続人の利益保護は2次的なものとなっている。これはやむを得ないかもしれないが，被相続人（前経営者）の債務や保証債務を共同相続人は承継することから，そのバランスをどう考えるかという問題が生じてくる。

　現実論として，事業承継問題が生じている会社は，必ずしも十分な資産を有

し財務状態の健全な会社ばかりとは限らない。むしろ、債務超過、慢性的な経営不振の会社の場合が多いといえよう。そこで、経営不振、債務超過の会社の事業承継をどうするかという問題は避けて通れない重要な課題である。

　事業承継をすべきか、廃業を選択すべきかの判断が求められることが少なくないが、経営状況と企業の将来性について、専門家に意見を求めるなどして、十分に調査と検討をしたうえで、長期的な視野に立って迅速に決断する必要がある。調査と検討をした結果、廃業や転業を考えなければならない場合も多くあると考えられる。事業承継を行うにしても、現状で事業承継を行うことは困難であるから、まず再生を考えることが必要な企業が多くある。その意味で、事業承継と事業再生（過剰債務の解消と企業の再構築として、企業再生と同一の意味に用いる）の関連性がつよいといえる。

　事業承継に適しない企業であるとか、後継者を見出すことは困難であるという場合は、廃業を決意せざるを得ない。しかし、廃業となれば、従業員の解雇や取引先との取引関係の終了ということにより、ステーク・ホルダー（利害関係人）に対して重大な不利益や損失が発生する可能性があることに加え、経営者自身にも債務の整理が必要である。

　また、経営者の多くは、会社債務について個人保証ないし物上保証（担保提供）しているから、これをどう処理するかという重大問題に直面することが少なくない。廃業したくともできない中小企業も少なくないというのが現状であろう。

　そこで、このような企業にとっては、形式的な事業承継のための技術論よりも、金融支援、経営者の個人保証などの問題解決が現実論として必要になってくる。しかし、これは銀行等の金融機関の経営を圧迫する要因になりかねない。そこで、公的機関による保証などによる大幅な金融支援を必要とするが、反面、経営者の無責任経営を抑止するとともに、モラルハザードとならないような措置を講ずる必要がある。

(2) 廃業を選択した場合の問題点

　債務超過，経営不振の会社が廃業（事業の廃止）した場合，経営者が保有する自社株式が無価値になることに加え，会社債務の処理のため，会社資産の売却，債権回収により債務を弁済して精算を行った後，経営者（オーナー）の手元に現金が残らない場合が多い。さらに，債務を完済しえない状態になるばかりか，個人保証や物上保証問題が現実化し，担保提供している経営者の個人財産が処分され，あるいは個人保証による保証債務を履行しなければならないという問題が発生し，到底，ハッピー・リタイアというわけにはいかない。

　だからといって，業績や財務状況が悪く将来性にも乏しい企業を親族などに承継させた場合，後継者にとっても不幸であるといえよう。しかし，業績や財務状況がよくない企業であっても，事業承継と事業再生を組み合わせ一括して処理するとか，事業再生に努め企業の再生を待って事業承継（特に，M＆A取引による企業の売却）を行うことが可能な場合があることから，業績や財務状況が不良であるからといって，一概に事業承継は困難であるとして，直ちに廃業や転業を決断する必要はない。

　現在では，経営状況が悪く債務超過の状態にあるが，優れた技術や特殊能力のある従業員がいる場合は，企業再生の余地があるから企業再生と事業承継を併せて行うことも考えられる。この場合，多くは，MEBOによる方法，あるいは企業再生ファンドと共同して企業を再生させた後に，M＆A取引により売却するという選択肢があり，さらには，事業再生ADR等の利用が考えられるから，このような企業についても，あきらめて急ぎ廃業を選択する必要がない場合もある。

(3) 廃業による保証責任の現実化

　多額の債務を抱えた状態で廃業した場合，あるいは倒産（経営者の意思によらない廃業）した場合，経営者は多額の保証債務の履行を迫られ，また物上保証している物件について担保権が実行されることが多い。加えて，信用保証によっている場合は求償権を行使されることになる。

経営者が死亡した場合は，後継者に予定されていた者だけでなく，相続人全員がかかる債務を相続することになるから，生命保険金で処理できるような場合を除けば相続人にとって大変な負担になる。

　このように，事業によって生じた債務を相続する場合は，相続人は相続放棄で対処せざるをえない（民法915条1項）。共同相続人全員によって限定承認をするということも考えられるが（民法922条，923条），手続が複雑であるだけでなく，限定承認をしたことに意味が認められる場合も少ないであろう。

　相続債務は経営者が死亡した場合でなければ現実化しないが，それ以前でも，後継者に指定されている者，その他の推定相続人，幹部従業員等が，会社の廃業や倒産により，第三者に対して損害賠償責任を負わなければならない場合があり，それは取締役の監視義務違反の責任として問題になる。

　中小企業の場合，名目的な取締役が存在することが多い。後継者に指定された者，その他の推定相続人，幹部従業員等は，現実には会社経営に関与しないが，取締役として名前を連ねている場合がある。このような，名目的な取締役は会社に支払能力がない場合は，債権者などの第三者に対し損害賠償責任を負わなければならない場合がある。これを取締役の第三者に対する責任というが（会社法429条1項），経営者（代表取締役）に対する監視義務違反として責任を追及されることになる。

　このように，廃業とか倒産にともない，推定相続人や後継者等に重大な影響を与えることになるから，これを回避するためにできるだけ早く企業再生を検討することが必要である。

(4) 事業再生と事業承継

　どのような企業でも再生に向くというのではない。これは，事業再生の対象となる会社は，主として，過剰債務により経営不振の状態にあるが，営業自体は円滑に行い営業利益が生じている企業である。

　事業再生は，過剰債務の解消を中心とする企業の再建策であるが，事業リストラ（不採算部門の整理，人員削減など）と経営資源の活用を必要とする。そこで，

経営資源（経営者や従業員の有する知識および技能ならびに技術，設備，顧客その他の事業活動に用いられる資源）を有さない企業の事業再生は難しく，また事業承継に適さないといえよう。事業承継や事業再生を成功させるためには，それ相当の経営資源が必要である。

　過剰の債務を抱える会社を，そのまま事業承継するわけにはいかない。事業承継と事業再生は密接に関係していることから，近く事業承継を行う企業はもとより，将来，事業承継が予定される企業においても，事業再生は不可欠である。親族内承継の場合でも，過剰債務により経営不振の会社を承継することは後継者にとっても不幸なことであり，後継者難の最大の原因でもある。まして，過剰債務の状態では，企業内承継やM＆A取引により企業を売却することは望みえない。

　多くの中小企業が過剰債務を抱えている実情から，事業承継に先立ち事業を再生することが必要である。債務過剰企業にあっては，事業再生の実行は喫緊の課題であり，資金繰りが悪化してから事業再生を行うのでは手遅れである。

　金融機関等から債権放棄を受ける事業再建の場合には，経営者が経営責任をとって退任せざるを得ない場合が考えられるが，この場合，必然的に経営承継ないし事業承継が生ずるので，事業再生と経営承継の問題が必然的に関係する。

(5)　過剰債務の解消と事業再生

　過剰債務により経営不振の会社を再生させる方法として，金融機関などからの借入金債務を圧縮することが必要である。この場合，取引先債権者（商取引債権者）を巻き込まないことを考えるべきであるから，まず，裁判所を利用する法的手続（民事再生法・会社更生法）によらず，私的整理手続（当事者の交渉と合意による解決）により事業再生を考えるべきである。

　私的整理手続（再生型私的整理）による過剰債務の解消方法として，現在，事業再生ＡＤＲ，債務の全部または一部を株式化（ＤＥＳ）する方法，第二会社方式など多様な方法が開発されている。もとより，私的手続の対象となるのは，本業の収益力はあるが過大な債務を負っている企業ということになる。

私的整理手続による場合，有利子負債を減らすために金融機関から全部または一部の債権放棄を受けるのが最も効果的である。しかし，銀行は貸倒引当金の積立により，債権放棄が直ちに当期利益を下押しするのではない場合であっても，取引先企業の救済策として安易に債権放棄や債務免除をなしうるものではなく，そのためには合理性と適正な手続が要求される。

　過剰な金融債務を解消する私的整理手続（話合いにより解消する方法）として，金融機関の債権放棄・債務免除という方法（債権放棄型）と，リスケ型（返済条件の変更）の方法があるが，可能な限りリスケ型を基本とすべきであろう。

　リスケ（リスケジュウル）とは，過剰債務に陥り返済が困難な企業が，返済条件の変更（一部減額の場合もある）を求めるのに対し，金融機関がこれに応じるという方法の解決である。債務の免除を受けないが，金融機関との交渉によって，支払期間の延長，一定の期間は利息だけを支払うことにするなどにより，毎月の返済スケジュウルの組み直しができることにより，資金繰りが緩和され経営再建が可能となる。

　金融機関としても，リスケにより取引先の救済が可能となるが，リスケの期間中に取引先が倒産しないことについて，十分に見通しを立てることが必要である。なお，一般に，リスケの期間中は新規融資を受けることが困難であるとされているが，弁済計画とその実行が確実なものであれば，新規融資を行うことが望ましい。

2　企業再生による事業承継

(1)　企業再生の必要性
〔ポイント〕

> ＊　事業承継問題が生じている会社は，必ずしも十分な資産を有し財務状態の健全な会社ばかりとは限らないから，すべての企業が事業承継に適

しているとは限らない。

　現実論として，切実な事業承継問題が生じるのは，事業承継の円滑化や相続税対策が問題になる企業よりも，債務超過，慢性的な経営不振の会社の場合が多いといえよう。
* このような会社の場合，事業承継を行うにしても，現状で事業承継を行うことは困難であるから，まず再生を考えることが必要である。そこで，企業再生と事業承継を併せて行う必要がある。

　資産超過で比較的経営状況の良好な会社の事業承継は，事業承継協議会の「事業承継ガイドライン」に則って事業承継を進めればよい。事業承継の円滑化や，相続税対策が問題になるのはこのような会社の場合である。

　しかし，現実には，債務超過状況の会社，または債務と資産が均衡している会社が大部分である。このような会社については，単に事業承継するだけでは意味がなく，そこに事業再生をからめていかなければ真の事業承継にはならない。債務超過の会社を漠然と引き継いだ後継者は，最初から不幸を背負って事業を引き継ぐことになる[1]。

　中小企業は，社会・経済情勢により大きく影響を受けるが，近年の経済状況の下で，経営不振，債務超過に陥っている会社は少なくない。このような情況にある企業でも，事業を継続することが望ましい企業も多くある。また，廃業は従業員や取引先・金融機関などのステーク・ホルダーに与える影響が大きい。そこで，再生可能な企業については，事業再生と事業承継を併せ行うという再生型事業承継こそが必要であるとされる。そのためには，再生が可能な事業であるかどうかの見極めが必要である。

　業績不振の原因の一つとして，経営者の高齢化や健康状態が不良であることが挙げられる。この場合は経営者の問題であるから，親族内に適正な後継者が存在することが企業再生のための重要なポイントである。しかし，親族内に適

---

[1] 黒木正人「事業承継の相談事例」『商事法務』〔2007年〕65頁。

正に後継者が存在しない場合であっても、会社が高度の技術力を有し、優秀な従業員や取引先を持っている場合は、経営者が誰かにこだわる必要はない。経営者の交代により再生が可能な場合は、企業内承継により再生を図ることや、再生を果たした後に、企業を第三者に売却することも検討すべきである。

しかし、業務内容がよくなく、経常的に債務超過状態にあり早期に改善が見込まれないような会社は事業承継に適さない。また、経常的な債務超過の状態にはないが、発展性の乏しく将来性のない会社についても同様である。かかる会社は、事業承継に適さないばかりか、第三者に売却することも望めないであろう。そこで、このような会社については、企業再建策がないのかを具体的に検討するとともに、それに対応する措置を講ずる必要がある。

(2) 事業譲渡方式と会社分割

企業が複数の事業部門を有する場合は、会社全体が業績不振の状態にあるのか、特定の業績不振の事業部門が会社全体の足を引っ張っている状態であるかによって、再建方法や対処の仕方がかなり異なってくる。

会社全体が業績不振の場合は、業務の縮小、リストラによる従業員や固定費用の削減、遊休資産の売却による債務の削減など思いきった手法によることが必要である。これに対し、企業に採算部門と不採算部門がある場合は、採算部門と不採算部門を分離し、不採算部門について再生を計画し、あるいは廃業または譲渡する。

そして、残った採算部門について事業承継するという方法による場合、採算部門と不採算部門を切り離すための法的な手法として、事業譲渡による方法と、会社分割による方法とがある。

事業譲渡方式とは、特定の事業とか営業財産（資産）を切り離して、新会社（別会社）に譲渡し、新会社（別会社）について、親族内承継、企業内承継、またはM&A取引により売却するという方法により事業承継を行う場合である。旧会社（本体となる会社）は清算することになるが、うまくいけば、他に譲渡することは可能である。

会社分割方式とは，会社の事業の一部を切り離して，他の会社に承継させる方法であるが，新設分割と吸収分割とがある。親族内承継とか企業内承継の場合は，新設分割によることになるが，M＆A取引により第三者に売却する場合は，吸収分割によることが想定されるが，新設分割によることも可能である。

　債権者保護手続など法定の手続をとれば，事業再生として行うことが可能である。もとより，事業譲渡方式による場合でも，会社分割による場合でも，債権者の責任の追及を免れるために行うなどの詐害行為は許されない。また，法人格の濫用として，法人格否認の法理が適用される場合も考えられる。

　事業譲渡または会社分割を行い，別会社（新会社）に事業や資産を移す場合は，債権者や取引先に対し，その理由を十分に説明し了解を得るように努める必要がある。

(3) 信託を用いた方式による再生

　事業譲渡方式と会社分割方式以外の方式として，信託を用いた方式が考えられる。これは，前述の事業信託によるものであるが，信託を用いて企業の再生を図るのである。

　一般の事業信託は，後継者に予定されている者が幼年であるとか，経験不足の場合，一定の期間に限り第三者に事業を信託し経営を託すのである。これに対し，企業再生目的の信託は，経営不振の会社が有能な第三者に事業を信託し，経営を任せることにより再建を図ることを目的とするのである。

　経営不振企業が，経営能力がある第三者に事業を信託し経営を託すのである。受託者が経営者となり，企業を立て直すのであるが，経営改善などの業務面だけでなく，過剰債務の解消などのために私的整理や法的整理を行うこともありうる。弁護士が受託者として，私的整理（任意整理）を行うことも考えられないが，清算型の整理の場合とは異なり，再建型の整理の場合については弁護士

---

(2) 清算型の債務整理については，信託を利用し，弁護士が受託者になるという方法が考えられるが，現に，弁護士が受託者となり債務整理をした事例がある。竹内康二「信託を利用した債務整理の実務報告（下）」『NBL』249号39頁以下。

が受託者となることは一般に難しいであろう[2]。

一般に，企業全部について事業信託し，再建を図るのであるが，会社が複数の事業部門を有する場合は，会社分割という方法により経営不振の事業（不採算部門）を再生目的で切り離し，この分割された経営不振の事業についてのみ事業信託をするという方法も考えられる。

経営不振の企業を立て直すためには経営委託という方法もある。事業信託と経営の委託の違いは，経営権を託するか，それとも事業自体を信託するかの違いであるが，既述のように，明確な制度設計と法律関係が定められている事業信託による方が無難であると考えられる。

事業承継目的の企業再建は，再建を果たした後に，親族内承継，企業内承継により事業承継するのであるが，今後，Ｍ＆Ａにより売却することの増加が見込まれる。

(4) 特定調停法の利用

民事調停は，調停委員を仲介者として債権者と債務者の話し合いによる合意による紛争解決の手段であり，成立した調停を調書に記載することにより確定判決と同一の効力が認められるから（民調法16条，民訴法267条），不履行の場合は強制執行により権利を実行することができる。

しかし，民事調停は，債権者と債務者（一般に，調停申立人）という対立当事者間（債権者側または債務者側が複数人であることもある）の紛争解決の手段であるから，多数債権者が関係しその利益が相反する企業再生のために用いることには適さない。このような状況を踏まえて，平成11年に民事調停法の特例手続である特定調停法（「特定債務者の調整の促進のための特定調停に関する法律」）が制定され，翌12年に施行された。これは，多重債務者事件を主眼にするものであることから，サラ金事件等の処理に多く利用されている。

特定調停法は，個人，会社の区別なく利用することができるものであり，司法的ＡＤＲとよばれるように中小企業の企業再建の手法として用いることができる。特定調停の目的は，支払不能に陥るおそれのある債務者等の経済的再生

第12章　事業承継と企業再生

に資するため，債務者等が負っている金銭債務に係る利害関係の調整を促進するためであるから（特調法1条），倒産処理手続である。そこで，業績が悪化し支払不能に陥るおそれのある中小企業は，特定調停を再生型倒産処理の方法として選択し（債務者が，調停申立てに際し，支払不能に陥るおそれのあるによることを求める），これを用いて事業承継のための企業再生を行うことが可能となる。

現実には，再生手続として特定調停を選択することは少ないと考えられるが，その原因は，債務者が調停では処理しえないと考えることのほか，当事者が再生型倒産処理の方法として特定調停を選択してきた場合，知識と経験を有しそれに通じた調停委員の確保が難しいことにも原因するといえよう。

特定調停は，倒産処理手続であるので事件の効率性や債権者間の平等の要請から本来集団的処理を必要とするが，調停手続であることから個別手続によることになる。そこで，個別手続によりながら，できるだけ集団的処理が可能となるように配慮し，できるだけ1つの裁判所に集中して処理ができるよう措置を講じている[3]。また，倒産処理手続であることから，手続中の個別執行の停止が不可欠であるから，一般民事調停の調停前の措置としての執行停止の制度（民調規6条）をさらに拡張している（特調法7条）。

特定調停制度は司法型のＡＤＲであることから，手続の透明性や債権者間の公平性などには一定の期待をすることができる。しかし，やはり調停制度であることから，完全合意型の手続であって，調停案が成立するためには，債権者の個別的・積極的な同意を必要とし，調停に代わる決定によるにしても，債権者が異議を述べないことが必要である。このように，倒産処理手続ではあるが，原則多数決で足りる再生手続等とは異なるのである[4]。

特定調停法は比較的小規模の事業の再建に用いることができるが，民事調停手続であることから，相手方（金融機関など）が調停手続に加わり，話し合いによる解決を図ることは期待できるが，問題は相手方が，申立人（企業再建を図っ

---

[3] 山本和彦『倒産処理法入門〔第3版〕』〔有斐閣　2008年〕29－30頁。
[4] 山本和彦・前掲『倒産処理法入門』31頁。

ている会社）の申立ての趣旨（求めている調停内容）や調停案に応じるか否かであるが，応じなければ不調に終わることになる。しかし，相手方（金融機関など）は誠実に行動することは多いであろう。

　もっとも，調停の内容であるが，金融機関が債権の一部を放棄することにより，申立人が債権のカットを受けるというような内容の調停はあまり期待できない。調停が成立した場合も，返済の猶予とか相当期間の分割弁済を認める程度のものにとどまることが多いのが実情である。さらに，注意すべきことは，金融機関は，調停手続による解決に対し必ずしも好感をもたないことから，事業再生・事業承継を予定している会社には，デメリットの方が多いということも想定しなければならないとの指摘がある[5]。しかし，これは，金融機関は裁判所における紛争解決をあまり好まないという傾向の現れとみることができる。

3　民事再生法による企業再生

(1)　民事再生法の概要

　各種私的整理の方法による場合は，再建案が成立するためには，全対象債権者の同意（合意）を必要とするのであり多数決によることはできない。そこで，債権者全員の同意を得ることが困難な場合は法定手続によらなければならない。

　法定手続は，時間と費用を要するほか，銀行等債権者が好感をもたない場合が多いが，法的手続であるから強行性が認められる。中小企業が再生と企業の存続を図るための法定手続は民事再生法（平成11年12月14日成立，同12年4月1日施行）によることが中心となる。他に，大企業と中堅企業向きの手続として会社更生手続がある。

　民事再生法は，会社更生法に比べて中小企業向きの再建型の倒産処理手続である。そして，企業業績が悪化した中小企業が，民事再生法により再建を図っ

---

[5]　黒木正人・前掲「事業承継の相談事例」86頁。

た後，あるいは再建と併せて事業承継を行うことが考えられる。

　従来，経営者が経営を継続しながら企業の再建を図る法制度として和議法による手続があったが，和議の申立てが可能なのは破産原因がある場合であるから，事業の継続が困難な状態に陥って初めて利用できる制度であり，和議による再建が難しい場合が多かった。

　これに対し，民事再生法は早期に手続を開始し，再建を果たすことを可能とする制度である。そのため，再生手続の開始原因を緩和するとともに，経営者の交代がなく事業を継続することができ，簡潔な債権調査と確定手続，そして再生計画の成立手続を整備し，申立後6カ月で債権者集会の開催などにより，企業が早期の段階で民事再生法を利用して企業の再建を図ることを可能とした。民事再生法による手続の概略は次のとおりである。

① 再生手続開始の申立てと裁判所の再生手続開始決定等

　債務者により再生手続開始の申立てがなされると（民事再生法21条），裁判所は，債務者の財産を保全するために保全処分を行い（同法26条～31条），開始原因と手続開始の条件（同法25条の棄却理由）の存否を審理し，開始原因があり，申立ての棄却事由がない場合は再生手続の開始決定をする（同法33条）。

　手続開始決定があると，再生債権は再生計画の定めによらなければ，債務の弁済を受けられなくなる。しかし，原則として，再生債務者の業務遂行権や財産管理処分権は影響を受けない（同法38条）。

　裁判所は，必要がある場合は，再生債務者の財産管理処分等の行為に対して同意権限を有する監督委員を選任し（同法54条），再生債務者の財産の管理処分が失当な場合は，とくに必要がある場合は管財人を選任して，再生債務者の業務および財産に関し管理を命ずることができる（同法64条1項）。

② 再生債権の確定

　再生債権（再生債務者が負っている債務）は，再生債権者による再生債権の届出と（同法94条～96条），それに対する債権調査を経て（同法100条～103条），確定する（同法104条～111条）。

③ 再生債務者の財産の調査手続

再生債務者等（債務者と管財人）は，再生手続開始決定後，遅滞なく再生債務者の一切の財産について価額を評定し，財産目録および貸借対照表を作成して裁判所に提出しなければならない。さらに，裁判所は必要があると認めるときは，評価人を選任し，再生債務者の財産の評価を命ずることができる（同法124条）。

この場合，再生債務者の財産の確保を図るために，詐害行為等に対する否認権の行使（同法127条，127条の２），違法行為をした役員に対する損害賠償請求権の査定（同法143条～147条），当該財産が再生に不可欠な財産であるときは，当該財産の価額に相当する金銭を納付させて，全ての担保権を消滅させる（同法148条～153条），などの措置が講ぜられることがある。

④ 再生計画案の提出

再生債務者または管財人は，債権届出期間後，裁判所が定めた期間内に，再生計画案を作成して裁判所に提出しなければならない（同法163条）。

⑤ 再生計画案の決議

裁判所は，再生計画案を債権者集会における決議に付さなければならないが（同法169条１項），この場合，書面投票により議決権を行使することが認められる（同法169条２項２号）。

再生計画案は，債権者集会における決議等おいて，再生債権者の法定多数の同意を得ることにより可決される。法定多数とは，議決権者（債権者集会の出席者と書面投票をした者）の過半数の同意，および議決権者の議決権の総額の２分の１以上の議決権を有する者の同意である（同法172条の３第１項）。

⑥ 再生計画案の認可

再生計画案が可決された場合には，裁判所は，再生手続または再生計画が違法なとき，再生計画が遂行される見込みがないときなど所定の事由に該当するときは，再生計画について不認可とするが，それ以外の場合は再生計画を認可する（同法174条１・２項）。

再生計画は認可決定の確定により効力を生ずる（同法176条）。そして，認可さ

れた再生計画は，再生債務者，再生債権者等すべての者との関係で効力を生ずるが，別除権者が有する担保権等に対しては影響を及ぼさない（同法177条2項）。

⑦ 再生債権の免責

再生計画の認可決定が確定することにより，再生計画の定め，または法律の規定によって認められた権利を除き，再生債務者は全ての再生債権について責任を免れる（同法178条）。

反面，届出再生債権者等の権利は，再生計画の定めに従い変更されるが（同法179条1項），その債権が確定している場合に限り，再生計画の定めによって認められた権利を行使することができる（同法179条2項）。

このように，再生計画に定めのない再生債権は，原則として失権し，再生計画に定めのある再生債権は，その定めのとおり減免，期限の猶予等の権利変更の効力が生ずる。

⑧ 再生手続の遂行と終結

再生計画の認可決定が確定したときは，再生債務者は，すみやかに，再生計画を遂行しなければならない（同法186条1項）。

裁判所は，再生計画の認可決定が確定したときは，監督委員または管財人が選任されている場合を除き，再生手続の終結を決定しなければならない。監督委員は計画遂行を監督するのであるが，再生計画が遂行されたとき，または認可決定が確定したときから3年が経過したときは，再生手続の終結を決定しなければならない（同法188条2項）。

管財人が選任されているときは，管財人により計画が遂行されるが，再生計画が遂行されたとき，またはそれが確実であると認められる場合は，再生手続の終結を決定しなければならない（同法188条3項）。

(2) 再生手続と他の手続との関係

再生手続開始の申立てがなされても，他の手続をそのまま進め，あるいは，再生債務者の代表者（経営者）の権限をそのままにしていては，円滑な再生を行うことの障害となる場合がある。そこで，民事再生法は，決定前の措置とし

て次のような措置を講じている。
① 保全管理命令

裁判所は、再生手続開始の申立てがあった場合に、再生債務者の代表者（経営者）の財産の管理処分が失当であるとき、その他再生債務者の事業の継続のためにとくに必要であると認められる場合は、再生手続開始の申立てについて決定があるまでの間、再生債務者の業務および財産に関して、保全管理人により管理を命ずることができる（同法79条1項）。

手続開始の申立後、経営者による不適切な業務執行や財産処分が行われることを防止する趣旨である。

② 他の手続・担保権の実行手続の中止命令

裁判所は、再生手続開始の申立てがあった場合に、必要があると認めるときは、申立てについて決定があるまでの間、破産手続、強制執行、再生債務者の財産関係の訴訟手続等の中止を命ずることができ（同法26条1項）、また、相当の期間を定めて、担保権の実行手続の中止を命じることができる（同法31条1項）。

中止命令の趣旨は、再生手続開始決定が発せられる前に、他の手続がなされること、担保権の実行手続により再生手続開始決定が発せられても、その手続に支障を生ずることを防止するためである。

しかし、再生債務者等が、これを濫用して手続の中止命令を申立て、中止命令により破産手続や強制執行を中止させた後に、再生手続開始の申立てを取り下げ破産手続や強制執行を回避するとか、一番多いのは手形の支払いをなしえない場合に、不渡りとなることを回避するいう濫用的な申立てが懸念される。

そこで、再生手続開始の申立ては、再生手続開始決定が発せられる前であれば取り下げることができるのであるが、中止命令（他の手続の中止命令、担保権の実行手続の中止命令、強制執行等の包括的禁止命令など）が発せられているときは、再生手続開始の申立ての取り下げには裁判所の許可を必要とする（同法32条）。

③ 強制執行等の包括的禁止命令

裁判所は、再生手続開始の申立てがあった場合に、26条1項の規定による中止命令では、再生手続の目的を十分に達成することができないおそれがあると

認めるべき特別の事情があるときは，申立てについて決定があるまでの間，すべての再生債権者に対し，再生債務者の財産に対する再生債権に基づく強制執行等の禁止を命ずることができる（同法27条1項）。

再生手続開始決定が発せられても，その手続に支障を生ずることを防止するために，すべての再生債権者に対し，再生債務者の財産に対する再生債権に基づく強制執行等の禁止を命ずるものであり，手続を個別的に中止するのではなく，すべての再生債権者を対象にして，再生債務者のすべての財産を対象にするものである。その影響は大きいことから特別の事情があることを要件としている。

(3) 民事再生法を用いた企業の再生

経営状態のよくない中小企業は，そのままでは，事業承継に適さないばかりか，放置しておけば倒産の懸念もある。そこで，民事再生法により，再生を図った後に事業承継をするとか，再生手続と並行して事業承継を計画し実行する必要がある場合が考えられる。

再生手続の開始要件として，債務者が経済的に窮境にあれば手続を開始することができる。具体的には，破産の原因となる事実（支払不能または債務超過）の生ずるおそれがあること，または事業の継続に著しい支障をきたすことなく，弁済期にある債務を弁済することができないときである（同法21条1項）。多くの場合は，後者の事由が存在することであろう。

再生手続開始の申立てをするためには，中小企業者において取締役会の決議等の意思決定をしなければならない。申立てをする管轄裁判所であるが，中小企業者は営業者であるから，その主たる営業所の所在地を管轄する地方裁判所に対して再生手続開始の申立てをする（同法5条1項）。

再生手続開始の申立ては書面により行うが，再生手続開始の原因となる事実を記載し，疎明しなければならないから（同法23条1項），具体的に手続開始の原因，つまり破産の原因となる事実，または事業の継続に著しい支障をきたすことなく，弁済期にある債務を弁済することができない事実を記載し，それにつ

いて疎明する必要がある。

　再生手続開始の申立てに際して，送達，公告費用，管財人の報酬など再生手続を進行させるに必要な費用として，裁判所の定めた額の費用を予納しなければならないことに留意しなければならない(同法24条1項)。予納額は，会社の規模，再生債務額，手続の難易度，管財人を選任する可能性の有無などを総合して決定される。そこで，中小企業者が，再生手続開始の申立てをするためには，相当額の資金を準備しておかなければならない。費用の予納がないときは，再生手続開始の申立てが棄却されることになる（同法25条1号）。

　再生手続開始の申立ては，再生手続開始決定が発せられる前であれば取り下げることができる（同法32条）。債権者との間で話し合いができたとか，資金繰りがついたなどの理由で民事再生手続によらなくてもよい状態に至った場合のためである。しかし，再生手続開始決定後は再生手続によって処理することになる。

　再生計画案は，手続が開始され債権届出期間が満了した後，裁判所が指定した期間内に作成して提出すればよい（同法163条）。

　民事再生法によれば，中小企業の経営者は，原則として（管財人の選任がない場合）経営権を維持しながら再生計画を立案し，再生計画案が再生債権者の法定多数の同意により可決され，裁判所の認可により，再生計画に従って事業を継続できるという制度である。再生計画により定められたとおりに，再生債権の弁済などをしていけばよいから，経営状態のよくない中小企業にとっては利用しやすい法的手段である。

　再生手続の開始決定があれば，破産手続，強制執行等をすることができないだけでなく，すでになされている破産手続，強制執行等手続は中止され（同法39条1項），再生手続により処理されることになる。

　再生手続が開始されても，中小企業の経営者は経営権，財産の管理処分権を失わないから，そのまま事業を継続することができるが，債権者に対し，公平誠実に行動し，再生手続を追行しなければならない（同法38条1・2項）。

　ただし，裁判所により管理命令が発せられ，管財人が選任されたときは，経

営者は経営権，財産の管理処分権を失い，管財人が代わって権利を行使することになる（同法38条3項，64条1項）。管理命令が発せられたときは，経営者（取締役）は職務権限を失うことになるから，会社から報酬を受け取ることはできない（同法76条の2）。

なお，裁判所が管理命令を取り消した場合は（同法64条4項），経営者は経営権，財産の管理処分権は復活すると解される。

財産管理命令が発せられ，管財人が選任されるのは，中小企業の経営者の財産の管理または処分が失当であるとか，事業の再生にとくに必要な場合である。財産管理命令が発せられた場合は，業務の遂行権，財産の管理処分権は管財人に専属することになる（同法64条1項，66条）。しかし，経営者が誠実に財産を管理処分し，再生計画に従っていれば管財人が選任されることは少ないと考えられる。

担保権を有する者は，別除権者とし担保権の実行は自由である。しかし，民事再生法は，担保権消滅の許可（同法148条），担保権の実行手続の中止命令（同法31条）を規定し，担保権について一定の制約を加えている。それは，担保権の存在が，再生計画の障害になることに対処するためである。

再生計画案が再生債権者の法定多数の同意により可決され，裁判所の認可により，再生計画は確定し，再生債務者は再生計画に従って義務を履行していけばよいから，会社が立ち直る可能性が高くなる。

民事再生が成功するか否かは，債権者集会において，再生債権者の法定多数の同意を得て可決できるかどうかであるから，債権者とくに銀行等の金融機関に対し，明確な方向性を示して同意を取り付けておくことが必要である。銀行等の金融機関も一般債権者も同率で債権がカットされるが，多くの場合，別除権である担保権を有している。

(4) プレパッケージ型の企業再生と民事再生手続

　私的整理手続と法定の整理手続を組み合わせて（パッケージ）準備する。そして、私的整理手続を進めるが、再生計画案について全債権者の同意を取り付けることが難しく、私的整理が成功しない場合に、直ちに、民事再生法などの法定の整理手続に入り、すでに作成している再建計画を多数決により成立させるのである。プレパッケージ型によることは、私的整理手続の段階で、法定の整理手続に移行することを予定しているので、反対債権者を抑え込み、私的整理を成功させる可能性も高くなる。

　主要債権者から債権放棄等の合意を得て、その協力のもとに私的整理手続に入るのであるが、反対債権者の存在が予想される場合に、主要債権者の協力の下に、民事再生法や会社更生法に移行することに備え、法定手続による再建計画案を作成しておく。そして、私的整理手続が失敗した場合、直ちに法的手続に移行し、事前に作成した再建計画案に基づく、再建計画を関係者間の多数決により迅速に成立させ、これにより企業価値（事業価値）の毀損を最小限に抑えることができるのである[6]。

　民事再生法による手続に先立ち、私的整理手続を行うのであるが、予め債務者会社（倒産会社）と債権者との間で、私的整理手続と民事再生法による手続によることが、パッケージされているのである。なお、債務者会社の経営者が、民事再生手続の開始後も、原則として引続き会社経営を継続しながら、再生手続において計画と実行を行うのであるが、債務者会社との合意に基づき、債権者等が新たな経営者を擁立して民事再生手続を行うことも可能である。

　そして、プレパッケージ型の民事再生は、前に金融機関等の債権者と十分な協議を行い、その賛同を得たうえで民事再生手続開始の申立てをするのであるから、再生の可能性が高いといえよう。

　プレパッケージ型による場合、事前に、再建計画が示され、債権者と債権額が確定しており、債権者の意向も判明している。そして、民事再生に必要な多

---

[6] 信金中央金庫『金融調査情報』〔2003．6．4〕3－4頁参照。

数決の確保もなされている。そうすれば，法的手続に進んだとしても，民事再生の成功が確実視されるばかりか，手続も短期間で終了することが予測される。

プレパッケージ型の民事再生は，何の準備もなくいきなり民事再生手続を申し立てる場合に比べ，手続の迅速性が確保されるだけでなく，混乱を少なくすることができる。突然の倒産とか破綻による取引先との関係断絶の懸念が生ずることを回避することもできる。

たとえば，事業再生ＡＤＲによる場合（対象債権者は金融機関である），成立のためには全債権者の合意を必要とする。そこで，全債権者の合意を得ることが難しいと判断される場合は，主要金融機関の同意と大口取引債権者に対する根回しをして，民事再生手続の申立ても準備する。そして，ＡＤＲが不成立に終わった場合は，すみやかに民事再生手続の申立てをする。

プレパッケージ型によることは，法的手続に進むことを予告することから，ＡＤＲの手続において債権者の合意を取り付けることが可能な場合が多いと考えられる。なぜなら，金融機関は回収可能債権額との関係で法的手続によることを望まない場合が多いからである。

4 私的整理による企業再生

(1) 私的整理とその概要

私的整理（任意整理）とは，民事再生法等により裁判所の関与の下になされる法的な倒産処理ではなく，債務者と債権者の集団的な話し合いと任意の合意に基づく倒産処理手続である。そして，清算型の倒産手続より以上に，再生型の手続として倒産防止に重要な意味をもつ。法的手続ではないから，合意した当事者間でのみ効力が認められる。それ故，合意の当事者間で集団的和解契約の性格が認められる。そして，同じ私的倒産処理であっても，ＡＤＲのように第三者の介在を必要としない点に特徴があるとされている。

再建型の私的整理は，債権者と債務者の話し合いにより企業再建を図るもの

であるから，直接法による規制はなく私的自治に委ねられ，手続の開始と終了，内容（実体面）も関係者の自由意思で決定することができる。それ故，柔軟な対応が可能であるが，手続面と内容面についての公正確保が求められる。このように，私的自治であることに，私的整理の特質・長所・短所のすべての根源がある[7]。

私的整理が私的自治に委ねられるということは，法と裁判所の干渉を排除することを意味するが，それは契約自由の限界と適正確保の問題である。私的整理は，債務者が提案した再建計画案に基づきなされるのであるが，再建計画案は公正であり，実現可能な妥当なものであることが要求される。手続面については，長年にわたり積み重ねられてきた慣行があるから，それに従うべきであろうが，債権者集会など手続の主催者に適任者を得ることが肝要である。

私的整理は合意（契約）に従って処理されるから，事業再生計画を承認しない債権者に対しては合意の拘束力が及ばない。そこで，私的整理が成功するか否かは，大口債権者の同意を取り付けられるか否かに関わっている。

私的整理は再生型の倒産処理に用いることが多いが，法的倒産手続のように，債務超過とか支払不能に陥るおそれのある等の法的要件に拘束されない。そこで，弾力的な利用が可能となる。再生型の倒産処理として，あるいは企業再生のために用いて，業績不良の会社を再生し事業承継を可能とする。そのため，業績不良の会社について，事業承継目的で行う企業再生の手続として利用するのに適している。

手続の秘密保持と密行性という長所があるが，反面，法定の手続ではないことから，手続の見通しが立たないことに加え，債務者の財務状況など必要な情報の開示がなされるという保障もない。さらに，手続が債権者委員会の委員長などにより取り仕切られることから，委員長などに適任者を得れば，私的整理の利点が発揮されるが，不適当な人物が手続を主宰すれば，極めて不透明で関係者に不満が残るような処理になりがちであるという短所もある[8]。

---

[7] 清水　直「私的整理と裁判上の倒産手続」『第3巻会社訴訟・会社更生法〔改訂版〕』〔青林書院　1904〕183－185頁。

しかも，私的整理では個別執行（強制執行・担保権の実行）を止めることはできないから，私的整理に合わせ，強制執行を停止するために債権者の協力を取り付ける必要がある。また，債権者集会で事業再生計画の承認と債権放棄・債務免除について同意を得ることが必要であることから，金融機関などによる債権放棄・債務免除などを，いかに取り付けるかが重要な決め手となる。そこで，私的整理に先立ち，金融機関や大口債権者の同意を取り付けることが必要な場合がほとんどである。

業績不振の中小企業は，私的整理により再生した後に事業承継や売却することが可能となるが，私的整理を成立させるためには，明確な事業再生計画を策定するとともに，債権者の同意（とくに，債権放棄・債務免除に関する同意）を取り付けることが必要であるが，これは必ずしも容易ではない。

私的整理については，債権放棄，見通しの立った事業再生計画の策定と承認，債権放棄・債務免除の基準設定，手続の公正と透明性の確保が必要であるがその法的ルールがない。そこで，私的ルール（ガイドライン）を策定してそれに依拠して手続を進めるべきである。もとより，私的ルール（自主ルール）であるから法的拘束力はないが，関係当事者は最大限尊重すべきであることはいうまでもない。

(2) 私的整理の特色とその選択

近時，私的整理に関する関心が高まっている。破産法，民事再生法，会社更生法があるからといって，全て法定の手続によるのではなく私的整理によることの重要性が認識されている[9]。とくに，再生目的で私的整理を利用することは，再建計画について全債権者の同意が得られることが予測される場合は，時間と費用を要する法定の手続よりもすぐれている。法定の手続によることは，取引先や顧客に倒産であると思われることにより，取引上障害が発生すること

---

[8] 山本和彦・前掲『倒産処理法入門』18-19頁。
[9] 私的整理の理解と手続については，伊藤　眞『破産法・民事再生法』〔有斐閣　2008年〕35頁以下が詳しい。

が避けられない。

　法的な手続の開始申立てにより，即時事実上の倒産とみなされ，会社の経営の危機を内外に知らしめ，信用失墜を招き事業の継続にとり重大な障害となる。これに対し私的整理手続においては，手形の不渡りという事態でも発生しない限り倒産という烙印を押されないので，これは，再建型の手続を進めるについて極めて大きな意味をもつ。私的整理は経済的信用の保持という観点から，非公開性・密行性という意味において企業再建にとって有利である[10]。

　清算型の倒産手続だけでなく，再生型の倒産手続においても私的整理によるべきとの考えが強まり，現在ではＡＤＲとして各種の私的整理手続が開発されている。

　私的整理は裁判所の関与なく当事者の自由意思により再生を図る手続であるから，手続と内容の公正が確保される限り，私的整理を選択することには十分な合理性が認められる。そこで，中小企業が過剰債務を抱え経営不振に陥った場合，その再建策として，多くの場合，まず私的整理によることが考えられる。民事再生法などによる法的整理を考える場合でも，まず私的整理から入るというパッケージ型の再生を選択することが好ましい場合が多い。

(3)　企業再生方法の選択

〔ポイント〕

> ＊　全ての企業が再生に適するものではない。それは，経営困難な状態にあるが，それ相当の経営基盤を有し，自力，債権者の支援，法的手続により，再生の可能性がある企業を対象とするのである。
>
> ＊　自力再生が困難な場合は，私的整理または法的な再生手続によるかの選択であるが，各企業の個別的・具体的事情によるが，私的整理による方が受け入れられやすい。しかし，債権者全員の合意がなければ私的整

---

[10]　清水　直・前掲「私的整理と裁判上の倒産手続」189頁。

> 理は成功しない。
> * どのような手続を選択するかは，債務額，債権者数などが大きなウエイトを占めるが，手形の支払期日が迫っている場合は，法的手続によるとともに，執行停止・支払中止命令により，不渡りとなることを阻止しなければならない。不渡処分後の再生はかなり難しくなる。

　わが国産業の基幹を占める中小企業の倒産や廃業は，極力回避すべきである。
　しかし，どのような企業でも再生可能とか，再生して事業承継ができるのではない。事業再生の対象となるのは，経営困難な状態にあるが，技術力・従業員・ブランド・取引先などの経営基盤を有し，それ相当の企業価値が認められ，自力，債権者の支援，法的手続により，再生の可能性がある企業である。
　業績不振で債務超過の状態にあるが，再生の見込みのある企業は，現状の十分な把握と現状分析をするとともに，原因の解明と将来を見通し，自力で再生することが可能か，私的整理などの裁判外（法律外）の手続によるか，民事再生法などによる法的な再生手続によるかを選択することになる。
　この場合，自力再生が困難な場合は，私的整理または法的な再生手続によることになるが，いずれを選択するかは，企業をめぐる諸事情によって判断しなければならない。私的整理によることは，簡易・迅速という手続面に加え，法的手続による事業基盤の毀損（取引先の納入拒否・倒産会社のレッテル，ブランドイメージの悪化，顧客離れなど）を回避することができる。
　しかし，現実的な問題として，債務額と債務の性質，とくに支払期日の接近した多額の手形金債務の有無である。債務の弁済期とくに手形の決済期日が迫っているのに，資金繰りがつかない場合は，不渡りを避けるために支払停止の法的処分によることを必要とする。そこで，法的手続によらざるをえない。この場合，民事再生法による中止命令，調停前の措置としての執行停止により，不渡処分を受けることを回避すべきである。もとより，支払停止の法的処分を濫用的に使用することがあってはならない。
　経営不振の状態になった中小企業は，商工会議所，中小企業診断士，経営コ

ンサルタントなどにより，財務・経営状態の指導と助言を受け企業業績と財務の改善に努めるのであるが，企業業績と財務状態の悪化が進み，このままでは倒産に至る可能性がある場合は，早めに取引銀行等に相談する必要があろう。多くの銀行は，経営不振に陥った取引先のために尽力してくれるであろう。ただ，金融機関によっては債権回収を最優先する担当者がないとは限らないから，日頃の付き合いを通じて見極めをする必要がある。

　銀行の社会的使命からしても，極力取引先の倒産を回避しようとする。そこで，銀行サイドからも，業績が悪化した企業やその兆候の見受けられる企業に対して，経営支援，事業再生支援，経営改善支援と併せ，経営承継支援をすることが必要になる。これにより，経営危機にある取引先の経営改善を指導し，また，十分に再生の見込みがあると銀行が判断した場合には，倒産回避のために緊急融資を受けることが期待できる。

　他方，業績が悪化し資金繰りが難しくなり，このままでは，倒産のおそれがあると考えられる場合は，早めに弁護士に相談する必要がある。その場合，どのような方向で再建を図りたいかを明確にする必要がある。能力と識見のある弁護士に相談すべきであるが，適任者である弁護士探しは意外と難しい。弁護士会や商工会議所などに紹介してもらうのも一策である。取引銀行などから，弁護士の紹介を受けるのは一長一短があるといえよう。

　業績の急激な悪化の場合だけでなく，経常的な赤字体質と過剰債務を抱え経営不振の状態にある企業は，できるだけ早めに再建策の着手にとりかかるべきである[11]。経営再建策の早期着手は，後継者に事業を承継させる場合に備えた措置としても必要である。

　企業の再建は，経営者・従業員・銀行が一体となって取り組む体制を確立する必要がある。そのためには，従業員の協力が不可欠であるから，従業員参加型の会社再建体制を構築しなければならない。そして，会社の財務状況を正確

---

[11] 経済産業省は，平成15年2月事業再生の早期着手と迅速再生に向けて「早期事業再生ガイドライン」を公表している。

に把握し，人件費・経費支出の削減，不採算部門の閉鎖，遊休資産の売却，経営管理体制の見直しを進める必要がある[12]。

そのために，企業実体と経営状況を正確に把握するのであるが，それは，資産と負債の実態，経営不振に至った原因，経営者の経営能力，企業の収益性の改善と将来性，業界の将来性など総合して，企業再生の可能性があると認められる場合に，銀行の支援の下に再生計画の実行に進むのである。

事業再生が可能と判断された場合に，実現可能な中・長期の「経営改善計画」を策定するのであるが，その中で，目的を達成するために必要な取組事項を具体的に定めなければならない。再生計画の実行のために必要な取組事項とは，組織の整備と人材の活性化，営業と販売力の強化，在庫管理の徹底，生産管理の強化，経営参加意識の醸成などであるが，これを含めた「経営改善計画」を役員や従業員に周知・徹底する必要がある。

事業承継は企業再生との関係でも問題にされるが，経営不振の原因が経営者の経営能力の欠如にあると判断される場合は，企業の再建の過程で経営承継（経営者の交代）という場合もありうる。この場合，あらかじめ指定している後継者に経営権を譲るのが好ましいであろう。支配株式の移転もスムーズに進むことになる。その意味からも，早めに後継者を指定して経営者教育と経営の実践を経験させる必要がある。

(4) ファンドによる企業再生と事業承継

経営不振で，多大の債務を抱える会社で，企業収益により弁済しえない債務がある会社については，譲渡価格を低く算定したとしても，MBOやEBOに適さないばかりか，第三者に売却することもあまり期待することができないであろう。

法定の手段以外の企業再生のためのスキームとして，最近，注目されている

---

[12] 以下，増井甫彦「取引先の業績悪化とその対応策」『銀行法務21』702号55−57頁参照。

のは，企業再生（事業再生）ファンドの利用による企業再生である。

　企業再生ファンドというのは，概していえば，投資家から集めた資金を，過剰債務を抱え経営不振に陥ったが再生の可能性のある企業に投資し，会社経営権を取得して企業を再生させ企業価値を高めた後，株式上場や企業の売却により利益を得ることを目的とするファンドである。その投資形態として，株式の取得型（エクイティ型）と債権の買取り型（デット型）とがある。

　企業再生ファンドの一形態として事業継続ファンドがある。このファンドは，後継者不在等の事業承継問題により，事業展開が困難になっている中小企業に対し，国（中小企業基盤整備機構）が半分出資した事業承継ファンドにより，資金供給を主とした経営支援を行うものであるが，事業承継ファンドを運営するのは民間のファンド会社である。

　事業継続ファンドの投資対象は，経営資源として優れた技術やノウハウをもっているが，過剰債務や後継者不在等の事業承継問題を抱え，新商品の開発，新事業の開拓等，新たな事業展開が困難となっている中小企業またはそのような事業を承継するために設立される会社である。

　支援方法は，オーナー経営者等からの株式取得による経営権の譲受け，各種手法による事業資金の提供である。無限責任組合員による経営面でのハンズオン支援および中小機構の中小企業・ベンチャー総合支援センターからの各種支援などにより，後継者不在等の問題の解決や，中小企業の経営の向上につながる新たな事業展開を支援する[13]。

　そこで，事業継続ファンドは，経営不振の会社が再生目的で利用するというよりも，後継者不在等の事業承継問題を抱える優良事業に対し，必要な資金を供給するという事業承継の円滑化の措置の一環であると理解することができる。

　これに対し，企業再生ファンドは，経営不振の会社を再生させることにより利益を得ることを目的とする民間のファンドである。この種ファンドにも，企業の再生に主眼を置くものと，経営不振事業を買い取って，再生させた後に他

---

[13]　黒木正人・前掲「事業承継の相談事例」57－58頁。

に売却するものとが考えられるが，事業承継との関係で考えられるのは，前者であろう。これは，スポンサー型の事業再生であるが，その形態としては，ファンドがスポンサーとして再生に関与することがあるが，ファンドが企業の全部または一部を買い受けて，自ら再生させた後，他に売却するのであるから，経営者の手による企業再建とは異なるやり方である。

　事業再生の方法として，採算部門と不採算部門を切り離すという手法を用いることがあるが，その場合，事業譲渡と会社分割という方法の選択も企業再生ファンドに委ねられるのが一般である。

　経営者が企業再生ファンドと組んで事業再生を図るとか，ＭＢＯ方式で企業を買収して，企業の再生を図るという方法の場合は，企業再生ファンドが主導して再生を図ることから，再生中はもとより再生後においてもファンドが関与していることから，経営の自由度は低くなることは避けられない。

(5) 私的整理に関するガイドライン
① 私的整理に関するガイドラインの公表

　私的整理とは，法的手続によることなく，債務者と多数債権者間の再建計画により処理するとの集団的合意により，債権債務を整理して企業の再生を図る手続であるが，法定の制度でないことから適正なルールがなかったことから，不透明，不公正な手続がなされることが懸念されていた。このような状況の下で，私的整理に関するガイドライン研究会は，平成13年9月19日，「私的整理に関するガイドライン」（以下，ガイドライン）を公表した。

　ガイドライン策定の趣旨として，過剰債務を抱え経営困難な企業が，過剰債務を圧縮し，再建を図る手法として，会社更生法や民事再生法による法的整理と，債権者と債務者の合意による私的整理とがある。法的整理では，企業価値が著しく毀損され再建に支障が生ずるおそれがある場合には，私的整理に経済的合理性があると考えられる。

　しかし，私的整理による債権放棄については，透明性や公正性に疑問があるとされ，また債権者の合意を取り付けるのに相当な労力を要するとの指摘がな

されていた。そこで、不良債権問題の迅速な解決のための対策の一つとして、こうした問題点を解消しつつ、私的整理に関する基本的な考え方を整理し、私的整理を行うに至った場合の具体的な関係者間の調整手続等を、あらかじめ定めておくことは有益である。そして、ガイドラインは私的整理を公正かつ迅速に行うための準則であるとしている[14]。

　ガイドラインは、債務の軽減により再建可能な企業を対象とし、私的整理を不良債権問題と企業の過剰債務の一体的解決のための一策と位置付けている。そして、対象企業を限定していないが、実際上、中小企業を主たる対象とするものと考えられる。

　従来、私的整理に関するルールがないことから、多くの場合、不透明で不公正な部分があることが避けられず、それが私的整理の利用に消極的に作用していたことは否定できない。これに対し、ガイドラインは私的整理の指針となる明確な基準を設定したことから、ガイドラインに沿った私的整理が行われることになるが、多くの場合、これに依拠して手続を進めれば適法性が担保されることになろう。

　もっとも、ガイドラインによる私的整理は、金融機関の不良債権問題と企業の過剰債務問題の一体的解決の一環として取りまとめられたという経緯から窺えるように、中小企業だけを対象にしたものではない。また、債務者が申し立てた法的手続とは異なり、銀行等の主要債権者の立場からの手続である色彩がつよいとみることができよう。

　そこで、私的整理の手続において、債務者会社が主体性を発揮できるかということに加え、中小企業の事業再生は、基本的には現経営者（オーナー）による会社経営を前提に行われるものであるということを忘れてはならない。

　そして、ガイドラインは直接的には事業承継を目的とするものではないが、ガイドラインに沿った私的整理は、業績不振の中小企業の事業承継やM＆A取引を行うためにも極めて重要な意味をもつものといえよう。

---

[14]　私的整理に関するガイドライン研究会事務局「私的整理に関するガイドラインの概要」『ＮＢＬ』722号6頁。

② ガイドラインによる私的整理の手順

「私的整理に関するガイドライン」による私的整理の手順は，概ね，次のとおりである[15]。

ⅰ) 私的整理の申し出から一時停止通知まで

過剰債務の負担に苦しんでいるが，事業を再構築すれば収益力を回復し，債務が軽減されれば，再建が可能な企業は再建計画案等を作成し，債権額が多い主要債権者である主要取引銀行（通常は複数）に提出し私的整理を申し出る。主要債権者や対象債権者は，通常，公的金融機関を含む金融機関債権者であるが，金融機関以外の大口債権者も主要債権者や対象債権者として参加を求めることがある。

申し出を受けた主要債権者（メインバンクが中心）は，債務者企業の提出した資料を精査し，再建計画案が実現可能であり，内容も妥当であるかどうかを検討する。資料を検討し，一時停止通知をするとの判断をするまでには相当の時間がかかるので，債務者はそれだけの余裕をもって申し出をしなければならない。

主要債権者が協議した結果，再建計画案が実現可能で，対象債権者の同意を得られる見込みのある妥当なものであり，対象債権者に呼び掛けて私的整理を開始するのが相当であると判断したときは，債務者と連名で対象債権者（再建計画案によって，猶予・減免等権利の変更が予定されている金融機関等の債権者）に対して，一時停止の通知を発するとともに，2週間以内の日を開催日とする第1回債権者会議を招集する。

協議を重ねても，再建計画案の相当性，実行可能性，私的整理の成立見込みにつき，主要債権者の納得が得られないときは，債務者は主要債権者から私的整理を開始しないとの回答を受ける。そこで，債務者は会社更生法や民事再生法による法的手続の開始を申し立てることを検討する。

---

[15] 前掲「私的整理に関するガイドラインの概要」『ＮＢＬ』722号7－9頁。

ii) 一時停止の通知から第1回債権者会議まで

　一時停止の通知とは，債務者が対象債権者に対して，私的整理が行われている期間中，個別的な権利行使や債権保全措置等を差し控えるよう求めるものである。この通知が発せられると，対象債権者は債務者に対し弁済請求したり，担保権を実行すること等ができなくなり，通知時の与信残高を維持しなければならない。もとより，法定の手続ではないから法的拘束力はない。

　他方，債務者は例外的な場合を除いて資産の処分が禁止され，一部の対象債権者に対する弁済等が禁止される。これにより，対象債権者間で不公平が生じないようにするとともに，対象債権者の取立てを禁止し，私的整理のための話し合いを継続することができる。

　一時停止といっても，私的整理の対象となる債権者に対する関係で凍結されるだけであるから，それ以外の債権者との関係で，一般的に支払停止になるわけではない。

　一時停止の通知をもって，銀行取引約定書等に定める期限の利益喪失事由として取り扱われない。一時停止の通知があった段階では，債務者企業は金融機関との関係で，私的整理に入ったことを一般に公表する必要はない。

iii) 第1回債権者会議から第2回債権者会議まで

　一時停止の通知後2週間以内に，第1回債権者会議が開催される。債権者会議は，主要債権者のうちの1社が議長となって進行される。まず，債務者から経営が困難な状況に陥った経過や原因，過去現在の財務状況，再建計画案の内容等が説明される。それに対し，出席対象債権者からの質疑応答や意見交換がなされる。そのうえで，一時停止の期間の決定や債権者委員会の委員の選任，アドバイザーの選任等がなされる。

　この手続において，一時停止の合意を取り付けることができるかどうかが重要なポイントになる。一時停止の期間は，第1回債権者会議から3カ月を超えない範囲で決定されるが，通常は，第2回債権者会議とその会議において決められる同意書提出期限を想定して決定される。この決定は，出席対象債権者の全員一致の賛成でしなければならない。

一時停止に応じることは，まだ再建計画案に対して同意するか否かの最終的判断はしていないが，これから検討して態度を決めるという表明であるから，一時停止に応じないということは，再建計画案をさらに検討するまでもなく，話し合いを拒否するということを意味する。

　一時停止が承認された場合は，選任されたアドバイザーにより約1カ月かけて調査と報告書の作成がなされる。債権者委員会等は第2回債権者会議に先立ち，アドバイザーの調査結果報告に基づき，対象債権者全員に対し，再建計画案の実行可能性等の調査検討結果を報告する。この間，必要に応じ再建計画案を修正することが可能である。

iv）　第2回債権者会議から再建計画成立まで

　第2回債権者会議では，出席対象債権者から再建計画案を受託するか否かの意見が表明される。大方の出席対象債権者から賛成の意向が表明され，私的整理成立の見込みが高いときは，第2回債権者会議において，再建計画案に対する同意書の提出期限が決められる。対象債権者全員の同意書が債務者に提出されることにより再建計画は成立し，その定めに従って，債務履行の猶予，債務の減免等がなされ，債務者は再建計画を履行しなければならない。

　そこで，債務者は債務の弁済計画の履行ができないときは，再建計画の変更について対象債権者の同意が得られない限り，法的整理の申立てを行うなどの措置を講じなければならない。

　出席対象債権者の意向として，再建計画案はそのまま受け入れられないが，その内容を多少変更すれば私的整理が成立する見込みがあるときは，債権者会議の決議により，さらに一時停止期間を延長して，第2回債権者会議の続行期日を定めることができる。この場合，債務者は必要に応じ再建計画案を修正するなどの措置をとることが必要である。

　第2回債権者会議において，対象債権者の賛成が得られないことが明らかとなった時は，債権者会議議長は私的整理の終了を宣言し，私的整理は不成立として終了する。この場合，一時停止の効力も失われることになる。債務者はこのような場合に備えて，間髪を入れずに法的整理手続の申立てをするための準

備をしておく必要がある。

　同意書の提出期限を定めたにも係らず，予想に反して私的整理の成立に欠かせない対象債権者全員からの同意書の提出がない場合も，私的整理は不成立に終わることになる。この場合，債権者会議議長は，対象債権者全員に対して，私的整理は不成立により終了し，一時停止も終わったことを通知する。

　対象債権者の同意書は同意は無条件のものではなく，他の対象債権者も同じように同意書を提出することにより，私的整理が成立することを条件に提出するという趣旨である。

③　ガイドラインと再建計画案の内容

　ガイドラインによる私的整理の趣旨と内容は次のとおりである[16]。

　ガイドラインによる私的整理は，真に再建に値する企業の私的整理に関して定めたものであり，再建の見込みの少ない企業の延命を図るものではない。それ故，再建計画案の内容は一定の基準を満たしたものであることが必要である。

　再建計画案は，債務者が収益力回復のために自助努力することが前提である。経営が困難に陥った事情を説明し，その原因を除去して事業を再構築する計画の具体的内容を示す必要がある。対象債権者が債権放棄に応じる前提として，それが債務者企業の再建につながり，その結果残った債権の回収がより確実になり，債権者の損失が最小限に抑えられることを必要とする。

　新資本の投入による支援やデット・エクイティ・スワップ等による自己資本増強策を立案して記載し，今後10年間の資産負債や損益の見通しを示し，資金調達計画と債務弁済計画等を再建計画案に添付する。

　再建計画案は，債務者企業が実質的に債務超過であるときは，私的整理成立後の翌事業年度から3年以内を目処に実質的な債務超過を解消し，損益の面でも3年以内を目処に経常利益が黒字に転換することを内容とするものでなければならない。

　さらに，対象債権者に債権放棄を求めるのであるから，株主の権利を縮減さ

---

[16]　前掲「私的整理に関するガイドラインの概要」『ＮＢＬ』722号9頁。

せるのが筋であり，とくに支配株主の権利は株式提供により消却し，一般の株主の権利も減資と増資の組み合わせにより消滅させるか，持株数を減少させることが求められる。さらに，原則として，経営者（陣）は経営責任をとって退陣するのでなければ納得が得られないであろうとしている。

(6) ガイドラインに沿った私的整理の検討

　私的整理はガイドラインに沿った手続に沿ってなされる。対象債務者は，法的手続による再生を図ることも可能であるが，簡易・迅速な私的整理を選択する。手続と再建計画の内容の公正が確保されるのであれば，私的整理によることが望ましいといえよう。そこで，私的整理はガイドラインに沿って行われることになる。

　ガイドラインの定めた私的整理は，真に再建に値する企業に関するものであり，再建の見込みの少ない企業の延命を図るものではない。私的整理は，債務者の提出した再建計画案を中心に手続が進められるが，その成否は主要債権者の意向によるところが大きいから，その協力を取り付けることが不可欠である。

　会社が私的整理により，主要債権者である金融機関等の協力が不可欠であるから，いきなり再建計画案を提出するのではなく，事前に十分な説明をして同意を取り付けておくことが必要である。その他の債権者に対しても十分な説明と説得を必要とする。もとより，再建計画案の内容がしっかりしたもので，実行可能性があることが必要である。

　私的整理手続は，対象債権者から執行等の一時停止の合意を取り付けることが重要である。これは，債権者の意思による執行の一時停止であるが，法的手続による場合の執行停止の措置に相当するものである。執行等を一時停止しなければ，私的整理手続は著しく困難になる。

　対象債権者全員の再建計画案に同意する旨の同意書が債務者に提出されることにより再建計画は成立する。それは，債務者の再建計画案に対して，対象債権者全員が債務者に同意書を提出することにより，集団的合意による再建計画は成立すると解される（集団的和解契約）。そして，その定めに従って，債務者は

再建計画を履行しなければならない。

　私的整理を，ガイドラインに従って行うことはとくに問題はないであろう。しかし，「株主の権利を縮減させるのが筋であり，特に支配株主の権利は株式提供により消却し，一般の株主の権利も減資と増資の組み合わせにより消滅させるか，持株数を減少させることが求められる。さらに，原則として，経営者は経営責任をとって退陣する必要がある」とするのは，やや行き過ぎであろう。

　ガイドラインが公表された当時は，バブル後の不良債権処理問題が主眼であったことから，経営責任や支配株主の責任が問われることは，モラルハザードの観点からもやむを得なかったかもしれない。また，債権者に犠牲を強いることから，けじめのために経営責任をとって退陣するのも不可避であったかもしれないが，現在では事情が大きく変わっている。

　所有と経営が分離された大企業にあっては，「けじめ」論は必要かもしれないが，所有と経営が未分離な中小企業においては，支配株主の持株の消却とか，経営責任をとって退陣するというのは実情に合わない場合がある。

　業績不振，債務超過という中小企業の厳しい現状は，社会・経済環境によるところが大である。経営者が違法行為をしたとか，経営上重大な過誤があるわけでもない。金融危機に原因する資金繰りの悪化の場合などに，経営責任をとって退陣するのは明らかに行き過ぎであり，不良債権の査定基準と貸出条件の緩和の傾向に逆行することになりかねない。

　中小企業の経営者に別段落ち度がないのに，経営責任をとって退陣する，持株をゼロにするというのでは，一体，誰のための，何のための私的整理だか分からなくなり，私的整理の趣旨を失わせることにもなる。

　これでは，実子が次期経営者（後継者）になるような場合でなければ，私的整理を事業承継目的で使用することはできないことになりかねない。しかも，個人保証や物上保証の問題は未解決のままに残されるのであろう。そこで，多くの場合，役員報酬を減額するのに止めるのが妥当であろう。

　また，3年以内を目処に実質的な債務超過の解消と，黒字転換を求めることも，ガイドラインが不良債権処理を背景に策定されたものであることからやむ

を得ないものであるが，不良債権処理が概ね解決され，しかも，現在の厳しい経営環境の下では３年以内という目処はやや厳しすぎるであろう。

　中小企業の経営者にとって，ガイドラインがいうように過酷な経営責任と株主責任が問われ，３年以内を目処に経常利益の黒字転換が求められるのであれば，民事再生法による法定手続を選択する方が賢明かもしれない。もとより，法定手続によることを回避するために，主要債権者主導による私的整理を行うことは適正なものとはいえない。

　この点，ガイドラインも，企業の再建は法定の再建型倒産手続によるのが本来であり，ガイドラインによる「私的整理」を行うのは限られた場合になるとしている。

5　DESを用いた企業再生

(1)　DES（デット・エクイティ・スワップ）の意味

　DESとは，会社債務の株式化（借入金を株式に切り替えること）である。つまり，Debt（債務）をEquity（株式資本）とSwap（交換）することであるが，近時，過剰債務により経営不振に陥った企業の再建策として関心を集めている。

　経営再建のためには，不採算部門の事業廃止などのリストラによる経営の効率化，赤字解消のための減資，人員整理，新資本の投入などが必要であるが，それ以上に重要なのが債務の圧縮である。しかし，単に，債権者に対し債務免除や弁済の猶予期間を求めるだけでは，債務問題の解決には不十分である。

　過剰債務を抱える会社が，債務をキャッシュ・フローで返済することが可能な程度に減らすことにより（債務の軽減）弁済が可能となるとともに，過剰債務を圧縮して自己資本比率を高めることができる。債権者（多くの場合は銀行）としても，取引先企業の再建を支援するための単純な債権放棄とは異なり，DESにより株式の交付を受け，残債権についてはより確実に弁済を受けることができる。

DESは，経営不振の会社が借入金債務を株式に切り替えることをいうが，これらは別に，経営者（オーナー）の貸付金債権のDESということも考えられる。経営者が会社に対し貸付金債権を有している場合，それを現物出資することにより，会社に対する貸付金債権はなくなるが，株式の発行を受けることになる。それは相続税対策となるとの考え方もある。

　しかし，経営不振の会社の再生に際し，経営者の貸付金債権をDESするというのでは，債権者の同意を得ることは難しく，多くの場合は債権放棄を選択せざるをえないであろう。

(2)　DESによることのメリット

①　債務者会社のメリット

　借入金債務（負債）を減らすことにより，借入金の全部または一部がなくなるから，過剰な借入金債務から解放され，全部または一部の元利金の返済義務がなくなることにより会社の財務状況が改善される。

　会社の業績が回復して配当が可能になった場合でも，一般に，配当利回りは支払金利より低いことから，会社は借入金債務の弁済に比べて，配当によることはかなり有利である。

　現物出資は，税法上は譲渡となるので，譲渡損益として課税対象となる。つまり，現物出資債権の評価額（給付財産の評価）と債務との差額が「債務消滅益」となり，原則として課税の対象となるが，一定の要件を満たすものは，適格現物出資して（適格分割の判定要件と同一），税法上の優遇措置を受けることができる。

②　銀行側のメリット

　不良債権の処理が進められるのが最大のメリットである。取引先企業が経営不振に陥ると，容易に債権の回収をなし得ないが，債務免除（債権放棄）となると，銀行取締役の預金者に対する説明責任のほか，株主代表訴訟のリスクがあるから，実際上，債務免除を行い得ない。

　この点，DESによると単なる債務免除ではなく，債権に見合った株式とい

う資産を入手できることから，抵抗感が少なく説明もつきやすいから，比較的無理なく行うことができる。そして，銀行は株主として，会社に対し監督是正権を行使することができるほか経営に関与することが可能となる。

DESを行った会社は，できるだけ早く株式を買い取り，経営権の独立を回復したく，銀行側もできるだけ早く株式を処分して資金を回収したいと考えるであろうから，DESの対象とする株式を，配当優先株，取得請求権付株式とか取得条項付株式とすることも考えられる。これにより，銀行は対価を得ることになるから，実質的には貸付金債権を回収することにもなる。

銀行にとって債務者会社が再建され業績が向上すれば，配当益（インカム・ゲイン）を得ることができるほか，株式の価値も上がりによる株式の売却益（キャピタル・ゲイン）を得ることも期待できる。株式の売却は実質的には貸付金の回収を行うという利便性がある。

しかし，現実論として，その可能性は不透明である。企業の再建がうまくいかず，再建に失敗して倒産すれば，保有株式（資産）の価値がゼロになるというリスクも考えなければならない。

また，DESによれば，貸付金債務の全部または一部が消滅することから，担保や保証との関係に注意しなければならない。

(3) DESの手法

債権も現物出資（現金以外の財産による出資）の対象となる。現物出資財産が，発行会社を債務者とする金銭債権であることが認められたことから[17]，DESを用いた事業再生計画の利用が拡大すると思われる。

DESの手法の多くは，債権者を引受人（多くの場合銀行）とする第三者割当ての募集株式の発行を行い，引受人は，発行会社を債務者とする金銭債権を現物出資するという方法によってなされる（会社法207条9項5号）。これにより債務が消滅し株式が発行されることから，債務と株式が交換された状態となる。

---

[17] 平成6・7・6民4第4192号民事局第4課長通知。

DESを行うのは，事業再生目的など会社の財務内容の悪い時に行われるから，債権の評価額は券面額を下回ることになる。そこで，新株発行価額は，会社の財務内容を反映した債権の評価額を基準とすべきか（評価額説），債権の券面額によるべきか（券面額説）という問題が生ずる。

　この点，東京地裁商事部（民事8部）は，従来，評価額説に従って事件処理をしていたが，平成12年夏ころ，券面額説を採用してよいという部内の意思統一がなされたが，その理由は次のとおりである[18]。

　会計理論によれば，DESを行うと，券面額相当の債務が減少する結果，会社の債務額の減少は券面額において生ずるから，評価額により資本増加を行えば，券面額と評価額との差額について債務免除益を計上しなくてはならないことになる。

　会社法的にも，券面額説によっても，当該債権は混同により消滅するから，現物出資の結果として会社財産に含み損が生ずるということにならないから，資本原則に反することはない。券面額説によっても，債権者も株主も不利益を受けない。DESによる会社財務の改善が期待されるが，評価額説によれば，債権者が受ける株式数が少ないものとなり，その価値は失う債権の価値に及ばないことから，債権者がこれを行う魅力に欠けることになる。また，会社が債権者に債務を弁済し，その弁済額を払込金とする金銭出資をさせれば，券面額を採用したのと同様の結果になるから評価額説によることの意味はない，ということである。

　現物出資の手続として，裁判所が選任した検査役の調査が必要であるが，一定の場合，つまり，現物出資に対して発行する株式が発行済株式総数の10分の1以下の場合，目的財産の価額の総数が500万円以下の場合，目的財産が上場株式で，定款に定めた出資額がその相場を超えない場合，現物出資等に関する事項が相当であることにつき弁護士等の証明を受けた場合，現物出資財産が会社

---

[18]　針塚　遵「東京地裁商事部における現物出資等検査役選任事件の現状」『商事法務』1590号8－9頁。

に対する金銭債権で，現物出資財産の価額がその金銭債権に係る負債の帳簿価額を超えない場合は検査役の調査が不要であるから（会社法207条9項），簡易に手続をすることができる。

(4) DESの問題点

多額の借入金債務をDESすることは，既存の株主の持株を希釈化するだけでなく，オーナー経営者の持株比率が大きく低下することになる。企業を再生して，銀行から株式を買い戻すまでの間，経営が銀行の意向の下で経営がなされることになるのは避けがたい。

DESは，大企業だけでなく中小企業でも行えるが，経営者等の支配株主の持株比率が低下することになる。また，事業再生目的でDESを利用することは，突然に大株主が出現することになるから，事業承継円滑化のための株式の集中という要請に沿わないことになる。

財務状況不良の会社については，借入金債務の過剰だけでなく，資本の減少により欠損を減少させることを検討すべきであるが，さらに，DESを行うに際し，減資により経営陣をはじめ既存の株主の持株を減少させることが要求されることが考えられる。そこで，経営者など既存の株主の持株比率の低下が避けられない。

DESは，減資と併せて行う場合は別として，発行済株式数を増やすだけでなく既存の株主の持株を希釈化する。もとより，DESも会社の発行可能株式数の範囲内でなければならないから，定款変更により発行可能株式数を増やす必要がある場合も少なくない。そこで，DESに加え，経営者の保有する株式を会社が無償で取得して自己株式とした後に，銀行からの借入金債務について代物弁済するという方法も検討すべきである。代物弁済により取得した場合は，銀行は他の会社の株式を総株主の議決権の5％を超えて保有できないという5％ルールの適用除外となる（独占禁止法11条1項1号）。

銀行の有する債権をDES化するに際し，議決権の5％を超えて保有し得ないとの銀行の持株規制との関係が生ずる（独占禁止法11条1項本文）。そこで，普

通株式ではなく，配当優先株式と議決権制限株式（会社法108条1項3号）を併せて発行するという方法が考えられる（もとより，議決権制限株式だけの発行も可能である）。しかし，公開会社では，議決権制限株式の総数は発行済株式総数の2分の1を超えてはならないとされているから（会社法115条），大規模のDESを行い得ない。

　もっとも，内閣総理大臣の承認を受けた場合，銀行は一般事業法人の株式の5％超えを取得できることから，これによれば，DESにより5％超えの株式を取得することも不可能ではない。しかし，5％超えの取得株式をすみやかに処分しなければならない（銀行法16条の3第2項，第3項後段）。この場合の，「すみやかに処分」の意味が，厳格に取得後すみやかにという趣旨であれば，銀行がDESにより5％超えの株式を取得することは難しい。これに対し，事業再生計画（事業再建計画）の終了後，すみやかに処分する趣旨に解すれば，銀行がDESにより5％超えの株式を取得することの可能性が高くなる。

(5)　DDSを用いた債務処理

　債務過剰の企業を再建するためには，過剰債務を圧縮する必要があるが，単に，債権放棄や支払延期を求めるだけでは，債権者（多くは銀行）に再建計画を受け入れられる可能性が低い場合が多い。そこで，過剰債務の適切な処理方法が問題となる。この点，債務の株式化である前述のDESに加えて，DDS（Debt Debt Swap）を利用する方法があり，現在，中小企業の過剰債務を解消する企業再生方法として，DDSに対し関心が高まっている。

　デット・デット・スワップ（DDS）は，中小企業の過剰債務を解消して，再建を図るための企業再生の手段の一つである。それは，債権者（多くは銀行）が債務者企業に対する債権を劣後化することで，債務者企業の財務状態の改善を図るものである。しかし，債務免除やDESの場合と異なり，債権を別の条件の債権に転換する（通常ローンから劣後ローンに転換）のであり，債務者企業の債務は消滅するものではないから弁済責任を免れない。

　しかし，債務者企業は，借入金債務が通常ローンから劣後ローンに転換され

たことにより，一定期間，元本の返済が猶予されることにより資金繰りが楽になる。債権者にとっても，債務者企業の財務状況を改善することにより，貸出債権の健全化を図ることができる。

DDSは，中小企業の財務状況を改善し，再建のために有効な手段であるとされていたが，金融庁の平成16年2月改訂の「金融検査マニュアル別冊（中小企業融資編）」により，金融機関からの借入金債務を，資本的劣後ローン（借入金を契約により，他の債権に劣後するという条件のローンに変更する）に転換する手法が認知され，DDSの実施が現実化した。

DDSにより，債務超過の部分を資本的劣後ローンに転換することにより，借入れが資本とみなされ，債務超過を解消することができる。そして，資本的劣後ローンは，後で返済すればよいことになり，実質的に元金相当の返済が猶予されることから，債務者の返済負担を軽減し事業再生を可能にする[19]。

そこで，たとえば，1億円の債務超過となっている会社に，3億円の銀行借入がある場合，金融機関がDDSで1億円の借入れを資本的劣後ローンに転換すると，残りの2億円の借入れを完済するまで，1億円の資本的劣後ローンは返済しなくてもよい。そこで，1億円は資本とみなされるので，会社の債務超過が解消し，経営が安定化することになる。2億円を返済し，次いで，残りの1億円を返済する。もっとも，1億円の資本的劣後ローンは，とりあえず返済しなくてもよいわけだが，金利は払わなければならない。

DDSによれば経営改善した結果の利益のほとんどは，借入金の返済に当てられる。債務免除やDESとは異なり，債務超過の解消は問題の先送りであり，抜本的な事業の再生にはつながらないとの指摘もある。しかし，一定の期間は元本の支払いが猶予されることから，資金繰りが改善されるから，過剰債務を抱える中小企業の再生に役立つことは否定しえない。

---

[19] 黒木正人・前掲「事業承継の相談事例」50頁，84-85頁。

第13章
事業再生ＡＤＲの利用

1 事業再生ＡＤＲの概要

(1) 事業再生ＡＤＲの意義

　ＡＤＲ（Alternative Dispute Resolution）とは，裁判外紛争解決手続のことである。訴訟手続や倒産手続のように，裁判所による強制力を持った紛争解決の手続を利用することなく，話し合いをベースとして紛争を解決しようとする当事者のために，公正な第三者が関与してその解決を図る手続であるが，それに関する「裁判外紛争解決手続の利用の促進に関する法律」（ＡＤＲ法）がある。

　ＡＤＲは私的整理の１つであるが，各種のものがあり，大別すれば，司法型（民事調停・家事調停），行政機関や行政委員会による行政型（地方公共団体の消費者被害救済委員会，建築工事紛争審査会など），民間型（弁護士会や各種業界団体が運営する）がある。

　現在，企業の倒産防止，企業の再生方法として，事業再生ＡＤＲに対する関心が高まっている。事業再生ＡＤＲは，過剰債務に悩む企業の悩みを解決するために生まれた制度である。企業の過剰債務を解決し，事業再生を円滑化するための制度であるが，民間の運営主体により実行される。

　事業再生ＡＤＲは，裁判外紛争解決手続の利用の促進に関する法律（ＡＤＲ法）をベースにして，平成19年の改正産業活力再生特別措置法（産活法）により特定認証ＡＤＲ手続として創設されたものである。それは，民事再生等の法的手続によれば信用力の低下と事業価値が著しく毀損され，企業再建に支障が生

ずることから，これを避けるために私的手続により，債務者と金融債権者間の債権・債務関係の調整を行うものである。

　事業再生ADRは，特定認証ADR手続としてなされるが，ADR法（法務省所管）と産活法（経産省所管）に根拠を有し，運用の細則は経産省規則に委ねられていることから，公正なルールと手続の透明性が確保されている。それは，事業再生（過大な債務を負う事業者が，法的手続によらずに，全部または一部の債権者の協力を得て事業の再生を図ること）の円滑化を目的とした私的手続であるが，手続の運営主体は法務大臣により紛争解決事業者の認証を受けたうえで，経済産業大臣から特定紛争解決事業者の認定を受けた特定認証ADR事業者である。

　すでに，かなりの数の上場企業がこれを利用しているが，平成21年12月4日，返済猶予を含めた貸出条件変更の努力義務を金融機関に課した「中小企業金融円滑化法」が施行されたことにより，さらに事業再生ADRの活性化が予測できる。

　事業再生の現状では，金融債権者に限定した調整により事業毀損を最小限に抑え，迅速に事業再生を図る必要性が高い。そこで，全債権者を対象とする法的手続に行く前に，事業再生ADRなどを活用した私的整理手続の促進策を講ずることにより，早期の事業再生を図る必要がある。事業再生ADRは，過剰債務に悩む企業の問題を解決するために生まれた制度であるが，公正な第三者が関与してその解決を図る手続であり，「私的整理ガイドライン」に続く事業再生のための私的手続である。

(2) 事業再生ADRの性質

　ADR（裁判外紛争解決手続）は，法律的にいえば，民事紛争解決として，民間事業者（法務大臣の認証を受け，認証紛争解決手続の業務を行う認証紛争解決事業者）が，紛争の当事者が和解をすることができる民事上の紛争について，当事者双方から依頼を受け，紛争の当事者との間の契約に基づき裁判外紛争解決手続である。それが，過剰債務に悩む企業の再生目的に特化したのが事業再生AD

R[(1)]である。

　ＡＤＲは，過剰債務を抱える主として中小企業の事業再生手続であるが，利用対象企業に制限はないことから上場企業においても利用可能である。反面，あまりにも規模の小さい企業はＡＤＲに向かない。そして，実務の取扱いとして，個人事業者は規模が小さいことなどから対象外としている。

　上場企業における事業再生ＡＤＲの利用の例としてアイフルがあるが，日本航空が，平成21年11月13日，事業再生ＡＤＲ手続を申請したことから，今後，事業再生ＡＤＲに対する関心が一層高まると考えられる。

　事業再生ＡＤＲは，当事者間（主として，債務者企業と銀行）の話し合いによる解決手続であるが，法務大臣の認証と経済産業大臣の認定を受けた業者（認証紛争解決事業者）により，中立的立場にある手続実施者の仲介の下に，金融債権者と債務者間の調整が行われ，債務者会社と金融機関等の合意に基づく再生手続（私的整理手続）である。そして，平成20年秋から運用が始まった。

　法的手続に比べ，事業再生ＡＤＲは成立要件が厳格で，法的拘束力では劣るが，反面，取引債権者を巻き込まず，柔軟かつ迅速に解決しうるということから法的手続よりも優れた面を有している。しかも，一般の私的整理と比べ法的根拠があることから，信頼度が高くその利用に対する関心が高い。そして，ＡＤＲ期間中の「一時停止」と「つなぎ融資」は事業再生にとって重要な意味をもつ。

　事業再生ＡＤＲは，手続実施者が債務者企業と債権者等（第一回債権者会議で依頼される）の双方から紛争解決（過剰債務の処理と解決）の依頼を受け，事業再生計画案の合意という和解契約を成立させるという仲介契約（委任および準委任契約）として行うのであり，ＡＤＲの成立は和解契約の締結である。そして，契約に基づき当事者間の債権債務に関する権利関係に変更が生ずるのであり，成

---

(1) 以下，事業再生ＡＤＲの仕組みと効用については，『「産業活力の再生及び産業活動の革新に関する特別措置法」に基づく事業再生ＡＤＲ制度について～早期事業再生のために～』（平成21年7月　経済産業省産業再生課），および事業再生実務家協会「事業再生ＡＤＲ活用ガイドブック」による。

立したＡＤＲに基づく合意に従って債務を履行しない場合は，債務不履行（和解契約違反）となる。

(3) 事業再生ＡＤＲ利用のメリット

　法的整理として，民事再生法による手続（主として，中小・中堅企業向け）と会社更生法による手続（主として，大企業が対象）とがある。法的整理は裁判所の監督下にある法的整理手続であるから，公正が担保され債権者が平等に取り扱われ，損失負担についても納得感が得やすく，債権放棄による消滅益および評価損益に対する税制措置というメリットがある。

　反面，金融取引だけでなく商取引債権者等全ての債権者を対象とする整理手続であるから，手続中の商取引が差し控えられ，かえって事業再生の阻害要因になるというデメリットがある。法的整理を利用すれば，過剰債務を減らすことに成功しても，取引先債権者を巻き込むことから，事業再建が難しくなりかねない。加えて，法的整理手続には時間と費用がかかるばかりか，手続がオープンになり風評被害による事業価値毀損のおそれがある。

　過剰債務に悩む企業は，法的整理手続は使いたくないが，金融機関との個別の話し合いにより弁済の猶予や債務免除を受けにくい。金融機関側も，株主に対する責任などから安易に債務免除に応じられない。この点，事業再生ＡＤＲは私的整理の一種ではあるが，法的整理のメリットを取り入れ両者を融合させた制度であることから，弁済の猶予や債務免除を行いやすいばかりか，「つなぎ融資」についても特別措置が講じられている。

　事業再生ＡＤＲを利用するメリットは，「私的整理に関するガイドライン」による私的整理と同様に，法的手続の申立て前に当事者間で債務調整をするのであるが，民事再生法などの法的手続に比べ，簡易・迅速に手続が進むことから，早期に再生を図ることができるほか，手続による影響が，金融機関と同視できるような大口債権者でない限り，銀行等の金融機関に限られるという限定的なものであることから，金融機関だけを相手方として話し合いによる解決を求めるのである。

第13章　事業再生ＡＤＲの利用

　事業再生ＡＤＲによれば，取引先業者を巻き込まずに，取引先との関係を維持し商取引を円滑に続けながら，事業再生を行うことを可能とする。法的手続のように取引先を含め全債権者が対象として債権カットを行わないから，倒産との風評被害の影響により事業価値が毀損されることも少なく，また法的手続と比べて弾力的な計画策定が可能である。反面，事業再生計画の成立には金融機関等対象債権者全員の書面による合意が必要であるから，一行でも同意しなければＡＤＲは成立しない。

　ＡＤＲの手続と私的整理ルール（私的整理ガイドライン）は，法令に根拠があることを別にすれば，一時停止の効力を含めほぼ同じである。しかし，手続の実施者に関しては大きく異なる。私的整理ルールによる場合は，債務者企業の申し出を受けたメインバンク（通常は複数行）が手続の実施者となり，債務者企業と対象金融機関との調整役となり再建計画をまとめることになる。

　メインバンクが中心となって手続を行うことから，メインバンクの負担が重い場合が少なくないが，ＡＤＲはメインバンクの主導によるものではなく，手続実施者（認証紛争事業者から担当者として送り込まれる実務家）により公正に行われるから，透明性と公正が確保されるほか，メインバンクだけの負担が大きいとはいえないから，全金融機関等の同意を取り付けることが可能な場合が多いと考えられる。

　しかし，事業再生ＡＤＲも万全ではない。債権者全員の同意が得られず，あるいは同意の有無に関わりなく，法的手続によらなければ遂行可能性のある再生計画案を立てられない場合があり，また，不同意債権者や偶発債務の存在する可能性が手続を進めてみなければ判明しない場合も少なくない。そこで，ＡＤＲの手続を開始したが民事再生や会社更生という法的な手続に移行せざるを得ない場合もある[2]。

　しかし，ＡＤＲの手続によれば，合意形成がなされず不成立に終わった場合

---

[2]　伊藤　眞「事業再生ＡＤＲに期待されるもの」『日本経済新聞』平成21年10月27日，24面。

についてもメリットがある。裁判所を利用した手続に移行した場合でも，法的整理手続においてＡＤＲの結果が尊重され，また特定調停において単独裁判官による調停が可能となる（調停委員の関与を排除）。

　ＡＤＲの手続を正式に開始すると，事業継続に不可欠なつなぎ資金の融資は，それ以前の債務とは別に優先的な取扱いをすることが可能であるばかりか，公的保証制度の利用が可能であるので，つなぎ資金の融資を受けやすくなる。

　このように，つなぎ資金の円滑化（政府系金融機関による債務保証，再生・更生手続の特例等）（産活法50条～52条），私的整理と法的整理の連続性（特定調停の特例）を確保できる（産活法49条）という特典がある。

　税金面であるが，債務免除を受けても，免除益に課税されれば重い税負担が発生するが，事業再生には評価損の損金算入と期限切れ欠損金の優先利用の税制上の優遇措置が設けられており，債権放棄による損失の無税償却が認められる。また，金融機関の側については，債務免除に伴う税負担を軽減する税の優遇措置を受けることができる。このように，事業再生ＡＤＲの利用により，優遇措置を利用して税負担を軽減できる。

　事業再生には「つなぎ融資」（プレＤＩＰファイナンス）が不可欠である。企業は，私的整理手続中であっても資金調達の必要があるが，銀行はその実行に慎重となる。それは，私的整理手続中に「つなぎ融資」として追加融資した場合であっても，回収困難というリスクのほか，私的整理に失敗して法的整理に移行すると，法的整理の場合の共益債権とは異なり債権カットの対象となるため，法的整理に進む危険性から金融機関の経営者は難しい経営判断をせまられ，私的整理中のつなぎ融資を躊躇するから私的整理中の資金調達が難しくなる。この点，事業再生ＡＤＲを利用した場合，「つなぎ融資」の実行について特別の取扱いが認められている。

2 事業再生ＡＤＲによる企業再生

(1) 事業再生ＡＤＲの運営主体

　事業再生ＡＤＲは裁判手続によらない裁判外の紛争解決手段であるが，他の私的整理とは異なり法的な裏付けがあることから，法的整理に準ずものと考えられる。もっとも，ＡＤＲの手続は民間の紛争解決事業者（認証ＡＤＲ）の主宰と仲介によりなされ，その成立のためには対象全債権者の合意を必要とするという基本的な差異がある。

　ＡＤＲ法は，認証ＡＤＲについて，法務大臣が手続実施者の能力，利害関係者の排除など業務の適正さを確保するための要件が備わっていること（業務が同法第6条1号～16号の基準に適合していること，業務を行うのに必要な知識および能力ならびに経理的基礎を有すること，欠格事由に該当しないこと），を確認したうえで認証するとしている。次いで，認証ＡＤＲ（紛争解決事業者）のうち，産活法に基づき経済産業大臣が事業再生ＡＤＲ事業者を認定する。そして，ＡＤＲ事業者として認定を受けた者が，事業再生ＡＤＲの業務を行うことになる。

　認証と認定は，ＡＤＲ事業者の適格性の確保に加え，弁護士法72条との関係に配慮したものであると考えられる。

　事業再生ＡＤＲ事業者（認証紛争解決事業者）として，事業再生実務家協会（ＪＡＴＰ）は，平成20年10月29日法務大臣から認証紛争事業者（第21号）として認証を受けた後，産活法に基づき事業再生に係るＡＤＲ機関として同年11月26日，経済産業大臣より事業再生ＡＤＲの認定（第1号）を受け，事業再生ＡＤＲ（特定認証ＡＤＲ）を行っている。これまでの事業再生実務家協会のＡＤＲの利用件数は15件であるが，相談の段階で断ったものを含めると20件近い。そのうち，再生計画が成立したものは4件である[3]。

---

[3] 平成21年10月27日付日本経済新聞24面（松嶋英機発言）。

(2) 事業再生ＡＤＲの利用

　過剰債務により経営不振の企業であるからといって，全てが事業再生ＡＤＲの制度を利用しうるものではない。この制度を利用しうる債務者と，利用の要件は，次のとおりである（「手続実施者に確認を求める事項」平成20年経産省告示第29号〔最終改正　平成21年6月22日〕第2条）。

　① 　事業再生ＡＤＲを利用しうる債務者

　ⅰ）「過剰債務を主因として，経営困難な状況に陥っており，自力による再生が困難であること。」

　事業再生ＡＤＲを利用しうるのは，経営困難な状況に陥った企業であるが，その主たる原因が過剰債務にあることが要求され，単なる経営不振では足らない。事業再生ＡＤＲの趣旨が，過剰債務に苦しむ企業の救済と再生にあることから当然といえよう。

　自力による再生が困難であることを要件とするのは，自力再生によることが難しいから，事業再生ＡＤＲを利用する必要性があるということである。

　ⅱ）「技術，ブランド，商圏，人材等の事業基盤があり，その事業に収益性や将来性がある等事業価値があり，重要な事業部門で営業利益を計上している等債権者の支援により再生の可能性があること。」

　事業再生ＡＤＲを利用するためには，債務者企業に技術などの事業基盤と経営資源があり，事業に収益性や将来性があるなどの事業価値があることが要求されるのは当然である。どのような企業でも事業再生ＡＤＲを利用できるのではなく，債権者の支援により事業の再生が可能な企業に限られるのである。事業価値というのは，企業価値と同一の意味に理解すべきであろう。

　重要な事業部門で営業利益を計上しているという要件は，過剰債務を抱えているが，重要な事業部門では一定の営業利益を挙げていて，債権者の支援と協力により過剰債務を解消すれば再生が可能な企業を対象とする趣旨である。その意味で，元々，本業の経営不振の企業は事業再生ＡＤＲの対象にならない。

　重要な事業部門での営業利益の計上というのも，従来，営業利益を計上してきたという意味であって，経済情勢の変動などにより直前の決算期等で営業利

益を計上できなかった企業を対象外とする必要はない。

　ⅲ）「**法的手続（再生・更生手続）開始の申立てにより信用力が低下し，事業価値が著しく毀損される等，事業再生に支障が生じるおそれがあること。**」

　事業再生手続として法的手続が用意されているが，法的手続では金融機関だけでなく取引上の債権者を巻き込むことから，取引上の障害が生じ事業価値が著しく毀損され，また倒産の風評により信用力が低下するなどにより，事業再生に支障が生じるおそれがあることから，法的手続によれない場合にＡＤＲを利用すべきであるとの趣旨である。

　もっとも，多くの場合，法的手続によれば事業価値が毀損され，事業再生に支障が生じることから，この要件はあまり厳格に解すべきではなく，法的手続によるよりも，事業再生ＡＤＲを利用する方が事業再生を円滑に行い得る場合も含めるべきであろう。

　② **事業再生ＡＤＲ利用の要件**

　事業再生ＡＤＲは，事業再生計画案に対する債権者の合意という形でなされるのであるから，事業再生計画案が次のような要件を満たしたものであることが要求される。

　ⅰ）「**債権額の回収の見込みが，破産手続による債権額の回収の見込みよりも大きい等，債権者にとっても経済的合理性が期待できること。**」

　事業再生計画案で示される債権額の回収の見込みは，破産手続による債権額の回収の見込みよりも多くなければならないとされている。

　債権者に協力と負担を強いる以上，ＡＤＲによることが債権者にとっても破産手続によるよりも，多額の債権額の回収を見込まれるという経済的合理性があることが必要である。そこで，ＡＤＲによることが破産手続によるよりも多額の債権額を回収する見込みがあることが要求され，はじめから，破産手続による方が多額の債権額の回収が見込まれる場合はＡＤＲを利用しえない。

　もっとも，多くの金融機関（とくに，メインバンク）は物的・人的な担保を有しているから，破産手続によっても，別途，相当の債権回収が可能である。そこで，破産手続による債権額の回収の見込みをあまり厳格に解することなく，

取引先の救済目的，企業再生を中心に考え，経済的合理性だけを判断の基準とすべきではないであろう。

ⅱ）「過剰設備または遊休資産の処分，不採算部門の整理または撤退等，債務者の自助努力をともなうものであること。」

債務者企業としては，事業に直接必要でない過剰設備とか遊休資産を現金化して債務の弁済金に充てるとともに，事業リストラなどの自助努力をする必要があるのは当然であり，人員整理もやむを得ない場合がある。

ⅲ）「実行可能性があること。」

債権者に提示された事業再生計画案は，具体的で実行可能性があるものでなければならない。はじめから実行の可能性がないようなＡＤＲを行うべきではない。

そのためには，デュー・デリジェンス（ＤＤ）により資産査定を正確に行い，会社の負債と財務状況を明確にし，ＡＤＲによることの可能性を判断するとともに，ＡＤＲによる債務免除を求めるのか，リスケ（返済条件の変更）でいくのかを決定しなければならない。そして，債権者にどの程度の負担を求めるのか，それにより再生が可能であることを示し，3年を目処に再生計画の実行が可能性なものでなければならない。実行の可能性がない計画案では，到底，債権者の合意を得ることは困難である。

ⅳ）「債権者全員の合意を得られる見込みがあること。」

ＡＤＲは，債権者たる金融機関等全債権者との合意により成立するものであるから，対象債権者全員の合意を得られる見込みがあることがＡＤＲを開始するための要件であり，はじめから全員の合意を得られる見込みがないことが明らかな場合は，ＡＤＲによることは無駄である。

③　事業再生ＡＤＲ成立の要件

ⅰ）「債権放棄が，2以上の金融機関または1以上の政府関係金融機関により行われること。」

ＡＤＲの内容が債権放棄である場合は，複数の金融機関が平等の割合で債権放棄に応じ，特定の銀行だけに債権放棄を求め，あるいは債権放棄額に多少が

あってはならない。この点，事業再生計画案で示される債権者の権利の変更は，原則として債権者間で平等であることが要求される。

ⅱ）「事業再生計画案について債権者全員の合意を得たこと。」

ＡＤＲの成立は対象全債権者全員の合意を要件とする。そこで，債権者会議で全債権者全員の合意が得られなかった場合ＡＤＲは不成立となる。この場合，特定調停の申立て，または法的手続の開始の申立てをすることになる。成立したＡＤＲについて，事業再生計画に基づいて債務を弁済することができない場合も同様である。

(3) 事業再生ＡＤＲの実行手続

事業再生ＡＤＲの実行手続は，対象企業からの事前相談にはじまり，債権者会議での全債権者との合意により成立するが，その概要は次のとおりである[4]。

① 第1ステージ

認証紛争解決事業者が，事業再生ＡＤＲの利用を希望する企業から事前相談を受け，事前審査を経て正式な利用の申込みを受け付けるまでの段階である。過剰債務に陥っている企業の全てが事業再生ＡＤＲを利用できるのではない。ＪＡＴＰ（事業再生実務家協会）の事業再生ＡＤＲは，個人事業者および経営が窮境に瀕した企業（資金繰りに瀕し，対応に急を要する企業）を対象にしない。企業の規模や業種による制限はないが，利用申請後の審査により，この手続を利用するメリットがあると判断された企業に限られるとしている。

ＡＤＲを実行するためには，一時停止の段階でＤＤがなされ，再生計画ができている必要がある。そのため，すぐ資金繰りが行き詰まる会社には向かない。また，商取引債権者への弁済ができる余裕が必要である。しかも，ＡＤＲ手続のコストを考えると，あまりに規模が小さな企業には向かない[5]。

事業価値が認められ，債権者からの支援を受けることにより，事業再生の可

---

[4] 「認証紛争解決事業者の認定等に関する省令」平成19年経産省令第53号（産活法ＡＤＲ省令）〔最終改正　平成21年6月22日〕第7条～第12条，事業再生実務家協会『事業再生ＡＤＲ活用ガイドブック』6頁～14頁参照。

能性がある企業だけがこの手続を利用することができる。そのため，認証紛争解決事業者は，事前審査により申込みを受け付けるかどうかを判断する。

　事前審査申請のために，企業は過剰債務に陥った状況を明らかにし，DDにより資産査定，清算貸借対照表の作成，損益計画の作成，弁済計画を作成し，これに基づき事業再生計画案（概要）を策定する。策定された計画案について，破産手続による場合を超える弁済が可能であるか，実行可能性があるか，債権者の合意を得る見込みがあるかが重要である。そして，DDと計画案は正式な申込み後の手続にも利用される。

② 　第2ステージ

　事前審査を経て，正式な申込みを受付け，一時停止の通知を発してから，計画案承認の決議までの段階であり，ADR手続の中心部分である。正式な申込みの受付後の手続は，対象となる債権者へ「一時停止通知」を発して，債権回収や担保設定行為を禁止したうえで，債務調整の話し合いに参加するよう呼びかけるのであるが，メインバンク主導で行われる「私的整理ガイドライン」とは異なり認証紛争解決事業者が行う。

　認証紛争解決事業者が，債務者企業と連名で相手方（金融機関等）に対し，「一時停止の通知」と併せ，債権者会議の招集通知も発送する。そして，第1回の債権者会議において，計画案等の概要説明，手続実施者の選任がなされる。手続実施者は，認証紛争解決事業者の示した候補者リストの中から全員一致の決議により選任される。そして，手続実施者が，公正中立的な立場から，債務者の策定する再生計画案を提示する。

　そして，第2回以後の債権者会議において，手続実施者により作成された調査報告書が提出され，債務者の提示した再生計画案について協議し，必要に応じ修正したうえで計画案について決議するが，決議は全員一致が原則である。この間の手続に要する期間について，JATPは，相手方（金融機関等）に対して，「一時停止の通知」を発送してから，事業再生計画案の決議をするまで，

---

(5) 　平成21年10月27日付日本経済新聞24面（宮崎信太郎発言）。

約3カ月程度の期間を目安としている。

③　第3ステージ

　計画案について決議後の手続である。計画案が成立した場合と，全員の一致が得られないことにより計画案が不成立の場合とがある。

　債権者会議で，全債権者の同意が得られた場合は，計画案に従ったADRが成立し，計画に従ったリスケ（返済条件の変更）や債務免除がなされる。債務者は，計画に従った弁済など計画を実行することになる。

　反対に，債権者全員の合意が得られない場合は，計画案は不成立となりADRの手続は終了する。この場合，法的手続へ移行するのであるが，まず特定調停による方法と，直接，法的整理に進むことも可能である。

　ADRの手続を経た特定調停は，単独裁判官による迅速な手続によることができる。調停が成立すればADRの成立と同じように，調停条項に従って義務を履行する。調停に代わる決定に対し異議がない場合も同様である。

　特定調停に移行したが調停が不調の場合，あるいは調停に代わる決定に対し異議がある場合は法的整理に移行することになる。なお，ADRで策定された計画案が合理的なものであれば，特定調停または法的整理の中でもそれが十分尊重されることが期待できる。

(4)　事業再生ADRと「一時停止」の通知

　事業再生ADRの手続は，再生対象企業（債務者）の手続利用の申込みを正式に受け付けた後，債務者と特定認証紛争解決事業者の連名で，書面により債権者（認証紛争解決手続における紛争の当事者である金融債権者等）に対して一時停止を発することにより開始される。

　一時停止とは，債権者全員の同意によって決定される期間中に，債権の回収，担保権の設定，手続開始・再生手続開始・更生手続開始・特別清算開始の申立てをしないことをいう（平成19年経済産業省令第53号（産活法ADR省令）第7条）。つまり，対象債権者に対し，弁済受領・相殺・担保権の実行の禁止，物的・人的担保供与の要求，強制執行・仮差押・仮処分等の禁止，および法的倒産手続

開始の申立ての禁止を求めることである。そして，この一時停止が事業再生ＡＤＲの目玉といえる。

一時停止の通知は，対象債権者（原則として金融機関）に対する法令に基づく要請ではあるが法的拘束力はなく罰則等による強制力もない。また，期限の利益の喪失事由にならないだけでなく，金融機関等の特定債権者だけに出すものであるから，法的手続の場合の保全処分と異なり一般の支払停止ではない。

しかし，一時停止の通知を受けた金融機関等がそれに従わないことはまず考えられないから，ＡＤＲのテーブルに着くことは期待できる。もし，一時停止の通知を受けたにも係らず債権回収等にでた場合はＡＤＲの成立が困難になるから，全ての債権者の債権回収が困難になるという不都合が生ずる。

金融機関にとって，一時停止の通知によりＡＤＲの手続が開始されたからといって，直ちに保全命令や中止命令が発令されるおそれはなく，自らの権利行使が凍結されるわけではない。そこで，提示された再生計画案の内容や合理性について余裕をもって判断できるというＡＤＲの利点がある[6]。

一時停止の通知は，貸出残高のある全ての金融機関を対象債権者として発されるが，再生にあまり影響しない一定額以下の少額の金融債権者を除外することも考えられる。反対に，再生に大きな影響を与える大口の商取引債権者を対象債権者に含めることが必要な場合もある。

一時停止の通知を発する金融機関には，銀行や信用金庫だけでなくノンバンクやサービスサー会社（債権回収目的の債権譲受人）が含まれると解される。貸金業者は金融機関に含まれないとしても，これを含めて一時停止をしなければ事業再生が困難な場合は，対象者とする必要がある。この場合，ＡＤＲの成立には対象全債権者の合意が必要であることから，サービスサー会社や貸金業者については，銀行とは別の条件によることもやむを得ない場合もありうる。

---

[6] 伊藤　眞「事業再生ＡＤＲに期待されるもの」『日本経済新聞』平成21年10月27日24面。

3 債権者会議の開催と再建計画案の決議

　債権者会議として，①事業再生計画案（債務者が作成する事業再生の計画の案）の概要の説明のための債権者会議，②事業再生計画案の協議のための債権者会議，③事業再生計画案の決議のための債権者会議，という3段階の債権者会議を開催しなければならない（産活法ＡＤＲ省令第8条）。

①　事業再生計画案の概要の説明のための債権者会議（第1回債権者会議）

　一時停止の通知を発してから，原則として，2週間以内に第1回債権者会議を開催しなければならない（産活法ＡＤＲ省令第7条）。この会議において，事業再生計画案の概要の説明として，債務者が，現在の資産および負債の状況，事業再生計画案の概要を説明し，これに対する質疑応答，債権者間の意見交換がなされる（産活法ＡＤＲ省令第9条1項）。

　事業再生計画案には，経営が困難になった原因，事業の再構築のための方策，資産および負債ならびに収益および費用の見込みに関する事項，資金調達に関する計画，債務の弁済に関する計画，債権者の権利の変更等を記載しなければならない（産活法ＡＤＲ省令第13条1項）。

　資産および負債ならびに収益および費用の見込みに関する事項については，事業再生計画案についての合意の日から，原則として，3年以内に債務超過の状態を解消し，黒字にすることが要求される（産活法ＡＤＲ省令第13条2項）。

　事業再建計画案の内容は，まず事業計画で，売り上げ，経費，利益，債務超過の解消方法などを示し，弁済方法や経営責任を明らかにする。さらに，計画を確実に履行することも具体的に示す必要がある。この点，債権放棄をともなう事業再建計画案では，債務者の資産評定が公正な価額によること，資産および負債の価額ならびに事業再建計画における収益および費用の見込みに基づいて債務の免除金額，株主の権利の全部または一部の消滅，役員の退任を含まな

ければならないとされている（産活法ADR省令第14条）。

　再生計画案の作成とADRの主催者による報告書の作成において，最も重要なのは財務DD（デュー・デリジェンス）を行い，正確に実質的な債務超過額がどれだけあるかを確認しなければならないことである。財務内容の実態を正確に把握できなければ，再建案を検討することができない。一時停止の通知から第1回の債権者集会までは2週間しかないから，財務DD（財務状況の調査）は，一時停止の通知を発する以前に完了しておくべきである。

　事業計画に基づいて，原則として，3年以内に債務超過を解消する必要があるが，そのために，財務DDに基づき再建策としてリスケ型（弁済条件の変更）で足りるのか，債務免除型によらなければならないのかを判断し，前者についてはリスケの内容を明らかにし，後者については免除金額を検討し，それに沿った再生計画案を作成し提出する必要がある。これが不十分であれば，ADRは出発点でつまずくことになりかねない。

　しかも，一時停止の通知を発してから，2週間以内に開催される第1回債権者会議において，事業再生計画案を提示しなければならないから，相当な準備期間を設けてADRを開始しなければならない。それ故，十分な事前準備をすることなく資金繰りが苦しくなってから一時停止をするのでは，再建計画作成の準備が困難であるばかりか，手続期間をのばしたのでは信用力の低下により再生が困難となる場合が予測される。

　さらに，第1回債権者会議において，債権者全員の同意によって，議長の選任，手続実施者の選任（実務的には，認証紛争解決事業者が示した候補者リストによる），債権者ごとに要請する一時停止の具体的内容とその期間，次回の債権者会議の開催日時と開催場所を決議することができるが（産活法ADR省令第9条2項），議長の選任，手続実施者の選任（実務的には，認証紛争解決事業者が示した候補者リストによる），債権者ごとに要請する一時停止の具体的内容とその期間の決議は欠くことができないであろう。

② 事業再生計画案の協議のための債権者会議

　手続実施者は，事業再生計画案が公正かつ妥当で経済的合理性を有するもの

であるか否かについて意見を述べるのであるが（産活法ＡＤＲ省令第10条），それに備えあらかじめ事業再生計画案に対する調査報告書が作成されている。

債務者による事業再生計画案の内容の説明，手続実施者の意見と調査報告書に対して質疑応答，債権者間の意見交換がなされるが，計画案を修正することも可能であると考えられる。これらの手続により計画案に対して合意すべきか否かの判断が形成されていくことになる。

③ **事業再生計画案の決議のための債権者会議**

債権者全員の書面による合意により事業再生計画案の決議をし（産活法ＡＤＲ省令第11条），これにより事業再生計画が成立することになる。債権者全員の合意があるときのみ事業再生計画が成立するのである。書面による合意が要求されるのは確実を期すためである。

債権者全員の合意が得られず，事業再生計画案が決議に至らなかった場合は，債権者全員の同意によって続行期日を定め（産活法ＡＤＲ省令第12条），あらためて決議を期すことができる。

ＡＤＲの成立のためには，全対象債権者の合意（事業再生計画案の承認）が必要であるが，対象金融債権者の数が多く，またその業種が異なるなどにより，ＡＤＲの成立が危ぶまれる場合は，プレパッケージ型による必要がある。これによれば，ＡＤＲの成立の可能性が高くなると考えられる。

4 事業再生ＡＤＲ手続の効用

(1) 事業再生ＡＤＲ手続利用の効用

① 法的手続に移行した場合

事業再生ＡＤＲが成立した場合は，債務の一部免除またはリスケを内容とする私的整理手続が成立し，権利変動が生じるから債務者はそれに従った債務を誠実に履行することになる。ただ，所定の債務が履行されない場合，最終的に当該企業が再生しなかった場合についてのリスクは払拭できない。

債権者全員の同意が得られなかったことにより，事業再生ＡＤＲが成立しなかったので法的手続に移行した場合でも，ＡＤＲの手続を行ってきたことに相当の意味が認められる。適正なＡＤＲ手続（特定認証紛争解決手続）でなされた施策の試みは，法定手続に移行した後においても尊重されるが，特定調停が申し立てられた場合，裁判官１人だけの迅速・簡易な手続で調停をすることができる。これは，専門家である民事調停委員が行うべき資産査定や調整については，事業再生ＡＤＲの手続の結果を考慮するという趣旨である。

② 認証紛争解決手続の利用による特例

　事業再生ＡＤＲによることは，認証紛争解決手続の利用として，次の特例が認められる。

　ⅰ）「全債権者の合意を得ることができないことから，手続実施者がＡＤＲの手続を終了した場合において，紛争の当事者がその旨の通知を受けた日から１か月以内に手続の目的となった請求について提訴したときは，時効の中断に関しては，ＡＤＲの手続における請求の時に，訴えの提起があったものとみなされる（ＡＤＲ法25条）。」

　一時停止の通知を受け，法的権利の実行を差し控えＡＤＲの手続において請求をしていたのにも係らず，ＡＤＲが不成立となった場合にＡＤＲの手続期間中に権利が時効消滅するのは明らかに不合理である。そこで，このような場合については，前記１カ月以内に提訴すれば，ＡＤＲの手続における請求の時に訴えの提起があったものとみなされ，時効中断の効力が認められるのである。

　ⅱ）「ＡＤＲ手続と訴訟手続が平行する場合に，当事者間で実施されているＡＤＲ手続により紛争の解決を図るという合意があり，かつ，紛争の当事者の共同の申立てがあるときは，受訴裁判所は４か月以内の期間を定めて訴訟手続を中止することができる（ＡＤＲ法26条）。」

　ＡＤＲ手続は訴訟手続に優先して行われるものであり，当事者間でＡＤＲの手続により紛争の解決を図るという合意がある場合は，訴訟手続（多くは，一時停止の通知前に提訴された場合である）を中止するのが妥当である。

　４カ月以内とするのは，あまり長期の訴訟手続の中止は好ましくないことに

加え，この期間内でＡＤＲの手続に決着をつけることを求める趣旨に解される。

ⅲ）「地代等借賃請求事件（民事調停法24条の2第1項），家事事件（家事審判法18条1項）については，調停手続前置主義がとられるのであるが，当該訴訟を提起した当事者が，提訴前にＡＤＲの手続を依頼し，かつＡＤＲの成立する見込みがないことを理由にＡＤＲの手続が終了したときは調停手続前置主義によらない（ＡＤＲ法27条）。」

これらの事件について，調停手続前置主義がとられるのは，提訴前に調停手続で話し合いによる解決を図るべきであるとの趣旨であるから，提訴前にＡＤＲの手続によって話し合いがなされている場合は，調停手続に代わる特則として取り扱うのが妥当だからである。

(2) 事業再生ＡＤＲの利用と金融支援

従来型の私的整理では，緊急融資債権（つなぎ融資：プレディップファイナンス）に対し特別の配慮がなかったが，ＡＤＲでは産活法に基づきプレディップ（ＤＩＰ）ファイナンスは法的整理に移行しても優先的に取り扱われ，また中小企業基盤整備機構による一部保証制度によることが可能である。

一時停止の通知を発することにより，債務者は事業再生ＡＤＲの手続に基づき，事業再生計画の策定・調整終了までの時間的余裕を確保することができるほか，融資に関する保証の特例を受けることで，紛争解決手続の開始から，手続終了までの間の資金の調達について，金融機関からつなぎ資金（プレＤＩＰファイナンス）を調達することができる。また，債権者にとっても，一時停止に従えば，法的整理による場合以上の債権回収を期待することができるという利点がある。そして，事業再生ＡＤＲの利用により，次のように「つなぎ融資」と特別の債務保証が可能となる。

ⅰ）つなぎ融資については，紛争解決手続の開始から終了に至るまでの間に行う資金の借入れについては，手続が法的整理に移行した場合でも当該借入れが合理的であり，かつ対象債権者全員の同意を得ている場合，裁判所は，当該事実を考慮したうえで，つなぎ融資が他の再生債権や更生債権に優先して弁

済されることにつき衡平を害しないか判断することになる（つなぎ融資債権の債権カット率が他の債権に比べて低く抑えられることが期待できる）。

ⅱ）債務保証に関しては，紛争解決手続の開始から終了に至るまでの間に行う事業継続に不可欠な資金の借入れ（つなぎ融資）について中小企業基盤整備機構が債務保証を行い（主に中堅・大企業向け），また日本政策金融金庫が信用保証協会に対し，普通保険，無担保保険または特別小口保険の保険契約をする場合において，事業再生円滑化関連保証を受けた中小企業については，債務保証の限度額は，中小企業信用保険法の特例として事業再生円滑化関連保証とその他保証それぞれについて別枠が設定されている（中小企業向け）。

(3) 債権放棄・債務免除と税務処理

事業再生ＡＤＲによれば，民事再生のような法的整理に準じた形での税務上の取扱いが認められる。

「取引等に係る税務上の取扱い等に関する照会」に対する，平成20年3月28日付け国税庁課税部長回答により，事業再生ＡＤＲを利用して成立した事業再生計画案については，債務者（企業）サイドでは，民事再生に準じるものとして，資産の評価損を損金算入でき，期限切れの青色欠損金を（青色欠損金に）優先して損金算入でき，債権者（金融機関）サイドにおいては，債権放棄等による損金算入できるとの取扱いが認められている[7]。

事業再生ＡＤＲにおける資産評定による評価益および評価損は，法人税課税対象となる所得の計算上，それぞれ益金算入および損金算入が可能である（法人税法25条3項，33条3項）。

(4) 事業再生ＡＤＲと経営者や株主の責任

債権放棄をともなう事業再建計画案では，株主の権利の全部または一部の消滅，役員の退任（事業の継続に著しい障害をきたすおそれがある場合を除く）を含ま

---

[7] 事業再生実務家協会『事業再生ＡＤＲ活用ガイドブック』16頁。

なければならないとされている（産活法ＡＤＲ省令第14条1項3・4号）。

　事業再生計画案が金融機関等に対して債権放棄を求める場合は，経営責任や株主責任が問題になる。それは，モラルハザードの防止と金融機関等に負担を強いる以上，経営責任や株主も責任を負担すべきであるとの考えによるものである。これに対し，債権放棄を内容としないリスケ形式の場合は特に定めはないが，債権者に犠牲を強いるのであるから，納得感のある形をケースごとに考える必要があるとされている[8]。

　事業再生ＡＤＲでは，経営責任や株主責任を果たすことが求められるが（私的ルールによる場合も同様である），形式的に運用すべきではない。とくに，オーナーが自社株式の大半を保有している中小企業の実態では，経営責任と株主責任がつよく結びついている。そして，オーナー経営者の存在により企業の存続が確保される場合が少なくない。

　役員の退任は事業の継続に著しい支障をきたす場合を除く，という例外が認められているように，経営者の退任が絶対条件ではなく，事業再生のために必要な場合は退任すべきでないばかりか，責任というためには過剰債務の発生と経営不振に陥った原因を考慮しなければならない。退任する役員の範囲も問題になり，とくに同族経営的な中小企業では，事業再生ＡＤＲにより債務免除を受けた場合，免除額などにかかわらず一律に退任というのは実情に沿わない。

　経営責任として経営者の退任を求めるにしても，中小企業の多くは経営者により経営が支えられているから，退任はかえって会社経営に支障をきたすことになる。そこで，過剰債務を発生させた原因として経営責任があるか否かをまず検討し，モラルハザード（moral hazard：倫理間の欠如，責任感が薄くなる）などを考慮して判断すべきであり，債務免除を受けたから責任をとって退任しなければならないとの硬直的な考えによるべきではない。また，免除額との関係も無視できない。

　債務免除を直ちに役員の退任に結び付けたのでは，中小企業の経営者は事業

---

[8] 平成21年10月27日付日本経済新聞24面（宮崎信太郎発言）。

再生ADRを利用することに躊躇し，ADRを用いることなく民事再生手続を選択することになりかねないばかりか，これでは事業再生ADRの利用により不可避的に事業承継（経営承継）問題が生ずることになり，よりすぐれた事業承継人（経営承継人）を用意しなければならないことにもなる。

　もっとも，実際問題として，経営責任や株主責任を問題にしなければ，債権者がADRの計画案に合意しないということは十分に考えられる。そして，これは私的整理ガイドラインによる再生の場合についても同様であろう。

　株主責任は持株数を減らすということであるが，平均的な中小企業の場合についていえば，自社株式の大半は経営者（オーナー）が保有し，その余は親族，従業員，取引先が保有している。経営不振の会社において，経営者等の持株の全部または一部を消却することの意味が問題となるから，やはり株主責任は具体的事情により，金融機関等に負担をかけることから道義的責任の問題として判断すべきであろう。むしろ，株式の消却ではなく，経営者等の持株の全部または一部を会社が無償で取得し，それを代物弁済として金融機関等に引き渡す方が得策ではないかと考えられる。

　中小企業においては，株主構成は，経営者（オーナー）とその親族，取引先，従業員であるのが一般的であるが，他の株主の持株には手を付けず，支配株主である経営者の持株を減らし，金融機関と痛みを分け合うというのが合理であろう。所有と経営が一致している中小企業においては，事業譲渡（経営譲渡）となるような経営者の持株の全部をなくすることは考えにくい。業績不振で債務過剰の会社で株主責任をいうのであれば，減資手続により全株主の持株の一部を消却すべきであろう。

第14章
その他の企業再生の方法

1　中小企業再生支援協議会方式

(1)　中小企業再生支援協議会の設置

　中小企業向けに特化したADRとして，中小企業再生支援協議会の設置による中小企業の再生支援がある（産活法42条）。中小企業庁は，中小企業再生支援協議会事業（「協議会事業」）の実施にあたり，対象企業，私的整理の進め方，再生計画案の内容等に関する統一ルールとして，平成20年4月4日，「中小企業再生支援協議会事業実施基本要領」（「実施要領」）を策定して公表した。

　次いで，平成21年4月6日，実施要領に加えて，実務上の留意事項について「中小企業再生支援協議会事業実施要領Q&A」（以下，「Q&A」）を策定して公表した。実施要領は，産業活力再生特別措置法41条に基づき，中小企業再生支援業務を行うものとして認定を受けた者が実施する中小企業再生支援協議会事業について，その内容，手続，基準等を定めている（協議会スキーム）。

　中小企業再生支援協議会は，中小企業の事業再生を支援するために，平成15年に各都道府県に1カ所ずつ設置されている。そして，各支援協議会には，企業再生に関する知識と経験を有する専門家（公認会計士・税理士・弁護士・中小企業診断士等）が配置され，中小企業の再生に関する相談を受け，企業の再生に対応しうる体制がとられている。もとより，認定支援機関は協議会事業を行うにあたり中立公正な立場で行動し，事業者が合理的でない不利益を受けないように配慮しなければならない。

(2) 協議会スキームの内容

　私的整理に関するガイドラインは，不良債権処理との関係からのルールづくりであるのに対し，実施要領は現時の厳しい経営環境の下での，中小企業の事業再生のためのルールづくりである。それ故，実施要領はガイドラインを参考にはしているが，ガイドラインや事業再生ＡＤＲとは別の手続と位置づけられている。

　協議会スキームは，中小企業向きのものであるが，運営主体を別にすれば，手続はガイドラインや事業再生ＡＤＲとほぼ同じである。私的整理手続であるから，対象債権者全員の同意が得られない場合，再生計画は成立しないことになる。

　しかし，この場合でも，私的整理に関するガイドラインや事業再生ＡＤＲとは異なり，同意が得られなかった債権者を除外しても，再生計画の実行が可能であると判断できる場合は，不同意債権者を除外した変更計画を作成し，その他の全ての対象債権者の同意を得て再生計画を成立させることはできる。

　実施要領は，中小企業の事業再生に適した内容となっているが，ガイドラインの主な相違点は，[Q&A]によれば以下のとおりである。事業再生ＡＤＲとの相違点も同様に考えられる。

　① 「協議会事業の対象企業を中小企業者に限定している。」

　ガイドラインの対象企業は，中小企業も含むが主として大企業とするとの趣旨であるが，実施要領は対象企業を中小企業者に限ることを明確にしている。

　対象中小企業者とは，産業活力再生特別措置法２条19項に規定されている中小企業者であり，例えば，資本金の額が３億円以下の会社ならびに常時使用する従業員の数が300人以下の会社であって，製造業，建設業，運輸業その他の業種に属する事業を主たる事業として営むものである。

　② **「ガイドラインにおける手続の主体は主要銀行と主要債権者であるが，協議会事業の主体は協議会である。」**

　ガイドラインのように，主要銀行を手続の主体とすれば，自行の債権確保と不良債権解消を重視する傾向が現れることは否定できない。これに対し，第三

者である協議会を手続の主体とすることにより，客観性と公正性を確保することが可能となる。これは，事業再生ＡＤＲと同様である。
  ③　「ガイドラインにおける一時停止の通知，と協議会スキームにおける返済猶予の要請の違いを明確にしている。」
　ガイドラインによる場合は，主要銀行と主要債権者が私的整理の申し出を検討した結果，一時停止の通知をするのが相当であると判断したときに，主要銀行が債務者と連名で対象債権者に対して一時停止の通知を発して，私的整理の開始をする。これに対し，協議会スキームでは，相談企業から再生計画策定支援の申込みを受けた支援業務部門の統括責任者が，主要債権者の意向を踏まえて，認定支援機関の長と協議の上，再生計画策定支援の開始を決定するが，一時停止の通知はしない。
　もっとも，債務者企業の資金繰り等の事情から必要性が認められる場合は，統括責任者と債務者の連名で，対象債権者の全部または一部に対して，「返済猶予の要請」等を行うことはある。
　再生計画策定支援の開始にあたり，主要債権者の意向を確認する必要があるが，これは再生計画の策定を支援し手続を開始するか否かの判断のための意向確認である。具体的な再生計画への同意の可能性を確認する必要はなく，事業の再生を検討することに対し否定的でないことを確認すれば足りる。
  ④　「債務超過解消の期限の目安を，ガイドラインは3年以内にしているが，協議会スキームでは3～5年以内としている。」
　中小企業の経営環境の厳しさを考えれば，その目安を3年以内とするのは厳格すぎるので，3～5年以内としたものと考えられる。もとより，債務超過解消の期限は，各個別企業の経営状況や事情により異なるものであるから，3～5年以内は努力目標値と考えるべきであろう。
  ⑤　「経営者責任と株主責任の緩和」
　協議会スキームも，私的整理により債権放棄を受ける場合は，モラルハザード対策を講じるべきであり，債権者・債務者間のみならず，社会的にも納得できる形で経営者責任・株主責任をとることが正義に適うとしているが，当然の

ことである。

　しかし，ガイドラインとは異なり，協議会スキームは経営者の退任を必要とするものではない。経営者責任の明確化としての経営者の退任は，窮境原因に対する経営者の関与度合，対象債権者による金融支援の内容，対象債権者の意向，当該企業の事業継続における経営者の関与の必要性など種々の事情を考慮して，個別に対応すべきであり，経営者責任の明確化の内容としては，役員報酬の削減，経営者貸付の債権放棄，私財提供や支配株主からの脱退等により図ることもあり得ると考えられるとしている。

　この立場は，「けじめ論」により経営者の退任を求めるものではなく，中小企業の経営環境，経営と所有の一体化という中小企業の特質に適合するものとして妥当といえるであろう。経営不振と過剰債務に苦しむ中小企業の私的整理においては，私財提供といってもすでに個人資産が会社の債務のために担保提供されている場合が多い。なお，経営責任をとって経営者が退任することは，私的整理の成立をもって，経営者は事業承継の契機として後継者に事業と経営権を譲渡し，新経営者により会社経営を行う契機であるとも考えられる。

　私的整理により債権放棄を受ける場合，株主も相応の責任をとるべきであるから，減資や保有株式の会社に対する無償提供と株式の消却により支配株主の権利を消滅させることはもとより，増減資により既存株主の割合的地位を減少または消滅させることも考えられるとしている。

　この点，基本的には賛成することができる。しかし，支配株主＝企業所有者＝経営者という中小企業の構造上，支配株主の権利の消滅は，経営権を失うことを意味するから，次に，だれが経営者となるかという問題があるほか，所有と経営の一致という中小企業の根幹に係る問題である。

2　中小企業承継事業再生計画の制度

(1)　中小企業承継事業再生計画の概要

　平成21年改正の産活法（平成21年6月22日施行）は，中小企業の事業再生支援の強化を目的として，「中小企業承継事業再生計画」の制度を追加した。

　「中小企業承継事業再生」とは，特定中小企業者が会社の分割または事業の譲渡によりその事業の全部または一部を他の事業者に承継させるとともに，当該事業者が承継した事業について収支の改善その他の強化を図ることにより，当該事業の再生を図ることをいうのであるが（産活法2条22項），産活法は中小企業承継事業再生計画の認定に関する規定を設けている。

　中小企業の事業再生の円滑化を目的とする「中小企業承継事業再生計画」の骨子は，財務状況の悪化している企業について，「第二会社方式」で事業再生を図るということである。それは，業績不振会社の事業承継（とくに，企業内承継，M＆A取引）の手法と共通している。

　特定中小企業者が会社分割または事業譲渡による第二会社方式を用いた「中小企業承継事業再生計画」を作成し，主務大臣による計画の認定を受けると，営業上必要な許認可の承継，税負担の軽減措置，金融支援についての特例を受けることができるから，これにより，積極的に事業再生に取り組むことができる[1]。

　「特定中小企業者とは」，過大な債務を負っていることその他の事情によって，財務の状況が悪化していることにより，事業の継続が困難となっている中小企業者（中小企業者の定義については，産活法2条19項参照）であり（産活法2条21項），

---

[1] 以下，「中小企業承継事業再生計画」の仕組みと解説について，『改正産業活力再生特別措置法逐条解説－中小企業承継事業再生計画－』（平成21年6月・中小企業庁経営支援課），『中小企業承継事業再生計画に係るQ＆A』（平成21年7月29日・中小企業庁経営支援課）参照。

「承継事業者」とは，中小企業承継事業再生により事業を承継する事業者である（産活法2条23項）。

承継事業者には，承継事業者となる法人を設立（承継事業者の新設）しようとする者（発起人となる者）を含む。申請時に承継事業者が設立されていないが，計画によって承継事業者を設立する場合に備えるためである。この場合は，特定中小企業者が単独で申請することになる。

中小企業承継事業再生計画に用いられる「事業再生」とは，過大な債務を負っている事業者が，その全部または一部の債権者の協力を得ながらその事業の再生を図ること（産活法2条24項）をいうのである。過剰債務の解消を目的とする措置であって，営業（本業）が不振の企業を救済するものではなく，ガイドライン，協議会スキーム，事業再生ADRと同様の意味である。この点，法的整理（再生法・更生法）による場合とはかなり趣旨が異なる。

(2) 第二会社方式による事業再生

第二会社方式とは，過大な債務を負い財務状況が悪化している中小企業について，会社法を用いて収益性のある事業を事業譲渡または会社分割により切り離し，他の事業者（第二会社・承継事業者）に承継させ，残余の不採算部門は旧会社に残し，特別清算または破産手続を行い，金融機関から過剰債務相当額の債権放棄を受けることにより，事業再生を図る方法である。この手法に類似する企業再建策は従来から存在していたが，「中小企業承継事業再生計画」の制度を導入したことにより法律上の根拠が明確になった。

会社分割によれば，債務や契約上の地位は承継会社に移転するが，事業譲渡の場合は，債務や契約上の地位は当然に承継会社に移転しないから，債権者や契約の相手方の同意が必要である。

収益性のある事業を事業譲渡または会社分割により移転するということは，事業が複数あることを想定した規定であるが，事業部門が1つしかない企業においても，この制度を利用することが可能である。この場合は，事業部門が1つしかないから事業の全部譲渡となる。もとより，事業の全部譲渡をしても企

業は存続するから特別清算（会社法511条）等の手続を必要とする。

(3) 中小企業承継事業再生計画の申請
① 計画の申請者

計画の申請は，特定中小企業者および承継事業者が，共同で（特定中小企業者が承継事業者となる法人を設立しようとする者である場合は，特定中小企業者は，単独で）その実施しようとする中小企業承継事業再生に関する計画（中小企業承継事業再生計画）を作成し，主務省令で定めるところにより，これを平成28年3月31日までに，経済産業大臣（申請者の主たる事務所の所在地を管轄する経済産業局）を経由して主務大臣に提出して認定を受ける（産活法39条の2第1項，産活法施行規則38条1項）。

申請期間を，平成28年3月31日までとしたのは，産活法の廃止を踏まえ，他の計画類型と同様としたとされている。

特定中小企業者と承継事業者の主たる事務所の所在地が，経済産業局の管轄を異にする場合は，特定中小企業者の主たる事務所の所在地を管轄する経済産業局に申請することになる。そして，その計画が所定の基準を満たしておれば，主務大臣から認定を受けることができる（産活法39条の2第1項）。

再生計画の実施期間は，一般的な再生計画の事例を踏まえて，原則5年を超えないものとされるから（産活法施行規則40条3項），5年以内の実施期間として計画の作成が必要である。

② 申請書の記載事項と必要書類

中小企業承継事業再生計画申請書の記載事項は次のとおりである（産活法39条の2第2項）。

ⅰ）「中小企業承継事業再生の目標，特定中小企業者の業務および財務の状況に関する事項」

中小企業承継事業再生により，債務過剰という現状を脱し，安定的な事業継続を可能とすることについての目標の概略である。

ⅱ)「特定中小企業者の業務および財産の状況に関する事項」

財務の悪化状況とその経緯等を明確に把握するための，業務と財産の状況である。

ⅲ)「承継事業者に関する事項」

承継事業者について，名称，組織概要，役員の氏名，資本金，出資者構成，業務内容，有する許認可等である。承継事業者を新設する計画の場合は，設立予定の承継事業者に関する前記同様の事項。

ⅳ)「中小企業承継事業再生による事業の強化の程度を示す指標」

承継した事業の強化の程度に関する，有利子負債キャッシュ・フロー比率の圧縮の程度と経常収支の改善の程度である。

ⅴ)「中小企業承継事業再生の内容および実施時期」

旧会社が行う承継による負債等の切り離し，第二会社が行う承継後の事業の強化とそれを実施する時期である。

承継による負債等の切り離しについては，移転させる資産（事業用不動産，設備，のれん，売掛債権等）と負債（買掛債務，有利子負債等）であり，承継後の事業の強化は，承継後の収支改善策の内容等である。

ⅵ)「中小企業承継事業再生の実施に必要な資金の額およびその調達方法」

事業の承継時に必要な対価の額，承継後に必要な資金の額と，その調達方法である。

ⅶ)「中小企業承継事業再生にともなう労務に関する事項」

承継事業再生計画の実施により，承継事業者に労働契約が移転する従業員数とその推移等である。

そして，申請に必要な主な添付書類として，定款の写しと貸借対照表，事業の継続および再建を内容とする計画および計画の専門家による報告書（中小企業再生支援協議会等の支援等を受け作成する事業再生計画），事業が相当程度強化されることを示す書類，公正な第三者機関または公正な手続が関与していることを示す書類，事業に必要な認許可等を有していることを証する書類，従業員の地位を不当に害するものでないことを証する書類等である。

従業員の地位を不当に害するものでないことを証する書類について，労働者側の書類があることが望ましいが必ずしも必要ではない。しかし，経営者が従業員に対し明確に説明した旨を記載した書類の添付が必要であるとされている。

(4) 再生計画の申請と主務大臣による認定
① 認定を受けるための要件

認定要件は，基本計画の内容が適切であり，円滑かつ確実に実施されると見込まれることであるが，具体的な要件事項は次のとおりである（産活法39条の2第4項）。これらの要件を満たしておれば，計画は個々の事業者の置かれた状況によって様々であるから，その他の個別事情も踏まえて審査されるが，特段の事情がない限り，申請した中小企業承継事業再生計画は認定を受けることになる。要件を満たした申請から，認定を受けるまでの間は原則1カ月とされている。

ⅰ）特定中小企業者の財務の悪化状況として，申請時点で所定の要件（ネット有利子負債÷キャッシュ・フロー＞20，キャッシュ・フロー＜0）を満たしていること。

ⅱ）中小企業承継事業再生計画の対象となる事業の強化に関して，計画終了時点で所定の要件（ネット有利子負債／キャッシュ・フロー≦10，経常収支≧0）を満たしていること。

ⅲ）計画の実施方法として，承継事業者への吸収分割または事業譲渡，または新設分割により特定中小企業者から承継事業者へ事業を承継するとともに，事業の承継後，特定中小企業者を特別清算手続または破産手続により清算すること。

ⅳ）公正な債権者調整プロセスを経ていること。債権者調整が適切になされていることを認定するため，中小企業再生支援協議会，ＲＣＣ企業再生スキーム，事業再生ＡＤＲ，企業再生支援，私的整理ガイドライン，民事再生法・会社更生法のいずれかの手続を経ていること。

ⅴ）承継事業の事業実施に係る資金調達計画が適切に作成されていること。

ⅵ) 営業に必要な認許可について、承継事業者が保有または取得見込みがあること。

ⅶ) 承継される事業に係る従業員の概ね8割以上の雇用を確保すること。

ⅷ) 従業員との適切な調整がはかられていること。

ⅸ) 特定中小企業者の取引先企業の売掛債権を毀損させないこと。

② 中小企業承継事業再生計画の変更等

認定を受けた者が、当該認定に係る計画を変更しようとするときは、主務省令で定める軽微な変更の場合を除き、主務省令で定めるところにより主務大臣の認定を受けなければならない(産活法39条の3第1項、産活法施行規則41条1項)。

計画について、所定の要件の下で主務大臣の認定を受けているのであるから、計画の変更についても認定を必要とするのであるが、軽微な変更の場合については認定を必要としないとしている。

主務大臣は、認定中小企業承継事業再生事業者が、当該認定事業再生計画に従って事業再生のための措置を行っていないと認めるときは、その認定を取り消すことができ(産活法39条の3第5項)、また、認定中小企業承継事業再生計画が、産活法39条の2第4項のいずれかに適合しないものとなったと認めるときは、当該認定事業再生事業者に対し、当該事業再生計画の変更を指示し、または認定を取り消すことができる(産活法39条の3第6項)。

ただし、社会経済環境の変化等により、計画が認定要件に適合しなくなったと認められる場合は、取消しの前に、主務大臣が計画変更の指示をする場合があるとされている。

③ 旧会社の経営者の責任

経営者責任は認定の必要要件ではない。経営者責任は、再生計画を策定し債権者調整を行う過程において、債権者の判断等、個々の事情に応じて必要性が判断される。債権放棄をともなう計画の場合は、一般に経営者責任が追及されるが、経営者に責任がないことについて債権者全員が同意する場合は、経営者責任を問わないとされている。

(5) 認定を受けた場合の優遇措置

特定中小企業者，承継事業者が，中小企業承継事業再生計画の認定を受けた場合は，ⅰ）第二会社が営業上の許認可を再取得する必要がある場合は，旧会社が有していた当該事業に関する許認可を第二会社が承継することができる（産活法39条の4第1項），ⅱ）第二会社を設立した場合等の登録免許税，第二会社に不動産を移転した場合の登録免許税と不動産取得税の軽減措置（産活法施行規則50条），ⅲ）第二会社が，必要とする事業を取得するための対価や設備資金など新規の資金調達が必要な場合，日本政策金融金庫による低利融資制度，中小企業信用保険法の特例，中小企業投資育成株式会社法の特例により金融上の支援措置を利用することができる，などの優遇措置を受けることになる（産活法39条の5）。

3 企業再生支援機構による企業再建

(1) 企業再生支援機構の概略

株式会社企業再生支援機構法（平成21年9月28日施行，以下，「支援機構法」）に基づき設立された株式会社企業再生支援機構（以下，支援機構）は，優れた技術や多くの顧客を抱えるなどの経営資源を有しながら，過大な債務超過等により経営不振に陥った企業の再建のために政府が設立した同法による支援の主体である。

支援機構は，国（主務大臣）の認可を受けた唯一の株式会社であり（支援機構法3条），資本金は200億円で，政府（預金保険機構を通じて出資）と民間金融機関が各100億円を出資した官民共同の企業再生ファンドの性質を有する。支援のための資金は最大で1.6兆円（平成22年度から3兆円に拡大される見込み）を政府保証付きで民間金融機関から調達する。そして，同年10月16日から業務を開始したが，原則として，設立から2年以内に支援決定を行い（同法25条10項），支援決定から3年以内での再生支援の完了を目指し（合計5年で業務完了に努める），

その業務完了により解散するという時限的な法人である。

支援の対象は，地域経済の再建を図るために有用な経営資源を有しながら過大な債務を負っている地域の中堅企業者，中小企業者その他の事業者であり（同法1条），産業再生機構の地方版であるが，運用上，企業規模，業種，地域を問わず対象とされている。

ADRの手続は，対象金融機関等との合意によりADRを成立させることにより終了するのであるが，支援機構による支援手続は，それにとどまらず積極的に企業再生（経営再建）そのものを支援するとともに，事業再生計画の実行を監視するのである。

支援の内容は，過剰債務の削減のための債権者間の調整，金融機関等に対する債務免除または減額の要請，金融機関が対象事業者に対して有する債権の買い取り，対象事業者に対する資金の貸し付け（融資），出資（対象事業者の株式の取得を含む），金融機関等からの借り入れについての債務保証に加え，専門的な経営人材や再生人材の派遣，事業活動に関する必要な助言などを行う（同法22条1項）。そこで，法的整理と組み合わせることにより，相乗効果を期待できる。

支援機構は日本航空の再建支援を検討しているほか，地域の中堅・中小企業などからも，支援要請の事前相談が12月ですでに100件以上寄せられている[1]（『日本経済新聞』平成21年12月25日）。支援機構は事業再生ADRの機能に加え，融資・投資を含め広く企業再建を支援することから，申込みが今後も引き続き増加するものと考えられる。それに応じるために，支援の枠を拡大する必要がある。

(2) 企業再生支援機構の支援と企業再生計画の実行

支援機構の対象者は，有用な経営資源を有しながら，過大な債務を負っている（収益力に比して過剰な債務を負っているため，債権放棄等の金融支援による事業再生が求められている状態）中堅企業者，中小企業者その他の事業者であって，債権者その他の者と協力してその事業の再生を図ろうとする者である。企業規模の大小は問わないから，上場企業もその他の事業者として支援機構を利用するこ

とができる（同法25条1項）。

　もとより，支援基準として債権放棄等の金融支援を受けて事業再生を図ろうとする者であることに加え，事業再生計画の実施を通じて再生の可能性が見込まれる企業に限られる。

　支援機構を利用する手続は，対象企業による支援要請の申込みにはじまるが，申込みには「事業再生計画（案）」を添付しなければならない（同法25条2項）。支援機構は，事前相談を経て申し込みを受けると，独自に資産査定（デュー・デリジェンス），再生計画案の精査，主要金融機関（メインバンク）との調整などを行う。

　支援決定など支援機構の重要な意思決定は，公平性・透明性を確保するために外部有識者を含む「企業再生支援委員会」によって行われる（同法15条，16条）。企業再生支援委員会が支援決定基準に基づき再生の可能性を審議し，再生計画案について非主力金融機関の同意の取り付けなどにより支援の是非を判断し，再生の可能性があると判断すれば支援を決定する。

　事業再生には労働者の協力が不可欠であることから，支援機構は支援決定をするに際し事業再生計画についての労働者との協議の状況等に配慮しなければならない（同法25条5項）。そして，再生支援の申込みに対し遅滞なく支援基準に従って再生支援をするかどうか決定し，申込みをした事業者に通知しなければならない（同法25条4項）。

　支援基準は，過大債務が存在するが有用な経営資源を有する企業（事業者）であって，ⅰ）申込みが，メインバンク等の申込み事業者の事業再生上重要な債権者である1以上の者との連名によるものであること，ⅱ）事業の再生に必要な投融資等（スポンサー等からの援助を含む）を受けられる見込みがある，またはⅰ）に規定する者から事業再生計画に対する同意を得られる見込みがあること，ⅲ）申込事業者が，支援決定が行われると見込まれる日から3年以内に，所定の生産性基準および財務健全化基準を満たすことが見込まれることである。

　支援決定があれば，対象企業（債務者企業）は支援機構の支援の下で事業再生計画を実施に移すことになる（事業再生の開始）が，支援機構は，支援決定を

行った場合は，直ちに，債務者企業の関係金融機関等（金融機関等のうち事業の再生のために協力を求める必要があると認められるもの）に対し，支援決定の日から3月以内で支援機構が定める期間（買い取り申込み等期間）内に，債務者企業（対象事業者）に対して有する全ての債権について，支援決定の通知と事業再生計画を添付して，債権の買い取りの申込み等に同意する旨の回答をするよう求めなければならない（同法26条1項）。

　そして，それに併せ，支援機構は，関係金融機関等が債権者としての権利の行使（回収等）をすることにより，買い取り申込み等期間の期間満了前に事業の再生が困難となるおそれがあると認められるときは，全ての関係金融機関等に対し，買い取り申込み期間が満了するまでの間，回収等をしないことの要請をしなければならない（同法27条1項）。これは，事業再生ＡＤＲの一時停止の要請と同趣旨であろう。

　支援機構は，事業再生計画に基づき事業や財務を再構築するための支援を行う。債権者間の調整，債権放棄の要請，債権の買い取りや出資，債権の売却，人材の派遣，株式の譲渡，減資や企業リストラ，不採算部門の切り離しなどにより支援するほか，再生計画の監視に努める。そして，事業の再構築により事業再生計画は終了する。支援決定から再生の完了までの期間は原則3年以内とされている。

　再建計画として，具体的には，金融機関の債権放棄，弁済方法の変更，債務の株式化（ＤＥＳ）などが行われる。多くの場合，借入金債務の一部免除（債権放棄）が必要となるが，その調整を支援機構が行う。次いで，事業の再生のために減資（株主責任）と公的資金を含めた資本の増強（既存株主の持株は希釈化する），不採算部門の切り離しなどの思い切った企業リストラが行われる。そして，多くの場合，上場企業の役員は再建の目処を付けたうえで経営者責任をとって総退陣する。この場合，役員退職慰労金の受給を辞退するのが一般的であろう。これに対し，中小企業の場合は，具体的な事情にもよるが役員の退任を求めない方が得策な場合も少なくない。

(3) 法的整理手続と企業再生支援機構の併用

　支援機構による支援手続と事業再生ＡＤＲの手続とは別のものであるが，縦列的に併用することは可能である。一般に，支援手続の開始決定までにかなりの時間を要する場合が少なくない。しかし，開始決定までに一時停止をしなければ事業再生が困難となり，また運転資金のための「つなぎ融資」を必要とする場合も少なくない。

　そこで，まずＡＤＲの手続により一時停止を行い，「つなぎ融資」により当面の資金を確保する。そして，対象債権者との間で一定の合意を取り付けることによりＡＤＲの手続を終了させ，引き続き支援機構の支援手続により企業再建を行う方法が考えられる。反対に，ＡＤＲの手続で対象債権者全員の合意が得られないことにより，ＡＤＲの手続が成功しなかった場合は，再度，支援機構により対象債権者との債権放棄等の交渉がなされることになる。

　日本航空の経営再建計画は，事業再生ＡＤＲの手続と企業再生支援機構の支援を併用している。事業再生ＡＤＲによる一時停止と「つなぎ融資」により当面の難局を乗り切った後，支援機構の支援の下で本格的に経営再建に着手するものと理解されている。企業再生支援機構に支援要請をしているが，支援の決定までに時間がかかるので事業再生ＡＤＲにより金融機関に対し「一時停止」の要請をするとともに，「つなぎ融資」を受けるという方法を選択し，ＡＤＲ手続における第１回債権者会議において，日本政策投資銀行が実行する「つなぎ融資」を優先的に弁済することについて金融機関の合意を取り付け，これを受け日本政策投資銀行は日航に対し1,000億円の融資枠を設定した。

　このような状況の下で，支援機構による開始決定を待っているが，企業年金問題等の関係から，企業再建を支援機構の支援により私的整理手続で行うか，会社更生などの法的手続によることになるかが注目されていた。

　銀行側は私的整理案が日航の臨時株主総会で承認されない場合は，法的整理に移行するとの２段階方式（プレパッケージ型）によることを主張していたが，最終的には，支援機構が金融債権者（銀行）との間で債権放棄の合意を取り付け，日航が会社更生法の適用申請を行い，それに合わせ支援機構が支援決定を

するという「事前調整型」に落ち着いたようである。これは法的整理と私的整理（支援機構による支援）を組み合わせ支援機構主導での企業再建を図るものである。

その手法は，あらかじめ裁判所や主要取引銀行との間で調整を進め，調整の成功を待って日航が会社更生法の適用を申請し，それに合わせ支援機構が支援決定し，スポンサーとなってその主導の下で企業再建を図る「事前調整型（プレパッケージ型）」と呼ばれる手法であり，法的手続と私的手続（支援機構方式）を組み合わせることにより，手続の透明性を確保しながら抜本的な企業リストラを進めるに適した手法であるが，すでにアメリカでは用いられている。

この事前調整型のプレパッケージ方式は，2段階方式のプレパッケージ型とはかなり異なる新方式であるが，支援決定により支援機構は3千億円を出資，4千億円を融資すると報じられているように，支援機構主導により間断なく出資と融資を受けられるという利点がある。

日航の債務が大きいこと，取引先関係者が多数など，私的整理では限界があることから，法的整理と組み合わせたものであるが，取引先関係者や顧客に対する関係，日航の経営危機が迫っていることや資金繰りの悪化，支援機構や日本政策投資銀行による資金援助にともなう透明性の確保などの事情により，支援機構主導による私的整理の長所を残した手法であり適正な選択であるといえよう。

銀行による巨額の債権放棄との関係で，銀行債権については一部DES（債務の株式化）によることなどが検討されよう。また，リストラ策と併せ株主責任として大幅な減資が必至であるが，既存株主についていえば100％に近い減資に併せ増資が予定されることから，株式持分（出資持分）の著しい希薄化と上場が維持されるか否か（100％減資の場合は上場廃止）に関心が集まっている。

著 者 紹 介

新 谷　 勝（しんたに・まさる）

大阪市立大学大学院法学研究科修士課程修了，法学博士
判事補，弁護士，帝京大学教授，東京地方検察庁検事，東京高等検察庁検事，広島高等検察庁検事等を経て，現在，日本大学法科大学院教授

【主要著書】
『従業員持株制度』（中央経済社，1990年）
『会社仮処分』（中央経済社，1992年）
『株主代表訴訟－改正への課題－』（中央経済社，2001年）
『株主代表訴訟と取締役の責任』（中央経済社，2002年）
『敵対的企業買収－原因と対策に関する法律問題のすべて－』（税務経理協会，2004年）
『会社訴訟・仮処分の理論と実務』（民事法研究会，2007年）
『新しい従業員持株制度－安定株主の確保・ＥＳＯＰ－』（税務経理協会，2008年）

著者との契約により検印省略

平成22年2月1日　　初版第1刷発行	新しい事業承継と企業再生の法務 －事業承継の円滑化・事業再生ＡＤＲ－

著　者　新　谷　　　勝
発行者　大　坪　嘉　春
印刷所　税 経 印 刷 株 式 会 社
製本所　株式会社　三森製本所

発行所　〒161-0033　東京都新宿区下落合2丁目5番13号
振替　00190-2-187408
ＦＡＸ（03）3565-3391
ＵＲＬ　http://www.zeikei.co.jp/
乱丁・落丁の場合は，お取り替えいたします。

株式会社　税 務 経 理 協 会
電話（03）3953-3301（編集部）
　　（03）3953-3325（営業部）

© 新谷　勝 2010　　　　　　　　　　　　　　Printed in Japan

本書を無断で複写複製(コピー)することは，著作権法上の例外を除き，禁じられています。本書をコピーされる場合は，事前に日本複写権センター(ＪＲＲＣ)の許諾を受けてください。
JRRC〈http://www.jrrc.or.jp　ｅメール：info@jrrc.or.jp　電話：03-3401-2382〉

ISBN978-4-419-05424-3　C3034

株式会社 税務経理協会 http://www.zeikei.co.jp
〒161-0033 東京都新宿区下落合2-5-13

最も無理のない**株価安定対策**と**企業買収の防衛策**!!

新しい従業員持株制度

安定株主の確保・ESOP

著 新谷 勝 弁護士
日本大学法科大学院教授

A5判上製／280ページ／定価3,570円(税込)
ISBN：978-4-419-05166-2

最も無理のない株価安定策と企業買収の防衛策となりうる持株制度を解説。アメリカで普及している退職企業年金型の従業員持株プラン（ESOP）をベースにした日本型のESOPについても検討。

目 次

第1章 従業員持株制度の概要	第8章 ESOP型の従業員持株プランの検討
第2章 従業員持株制度の運用形態	第9章 日本型ESOPの開発と導入
第3章 従業員持株制度の現状と重要問題	第10章 従業員持株プランの設計と運営
第4章 自己株式方式の従業員持株制度	第11章 MEBOと従業員持株制度
第5章 従業員持株目的の新株の発行	第12章 非上場会社の従業員持株制度
第6章 インサイダー取引規制等の適用除外	第13章 閉鎖的な会社の持株制度と問題点
第7章 アメリカの従業員持株制度（ESOP）	第14章 役員持株会と取引先持株会

お求めは、全国の書店 または お電話・FAXで　**TEL 03-3953-3325**　**FAX 03-3565-3391**
税務経理協会 営業部（平日 9時～17時30分）